Olaf Koob

Das Ich und sein Doppelgänger

Olaf Koob

Das Ich und sein Doppelgänger

Zur Psychologie des Schattens

Verlag Freies Geistesleben

1. Auflage 2014

Verlag Freies Geistesleben
Landhausstraße 82, 70190 Stuttgart
Internet: www.geistesleben.com

ISBN 978-3-7725-2625-1

Umschlaggestaltung: Thomas Neuerer / Foto: Blickwinkel
Druck: fgb Freiburger Graphische Betriebe
Printed in Germany

Inhalt

Vorwort 9

Das Geheimnis der Zweiheit 21
Doppelgängermotive in der Literatur 45
Doppelgänger und Schatten 61
«William Wilson» und der Kain-und-Abel-Mythos 85
Der physische Doppelgänger 99
Das Ich und die Dämonien 121
Dämonisierung im 20. Jahrhundert 137
Der Schatten der Liebe 153
Das Problem des Männlich-Weiblichen 185
Der Schatten der Völker 211
«Du Doppelgänger! Du bleicher Geselle!» 245
Goethe als Prototyp der modernen Menschen 265
Zur Alltagspsychologie des Bösen 283
Seelenarbeit 315

Anhang
Anmerkungen 343
Literatur 359
Register 367

Was ist das,
was in uns lügt,
hurt, stiehlt und mordet?[1]

Georg Büchner

Vorwort

Die Seele kann kein einheitliches Wesen sein, denn sonst würde sie stillestehen, würde nicht fortschreiten können. Es ist wichtig, dass wir uns von vornherein das Gefühl aneignen von der Polarität, der Gegensätzlichkeit im Seelenleben.[2]

Rudolf Steiner

Während meiner Zeit als Dozent für Medizin mussten die Studenten in verschiedenen Fächern Hausarbeiten schreiben, deren Themen sie sich selbst wählten. Es war auffallend, dass im Fach Psychologie immer wieder die Schizophrenie bevorzugt behandelt wurde, also das Gespaltensein in zwei oder sogar mehrere Personen. Ausgehend von der Erfahrung, dass sich heute viele Menschen in einem solchen Krankheitsbild mehr oder weniger wiedererkennen, führte diese Thematik meistens zu interessanten und umfassenden Diskussionen über die gegenwärtige Kulturschizophrenie von Fortschritt und gleichzeitiger Barbarei sowie über das Gespaltenheitsgefühl des modernen Menschen. Die immer mehr um sich greifende «Schizophrenie» von Worten im Vergleich zu Taten wurde ebenso leidenschaftlich erörtert wie das allmähliche Vorherrschen der intellektuellen Vernunft bei gleichzeitiger moralischer Korruption, der dauernde Kampf zwischen dem Guten und Bösen in uns und das tägliche Auseinandergerissenwerden in Gedanken und Gefühle.

Jeder weiß aus eigener Erfahrung und aus der täglichen Beobachtung, dass die Seele nicht eindimensional ist, sondern aus manchmal nicht zu lösenden Widersprüchen besteht. Wie lässt sich das verstehen, zumal wir doch alle nur gut sein wollen? Ist denn nur das Gute das Eigene und lediglich das Böse das von außen kommende Fremde? Oder sind wir – um mit einem Bild von Wolfram von Eschenbach zu antworten – wie die Elster schwarz und weiß zugleich?[3] Wie oft geschieht es zum Beispiel, dass man einen Menschen wegen seiner überragenden Begabung verehrt und ihn zugleich wegen seiner moralischen Schwächen verurteilen möchte? Wie können zwei verschiedene Seelen gleichzeitig in einem Menschen wohnen?

Berichte mit Überschriften wie «Warum lief eine brave Studentin plötzlich Amok?»[4] sind leider immer wieder zu lesen. Eine junge Frau, Florence Rey, stand plötzlich im Mittelpunkt des Interesses der Öffentlichkeit. Zusammen mit ihrem Freund Audry Maupin hatte die Neunzehnjährige am 4. Oktober 1994 mitten in Paris ein Blutbad angerichtet, bei dem drei Polizeibeamte, ein Taxifahrer und schließlich auch ihr Freund starben. Polizei, Soziologen und Psychiater waren völlig hilflos. – Eine Neunzehnjährige, die bisher in den Hörsälen der Pariser Vorortuniversität Nanterre saß und urplötzlich nachts in Paris Amok lief. Florence Rey, Tochter eines unauffälligen Volksschullehrer-Ehepaares, passte in kein klassisches Kriminellenschema. Als Heranwachsende ging sie freiwillig zum Religionsunterricht und machte problemlos ihr Abitur. Laut ihrer Freundin Claire war sie «ein ganz normales junges Mädchen». Doch einige Monate vor der Tat kam es zu einer radikalen und nicht zu ergründenden Änderung.[5] Die Studentin verließ die elterliche Wohnung, spielte plötzlich «Hausbesetzer» und zog mit ihrem Freund Audry Maupin in eine leerstehende Gartenvilla. Hier wurden aus Florence und Audry, die sich schon auf dem Gymnasium kennen- und lieben gelernt hatten, plötzlich «Anarchisten». Zwei Weltverbesserer,[6] die zunächst an revolutionären Flugblättern bastelten – «Bürger, wir müssen alle sterben» – und dann auf ihre blutige Amokfahrt gingen.

Die typische Reaktion der Gesellschaft auf diese Tat war der erneute Ruf nach der Todesstrafe. Aber was äußert sich in dieser grauenvollen Symptomatik wirklich? Ist es nicht rätselhaft, dass Menschen an gute Ideen glauben und zugleich zerstörerisch wirken?

Ist nicht die Seele selbst der ewige Kampfplatz von immer stärker werdenden Versuchungen, Streitigkeiten und schmerzvollen Erfahrungen, die zuerst einmal Hindernisse aufbauen, bis wir zu einer tieferen Erkenntnis von uns und unserem Schicksal gelangen? Sind wir nicht – so stellt sich die Frage – schon von Geburt an aus zwei Wesensteilen zusammengesetzt, die erst noch in individuelle Harmonie gebracht werden müssen? Sind nicht Verzweiflung, Zwiespalt, Entzweiung und sogar der «Teufel»[7] selbst, der Bringer der Entzweiung von Gott – also ein Teil unseres Wesens, das in dunkle Abgründe ragt – die berühmten «zwei Seelen»,[8] die uns wie Faust mit seinem dunklen Begleiter Mephistopheles durch Höhen und Tiefen zu unserem eigentlichen Wesen reifen lassen? Wann fühlen wir uns denn wirklich eins mit uns und der Welt? Sind dies nicht seltene Augenblicke höchster Seligkeit?[9]

Das Thema der Zweiheit und der Polarität hat mich schon als Schüler fasziniert. Die Frage entstand schon früh: Warum gibt es das Böse, Widersinnige und Zerstörerische in der Welt, da Gott der «Allmächtige» doch nur gut ist? Warum hat man eine gute Absicht und tut das Gegenteil?

Eine erste Bewusstwerdung dieses Problemumkreises begann mit der Lektüre von *Narziss und Goldmund* von Hermann

Hesse und den dort enthaltenen Schilderungen eines introvertierten Mönchs und eines extrovertierten, welthungrigen Künstlers. Ich habe sie bei mir wiedergefunden. Dieses Buch hat mir schlagartig den Zugang zu vielen Weltgeheimnissen geöffnet, wie ich sie später im Yin und Yang, den Polaritätsgesetzen der geisteswissenschaftlich orientierten Medizin und in der spirituellen Psychologie wiederfand. Alles, was sich offenbaren will, muss sich als Licht und Finsternis, als männlich und weiblich, gut und böse also als eine Zweiheit offenbaren, um sichtbar zu werden, Entwicklungen anzuregen und vom Menschen erkannt zu werden. Später fand ich in der Anthroposophie Rudolf Steiners und in Goethes Weltanschauung das geistige Polaritätsgesetz, das hinter den physischen und seelischen Erscheinungen steht und in der alten und neuen Esoterik als Luzifer und Ahriman bezeichnet wird.

Ich habe mich entschieden, diese beiden Namen für gewisse geistige Kräfte im Menschen und in der Welt zu übernehmen und hoffe, es wird im Verlauf des Buches deutlich, wie der Geist des Lichts (Luzifer) und der Geist der Finsternis (Ahriman) im Seelenleben des Menschen wirken. Wenn man einmal ihre Wirkungsweise kennt, kann man diese Kräfte täglich an sich selbst beobachten, und die Kenntnis ihrer Wirkungen in der Welt wird somit zu einem vertieften Verständnis vieler Ereignisse in der heutigen Zeit führen.

Erst die *geistige* Erkenntnis von Mensch und Welt gibt uns die Möglichkeit, Licht in diese zunächst unbewusste Schattenwelt zu bringen, und lässt verstehen, warum jeder Mensch ein Wesen in sich trägt, das ihn als persönlich-unpersönlicher «Mephisto», gewoben aus irdischen und vorirdischen Kräften, fortdauernd begleitet. Hat nicht jede Zeit, jedes Volk – wie wir es in Deutschland aber auch bei anderen Nationen und politischen Systemen so tragisch erleben konnten –, ja die gesamte Menschheit und die Erde selbst ihre Schatten? Agrippa von Nettesheim spricht sogar von einem «Planetendämon».[10] Das Janusgesicht gehört also zum Leben dazu, wie die dunkle Rückseite des Mondes, die wir nicht vergessen dürfen, wenn wir den Erdtrabanten in seiner Totalität verstehen wollen.

Dabei gelten als Schatten alle unbewusst-negativen Seelenanteile, die in uns rumoren, die wir aber verdrängen. Jeder kennt diese huschenden Schattenanteile von Begierden, Charakterfehlern, Eitelkeiten und Widersprüchen, deren wir uns zwar meist schämen, die aber – und das ist ein Charakteristikum des «Bösen» – als innere «Widersacher» unsere Entwicklung fördern.

Es gibt Ausnahmesituationen, in denen sich die Schattenanteile wie eine eigenständige Figur aus dem Seelenleben herausheben und als «Gestalt» erfahrbar werden. Dies sind aber «Elementarerlebnisse», das heißt sie treten in Ausnahmesituationen auf, wenn die Seele eine bestimmte Bewusstseinsschwelle bewusst oder unbewusst übertritt.

Ich habe einmal nach einer strapaziösen Asienreise, wohl infolge von Schlafentzug, der Zeitverschiebung und anderer Umstände – also in einem «gelockerten» Zustand – das Gefühl eines absoluten Negativs meiner eigenen Person gegenüber erlebt, das aus allen persönlichen Unarten, Schuldgefühlen, Versagensängsten und moralischen Defekten zusammengesetzt war und das ich fast bildhaft vor meinem inneren Auge hatte. In der Literatur sind solche nach einer Doppelgängergeschichte von Robert Louis Stevenson so benannten «Dr. Jekyll- und Mr. Hyde-Effekte» oft beschrieben worden. Wir kennen diese Schilderungen beispielsweise von Guy de Maupassant, von Goethe, Edgar Allan Poe, Rudolf Steiner und Alexandra David-Néel. Diese hatte sich Anfang dieses Jahrhunderts in Männerkleidung als erste Frau in tibetischen Klöstern aufgehalten und nach Anleitung der dortigen Mönche bestimmte Meditationen geübt, um eine klarere Vorstellung ihrer Lebens- und Seelenenergie beziehungsweise ihrer Libido zu bekommen. Die Visualisierungserlebnisse wurden dann so stark, dass sie eines Tages auf der Straße vor dem Kloster tatsächlich einen englischen Mönch in einer grauen Kutte traf, der aber an ihr vorüberging. Nachdem er ihr einige Male begegnet war, fing er an, sie zu grüßen, und sie konnte ihm sogar in die Augen sehen. Sobald sie ihn aber «wegdachte», war er verschwunden. Im Laufe der Zeit wurde er immer selbstbewusster, und sie hatte den Eindruck, er gewinne immer mehr ein von ihr unabhängiges Dasein[11] und beziehe seine Kraft aus ihr ohne dass sie dies wollte. – Die «Realität» solcher Begegnungen wird uns noch beschäftigen.

Die folgenden Ausführungen werden hauptsächlich vom «Kampfplatz Seele» handeln. Geschichtliches und Literarisches, das zum besseren Verständnis des Themas herangezogen wird, kann dabei nicht ausführlich betrachtet und interpretiert werden, sondern dient lediglich der Bewusstmachung verborgener Seeleninhalte und zur Untermauerung der zu behandelnden Tatsachen. Viele Menschen stehen heute, bedingt durch die inneren und äußeren Zeitereignisse, «haltlos» an einem Abgrund. Sind sie sich nicht bewusst, was aus diesem Abgrund aufsteigen kann und was man in früheren Zeiten im Guten wie im Schlechten als das «Dämonische» bezeichnet hat, so werden sie auf noch zu beschreibende Weise seelisch krank, «partiell verrückt», seelisch chaotisiert oder zu gewissenlosen Handlungen getrieben, die sich mit ihrem eigentlichen Selbst nicht mehr verbinden lassen. Die Prüfungen, durch die viele Zeitgenossen hindurchgehen müssen, sind ungeheuerlich. Wohl dem, der sich darauf gut vorbereitet hat und die «Prüfungsfragen» versteht.

Gelegentlich kann man im ganz banalen Sinn erleben, wie durch andere Menschen zum Beispiel Vorstellungsgespenster über einen in die Welt gesetzt werden, die sich aus Gerüchten, Vorurteilen, Meinungen und schließlich Verurteilungen zusammensetzen und bei denen man sich fragen muss, was die Menschen eigentlich an einem wahrgenommen haben. Hat es nicht doch irgendwie mit dem Schatten in einem selbst zu tun?

Es kann in einem gewissen Alter oder in einer bestimmten Situation geschehen, dass man eine innere Hemmschwelle übertritt und auf diesen zweiten Menschen trifft, der man eigentlich gar nicht sein will. Ist man erst einmal bei sich selbst auf dieses Phänomen aufmerksam geworden, tritt einem ein solcher «Jekyll- und Hyde-Effekt» auch bei anderen öfter entgegen.

Das Phänomen der Spaltung, des negativen wie positiven «Doppelgängers» und das Wirken dämonischer Kräfte wurde den Menschen besonders im fortschrittsgläubigen, biedermeierlich rationalen 19. Jahrhundert bewusst, das hinter der bürgerlichen Fassade einen Abgrund entdeckte, der aber auch im 20. Jahrhundert – vor allem die Filmwelt – fasziniert und inspiriert hat. Man denke zum Beispiel an Roman Polanskis *Rose-*

maries Baby, aber auch an *Der Exorzist* oder das Kabinettstück *Im Auftrag des Teufels*. Muss man nun besonders böse sein, um diesen Schattenmenschen in sich zu tragen, oder hat nicht jeder Mensch jene andere Seite unerlöster Kräfte und Triebe?

Eine neue Einstellung zum Bösen in uns scheint notwendig und damit eine bewusste Akzeptanz der Widersacherkräfte. Denn je größer der Widerstand im Leben ist, desto stärker wird man im Kampf. Werden nicht auch die Muskeln stärker, wenn der Karren, den man schieben muss, schwerer beladen ist? Wird nicht auch das Streben nach Erkenntnissen intensiver, je mehr man im Dunklen verharren muss? Ist es nicht auch ein altbekanntes Gesetz, dass da, wo viel Licht ist, auch viel Schatten sein muss, über den man bekanntlich zunächst einmal schwerlich springen kann? Hilft uns diese Einsicht nicht auch im Alltag, geniale Menschen oder überhaupt den Menschen besser zu verstehen und ihn trotz seiner «anderen» Seite zu achten? «Aber es ist mit dem Menschen wie mit dem Baume. Je mehr er hinauf in die Höhe und Helle will, umso stärker streben seine Wurzeln erdwärts, abwärts, ins Dunkle, Tiefe – ins Böse.»[12]

Könnte sich unter diesem Gesichtspunkt nicht vieles klären, was im 20. Jahrhundert vorgefallen ist, wobei der «Teufel» zuerst einmal in Engelsgestalt kam, sich jedoch die sogenannten guten Ideen und Absichten als Geschenke des Bösen herausstellten, die Tod und Chaos verbreiteten und tausende vormals saturierte Menschen zu Angeklagten machten?

Im Zeitalter der Entscheidungsfreiheit müssen Gut und Böse gleichberechtigt nebeneinander existieren dürfen. Damit aber hat der Kampf um den Menschen begonnen. Er selbst ist zur Erkenntnis dessen aufgerufen, was sich durch die Polaritäten in ihm und in der Welt offenbaren möchte, was gewissermaßen «dahintersteht». Heute kann nur der als wirklicher Zeitgenosse gelten, der die Bedeutung des sogenannten Bösen, des Dämonischen in der Zeit erkennen lernt und dadurch die Finsternis aufhellt. Das Erkannte wird damit in seiner oft unbewussten Wirkung abgeschwächt und zum «Rumpelstilzchen», das sich ja nach seiner Benennung selbst zerstört hat.

«So ist jeder Mensch, indem er eine Seele ist, ein Wesen, das nicht bloß Herr ist in sich, sondern er ist auch an etwas Inneres hingegeben, das über ihn Gewalt hat, das von seinem Wissen von vornherein nicht umfasst werden kann.»[13]

Das Geheimnis der Zweiheit

Die Zwei ist Zweifel, Zwist, ist Zwietracht,
Zwiespalt, Zwitter;
Die Zwei ist Zwillingsfrucht am Zweige;
süß und bitter.[14]

Die Weisheit des Brahmanen

Mit der Zweiheit, der Polarität, berühren wir ein Welt- und Menschheitsgeheimnis, das aller sichtbaren Entwicklung zugrunde liegt. Denn hinter jeder Zahl steht ein geistig Wesenhaftes, das ihr einen bestimmten Stellenwert in der Schöpfung zuweist. Es kann hier nicht der Ort sein, eine spirituelle Numerologie zu entwickeln, es sollen lediglich Denk- und Beobachtungsanstöße vermittelt werden, die diesen Zusammenhang belegen.[15]

Man betrachte – und staune – einmal, wie sich im Menschen die Zweiheit in den paarigen, mit der Seele besonders intensiv verbundenen Organen Lunge, Niere und in den Sinnesorganen zeigt. Dagegen haben wir fünf Finger beziehungsweise Zehen an unseren Gliedmaßen, das heißt an unseren *für die Erde geschaffenen* «Instrumenten», zwölf Rippenpaare und zwölf Hirnnerven, sieben Hals-, zwölf Brust- und fünf Lendenwirbel. Darüber hinaus finden wir überall rhythmisch gestaltete Abläufe, die mit bestimmten Zahlengesetzen zu tun haben. Was wir normalerweise abstrakt erfassen, hat also einen sehr lebendig-konkreten Inhalt. Bei Erkältungen und Lungenentzündungen zeigt sich ein 7-Tage-Rhythmus, ein 28-Tage-Rhythmus dagegen bei bestimmten Kinderkrankheiten. Wieder andere Krankheiten können sich in der fünften Morgenstunde auf eine bestimmte Weise verhalten, der Zustand eines frisch Operierten kann am fünften Tag in eine

Krise eintreten sowie in Beziehungen nach fünf Jahren. Die Zahl Fünf hat offenkundig mit der Möglichkeit zu tun, etwas aus freier Entscheidung zu wenden. Bei der Zahl Sieben tritt dann die eigentliche Wende ein: In der Ehe kennen wir das sprichwörtliche «verflixte siebte Jahr», in dem etwas zum Ausbruch kommt, was meist schon im fünften Jahr als Problem begonnen hat. Die Sieben erweist sich somit als Zahl der Vollendung. Aus der Musik wissen wir, dass nach der Sieben eine neue Oktave beginnt. Im Sport ist nicht selten die siebte Runde eines Matches entscheidend; in der Politik war Gorbatschow der siebte Generalsekretär der KPdSU, der Ende und Neuanfang der russischen Politik eingeleitet hat.

Will sich aus der in sich ruhenden Eins, der Zahl der Einheit, des Urgrundes oder der Göttlichkeit, etwas entwickeln, so muss es sich erst einmal teilen, sich trennen. Mit dem Gegenüber kann es sich dann auseinandersetzen und bekommt ein neues Bewusstsein, dadurch, dass es sich in ihm spiegelt. Das Ich bekommt ein Du(ales) als seinen Widerpart. So wird die Zwei zur Zahl der äußeren Offenbarung, indem sich Himmel und Erde, oben und unten, gut und böse, männlich und weiblich, Geist und Materie, Licht und Dunkel entwickeln. Es ist daher nicht verwunderlich, dass viele Kulturen – wie zum Beispiel die persische unter Zarathustra, der von Licht und Finsternis, von Schöpfung und Gegenschöpfung spricht und somit ein duales Weltbild vertritt – die Zwei als Zahl des Bösen schlechthin empfunden haben, als Beginn des Zweifels und der Lüge (Doppelzüngigkeit). Ein Denken, das ausschließlich mit Schwarz-Weiß- beziehungsweise Gut-Böse-Kategorien operiert und nicht die Zwei aufheben und in ein Drittes steigern und versöhnen lernt, wird, wie sich immer wieder gezeigt hat, nur Chaos und Unfrieden stiften.

Interessant ist in diesem Kontext, dass die Dualisierung der Welt im *gesellschaftlich-politischen* Bereich im Jahr 1917 beginnt. Es entstanden die gegensätzlichen politischen Systeme, die wir als Kapitalismus und Kommunismus kennen und die so viele Jahrzehnte mit Lüge, Irrtum und Angst gewirtschaftet haben. In den USA hat Präsident Woodrow Wilson (1856–1924) mit dem Selbstbestimmungsrecht der Völker, dem radikalen Nationalismus zur Blüte verholfen, so wie Lenin (1870–1924) zur gleichen Zeit den internationalen Sozialismus unter der Führung der UdSSR begründete. Diese Extreme von nationalem Egoismus und nationaler Ent-Ichung zugunsten einer Idee wurden zu den großen Antagonisten des 20. Jahrhunderts, die nur noch durch die Steigerung beider im Nationalsozialismus überboten wurden. Georgi Arbatow beschreibt als soziale Realität die Folgen der Oktoberrevolution: «Wenn man ein totalitäres Regime aufbauen will, ist nichts nützlicher als der politische und psychologische Kontext des Notstands. Die angeblich bevorstehende Weltrevolution schob alle alltäglichen Probleme und Fragen der wirtschaftlichen Entwicklung und der sozialen Veränderung in den Hintergrund. Diese Haltung setzte eine rigide Teilung in Schwarz und Weiß oder in zwei Hälften voraus – man selbst mit den Genossen auf der einen Seite und der unbarmherzige Gegner und seine Alliierten auf der anderen. Eine solche stark vereinfachte Sicht der Welt grub sich fest in unser Bewusstsein ein. Dieses Konzept entwickelte sich zu einer Theorie, nach der die Welt in zwei einander feindlich gegenüberstehende sozio-ökonomische Systeme zerfiel, deren unaufhörlicher Kampf die Hauptsache wurde, um die sich die Beziehungen zwischen den Nationen drehten. Dieses Konzept sollte ein langes Leben haben, es hielt sich bis Mitte der achtziger Jahre. Und in Stalins Zeiten erwies es sich als sehr nützlich für die Etablierung und Aufrechterhaltung einer persönlichen Diktatur und für die Einrichtung einer repressiven Ordnung.»[16]

Es ist bemerkenswert, dass Rudolf Steiner (1861–1925) im selben Jahr 1917 von dem «Gesetz der Zweispaltung» spricht, wenn man eine ökonomische Weltherrschaft anstreben will. Dann muss nämlich dem einen herrschenden Gebiet ein anderes gegenüberstehen, das sich genau gegensätzlich verhält: «Es muss also eine Zweispaltung geben. Und dass man dieses als einen großen Zug hereingebracht hat in die Welt, das ist ein großer, ein gigantischer Gedanke von jenen okkulten Bruderschaften, von denen ich gesprochen habe.»[17]

Das Dritte – als der Ausgleich der Extreme – hebt die Gegensätze wieder auf, schafft ein gesundes Gleichgewicht und wird somit zur Zahl der sich «offenbarenden Göttlichkeit», also zu dem, was als ein geistiges Wirken in den «äußeren Offenbarungen» zutage tritt. In diesem Zusammenhang sei die Frage erlaubt, ob die Zerschlagung Mitteleuropas durch zwei Weltkriege wohl mit der Fixierung von unversöhnlichen Dualitäten zu tun hat?

Schon die mosaische Schöpfungsgeschichte beginnt mit der Entzweiung der Geschlechter und der daraus folgenden Vertreibung aus dem Paradies. In der griechischen Mythologie beginnt die Schöpfung mit der Teilung von oben und unten, von Himmel und Erde, Uranos und Gäa. Ihnen folgt Chronos, der

Schöpfer der Zeit. Durch ihn entsteht das Vorher und Nachher, das Hinten und Vorn. Dann übernimmt Zeus die Herrschaft bei den Himmlischen. Er gebiert die Kraft des Denkens – personifiziert durch die Göttin Athena – aus seinem in links und rechts gespaltenen Schädel. So entstehen Gedanke und Gefühl, Rationalität und Intuition.

Im Menschen sind diese Raumesrichtungen engstens mit seinem Seelenleben verbunden und erlauben beispielsweise der qualitativen Diagnostik in der Medizin ganz neue Einsichten. Wir kennen Krankheiten, die sich vornehmlich oberhalb oder unterhalb des Zwerchfells ansiedeln, mehr links auf der Herzseite oder rechts auf der Leberseite auftreten, sich mehr auf der vorderen, der Sinneswelt zugewandten Seite zeigen oder mehr auf oder im Rücken, wo der Mensch seine Vergangenheit mit sich trägt. So steht er seelisch wie leiblich ständig in dieser komplexen Polarität zwischen dem Hohen und Niedrigen, dem Bewussten und Unbewussten, zwischen Engel und Tier oder wie man es auch astrologisch nannte: zwischen dem Tier der Höhe, dem Adler, und dem todbringenden Tier der Tiefe, dem Skorpion, zwischen Bewusstsein und Trieb.

In dem «oberen» Menschen, durch den das Bewusstsein vermittelt wird, besitzen wir organisch gesehen die größte Symmetrie, das heißt geordnete Struktur. Im «unteren» Menschen, in der polaren Sphäre des Stoffwechsels, wo der Stoff aufgelöst durch das Chaos geht, bilden sich die Organe dagegen zu dynamischen Formgebilden aus.

Diese Polarität ist für die Erkenntnis des Menschen von ausschlaggebender Bedeutung. Denn wer kann in die Höhen steigen, wenn er seine Tiefen nicht kennt? Es liegt in der Signatur der gegenwärtigen Zeit verankert, dass der Mensch die unterbewussten Schichten seines Wesens erkennen möchte. Ein äußerer Beweis ist die im 19. Jahrhundert entstandene Psychoanalyse. Es lag aber auch immer ein Bewusstsein dafür vor, dass, wer den Gang «zu den Müttern»[18] zu den «unteren Göttern» wagt, dies nicht mit dem gewöhnlichen Bewusstsein tun sollte.

Man kann das an der Auseinandersetzung der beiden Väter der Psychoanalyse, Sigmund Freud (1856–1939) und Josef Breuer (1842–1925), genau studieren. Freud, dem gewisse Mysterien nicht fremd waren, verneinte den Geistgehalt des Unterbewusstseins und schob so für lange Zeit einen Riegel vor die Spiritualisierung der Seele. Der bedeutende Tiefenpsychologe und ehemalige Weggefährte Freuds, Carl Gustav Jung (1875–1961), überliefert uns zu diesem tragischen Sachverhalt ein aufschlussreiches Gespräch.

Zunächst machte dem wesentlich jüngeren Jung das, was ihm Freud über seine Sexualtheorie sagte, großen Eindruck. Er sah, dass die Sexualtheorie für Freud bedeutsam war, und skeptisch fragte er sich immer wieder, ob es sich dabei nur um subjektive Annahmen oder um beweiskräftige Erfahrungen handelte. Besonders fragwürdig schien ihm dessen Einstellung zum Geistigen. «Wo immer bei einem Menschen oder in einem Kunstwerk der Ausdruck einer Geistigkeit zutage trat, verdächtigte er sie und ließ ‹verdrängte Sexualität› durchblicken. Was sich nicht unmittelbar als Sexualität deuten ließ, bezeichnete er als ‹Psychosexualität›. Ich wandte ein, dass seine Hypothese, logisch zu Ende gedacht, zu einem vernichtenden Urteil über die Kultur führe.»[19]

Für Freud war «Kultur» das «morbide Ergebnis verdrängter Sexualität» und ein «Schicksalsfluch.» Immer wenn er mit Jung über dieses Thema sprach, bekam seine sonst so kritische und skeptisch-wissenschaftliche Kühle etwas «dringlich Ängstliches». 1910 kam es zum Kulminationspunkt ihrer Auseinandersetzungen: «Ich erinnere mich noch lebhaft, wie Freud zu mir sagte: ‹Mein lieber Jung, versprechen Sie mir, nie die Sexualtheorie aufzugeben. Das ist das Allerwesentlichste. Sehen Sie, wir müssen daraus ein Dogma machen, ein unerschütterliches Bollwerk.›»[20]

Jung spürte, dass da nicht mehr nur der moderne Wissenschaftler sprach, sondern sich aus der Tiefe ein anderer, eine Art dogmatischer Priester in einem Ton offenbarte, als wolle er sagen: «Und versprich mir eines, mein lieber Sohn: Geh jeden Sonntag in die Kirche!» Auf die Frage nach der Qualität des Bollwerks und gegen was es sich richte, antwortete Freud: «Gegen die schwarze Schlammflut [...] des Okkultismus.» Wie Jung weiter berichtet, verstand Freud unter «Okkultismus» alles, was mit Philosophie, Religion und Parapsychologie zu tun hatte. Für Jung selbst war die Sexualtheorie genauso «okkult», das heißt eine undurchschaubare, unbewiesene Theorie.

Wie kommt der sich sonst so rational und wissenschaftlich gebende Freud dazu, «Glaubensartikel» zu fordern? «Ohne dies damals richtig zu verstehen, hatte ich einen Einbruch unbewusster religiöser Faktoren bei Freud beobachtet.»

Ist die Verteidigung Freuds gegen die bedrohlichen unbewussten Inhalte nicht vielleicht aus seinem Doppelgänger, dem Rest vergangener Erdenleben zu erklären? Eine Frage, auf die wir noch zurückkommen werden. Ein Mensch, der stets mit Nachdruck auf seine Irreligiosität hinwies, hat sich statt des verlorengegangen Gottes einen selbstgedachten «Sexualgötzen» (Jung) unterschoben, «der nicht weniger drängend, anspruchsvoll, gebieterisch, bedrohlich und moralisch ambivalent war».

Die sexuelle Libido, die Jung wegen der psychischen Stärke und darum zu fürchtenden Energie mit dem Attribut «dämonisch» belegt, hatte Freud selbst ergriffen und sich in ihm zu einem neuen Gott gestaltet: «Jahwe und Sexualität – dasselbe. Bloß die Benennung hat sich geändert. Nicht oben war mehr das Verlorene zu suchen, sondern unten. Man hat den einen zerstört und dafür einen anderen Gott an seine Stelle gesetzt. Von der seelischen Erfahrungsseite her, ist aber von der Dringlichkeit, Ängstlichkeit, Zwanghaftigkeit et cetera nichts verschwunden.»[21] Kann man die Tiefen des Menschen wie Gewissen, Angst, Schuld, Zwang oder Trieb nicht mehr von der hellen, idealistischen Seite her aufklären, dann vielleicht von der dunklen, biologischen.

Freud ist in sich gespalten. Einerseits ist ihm die Sexualität ein «Numinosum» (Göttliches), zu dem er sich wie ein Hohepriester verhält, andererseits leugnet er alles Höhere. In seiner Terminologie und Theorie kommt es nur als biologische Funktion zum Ausdruck. Aufgrund eines sich immer mehr verstärkenden Charakterzugs bei Freud, nämlich Bitterkeit, zieht Jung den interessanten Schluss: «Letzten Endes wollte er lehren, dass, von innen her betrachtet, Sexualität auch Geist umfasse, oder Sinn enthalte. Seine konkretistische[22] Terminologie war aber zu eng, um diesem Gedanken Ausdruck zu geben. So hatte ich von ihm den Eindruck, dass er im Grunde genommen gegen sein eigenes Ziel und gegen sich selbst arbeitete; und es gibt keine schlimmere Bitterkeit als die eines Menschen, der sein eigener ärgster Feind ist.»[23]

War nicht die «Monotonie», ja Monomanie seiner Deutungen gar eine Flucht vor seiner tief mystisch-spirituellen Doppelnatur? Insofern ist er in seiner Zerrissenheit in Rationalität und Irrationalität ein typisches Kind unserer Zeit. Aber wie kann man in Harmonie mit sich kommen, wenn man mit dogmatischer Gewalt die andere Seite, die geistige, in sich bekämpft? Umgekehrt ist es natürlich genauso. Wird dann die jeweils andere Seite, ob Geist oder Trieb, nicht um so dominierender? Dadurch kann aus dem eigentlichen Täter sogar ein Opfer werden. Hat Freud nicht selbst überzeugend dargestellt, wie das nicht Erlöste, sondern nur Verdrängte mit einer bedrohlicheren Maske durch die Hintertüre kommt? Warum nennt ihn Jung letztlich einen «Ergriffenen», der blind gegenüber der Paradoxie und Doppeldeutigkeit des Unbewussten war und der offenbar nicht wahrhaben wollte, dass alles, was aus dem Unbewussten auftaucht, ein Oben und Unten, ein Innen und ein Außen hat? Wenn man aber stets vom Außen redet – und das tat Freud – so berücksichtigt man nur die eine Hälfte, und folgerichtig entsteht aus dem Unbewussten eine Gegenwirkung.

Es geht hier nicht um eine Beurteilung oder gar Verurteilung von Freud und der Psychoanalyse – vieles ist seither von den nachfolgenden Schülern korrigiert und relativiert worden –, sondern einerseits um die Nachwirkungen dieser Gedanken bis in unsere Zeit und zum anderen darum, die Quelle besser zu verstehen, aus der diese Vorstellungen und «Fakten» flossen. Wie kommt es, dass die drei großen «Antimetaphysiker» des 19. Jahrhunderts Freud, Marx und Darwin und dann auch Haeckel mit solcher Inbrunst den Menschen auf den Kopf gestellt haben? Wie ist es zu erklären, dass sie ihn so ausschließlich von seiner tierisch-biologischen Seite interpretiert und mit diesen Halbwahrheiten selbst so etwas wie eine materialistische Religion mit Dogmen, Verketzerungen, wissenschaftlichen «Päpsten» und Verleugnungen geschaffen haben? Was wirkte zum Beispiel in Freud als «Doppelgänger», das ihn dazu inspiriert hat, alles Geistige zu «biologisieren»?

Wir werden später noch sehen, was geschieht, wenn man versucht, mit rein irdisch-abstrakten Begriffen in einen geistigen Bereich wie das Unterbewusstsein einzudringen, und wie umgekehrt Begriffe und Seelenerlebnisse sich verwirren, wenn geistige Realitäten im irdischen Leben Platz greifen und die Gesetzmäßigkeiten der einen und der anderen Welt nicht genügend berücksichtigt werden. Denn dann kann es passieren – und es ist passiert –, dass Wahrheiten der einen oder anderen Welt zu karikaturhaften Halbwahrheiten und verdreht werden, die zugegebenermaßen ihre besondere Faszination haben, was aber letztlich nichts über ihren Wahrheitsgehalt aussagt, auch wenn diesen Schatten Millionen «Frei-Herren vom Unterscheidungsvermögen»[24] folgen.

Führt das Denken mit klaren und dem Gegenstand des Unterbewussten angemessenen Begriffen in die Tiefen der Seele beziehungsweise des Überbewussten, so wird ihm der Geistgehalt dort und in den Organen allmählich bewusst.

Was liegt vor, wenn in bestimmten Krankheits- oder Schicksalssituationen aus dem «Bodenschlamm» der organisch-seelischen Unterwelt Kräfte unkontrolliert losbrechen und das bewusste Seelenleben infizieren und besetzen? Sind es nicht oft schockierende Ereignisse, Drogen, die Sucht nach Ekstase oder andere Einflüsse, die den «Geist aus der Flasche» befreien?[25]

Steht der «Wahnsinn des Alltags» heute nicht viel näher an unserer inneren Tür? Sind wir nicht der Schwelle unseres Unbewussten viel näher gerückt?

Märchen und Mythen erzählen von zahllosen innerseelischen Vorgängen, die nicht nur in der Vergangenheit liegen, sondern auch in der Zukunft stattfinden werden. In dem Grimm'schen Märchen *Von einem der auszog, das Fürchten zu lernen* wird bildhaft unter anderem geschildert, wie die Menschheit vom natürlichen Erlebnis jenseits der geistigen Schwelle zu einem mehr innerseelischen, das heißt unterbewussten Erleben kommt und damit auf Dinge stößt, die zu recht furchterregend sind.

Von denen, die auszogen, das Fürchten zu lernen

Wir müssen uns kurz den Zeitgeist und die aus ihm folgenden Konsequenzen für das Unterbewusste vergegenwärtigen.

In unserer Zeit ist eine Spiegelung und damit eine Umkehrung dessen zu beobachten, was für die frühe Menschheit ein natürliches Erlebnis des Geistigen und Kosmischen war. Wie uns Überlieferungen in Mythen und Sagen zeigen, regierten in jener Zeit die Götter über Natur und Menschheitsgeschichte. Erst nach der «Götterdämmerung» erwacht heute wieder ein geistiges Interesse bei den Menschen, und es ist das Erleben von Schwellensituationen zu beobachten, die aber jetzt von innen auftauchen. Ungeistige Begriffe erschweren jedoch den Zugang zum Übersinnlichen und dessen Verständnis, wodurch geistige

Tatsachen verdreht werden und – mehr noch – den Menschen sogar bedrohen. Zahlreiche Berichte über todesnahe Erfahrungen, die Fragen nach dem Nachtodlichen, nach Engeln, nach «Geistheilung», Reinkarnation, Mondeinflüssen, der ganze Bereich der Esoterik, aber auch Manipulationen an bisher tabuisierten Bereichen legen ein beredtes Zeugnis von diesem neuen Erleben ab. – Die andere Natur im Menschen, der positive und negative «Dämon», beginnt sich zu regen.

Bis in die kleinsten Sozialeinheiten wie Ehe, Familie oder Beruf, erleben wir eine «Privatisierung der Hölle»[26] Ein Psychologe sagte über dieses Phänomen: «Der Mensch beginnt, sich vor sich selber zu fürchten.»

Aber müssen wir nicht lernen, dieser Furcht heute mutig ins Auge zu schauen und unser Erkenntnisleben so zu verändern, dass ihm der Schrecken des Unbekannten genommen wird? Mithilfe des Märchens *Von einem der auszog, das Fürchten zu lernen* möchte ich einige Motive, die diesen Fragekomplex berühren, verdeutlichen.

Wir treffen dort einen jungen Mann, den zweiten Sohn, der als Dümmling und Faulpelz und, was die rein irdischen Angelegenheiten anbelangt, als Parzivalnatur beschrieben wird. «Wer bist du?» «Das weiß ich nicht.» «Wo bist du her?» «Ich weiß nicht.» «Wer ist dein Vater?» «Das darf ich nicht sagen.» Doch dieser Jüngling hat einen merkwürdigen Charakterzug: Er wünscht sich nichts sehnlicher, als ein Erlebnis zu haben, das normalerweise nicht sehr erstrebenswert ist, sich nämlich einmal recht zu gruseln. Merkwürdig ist, dass er zwar als faul und dumm geschildert wird, aber in der Begegnung mit Gespenstern, Verstorbenen und Ungeheuern solch großes

Geschick und Mut beweist, als ob er sich mit Dingen jenseits der Schwelle auskennt.

Hat er vielleicht das jenige noch nicht entwickelt, was man als menschlich-irdische Charakterzüge kennt und wozu besonders Furcht – das heißt seelische Enge – und das Geworfensein auf sich selbst gehören? Denn Angst tritt immer dann auf, wenn man das übermächtige Gegenüber nicht versteht.

Es sei in diesem Zusammenhang an den Religionsphilosophen Sören Kierkegaard (1813–1855) erinnert, der über Furcht und Angst einmal geschrieben hat: «Wer dagegen gelernt hat, sich recht zu ängstigen, der hat das Höchste gelernt.» Denn Furcht als Resultat des Getrenntseins vom Ursprung heißt höchstes individuelles Leiberlebnis, Zusammenziehung. Die Angst wird so die «Wirklichkeit der Freiheit.»[27]

Der junge Mann in unserem Märchen ist also offensichtlich noch in einem vorirdischen Bewusstsein verhaftet. Er will Mensch unter Menschen werden, und das heißt auch, dem Unbekannten in der eigenen Natur zu begegnen; sich selbst kennenlernen zu wollen. Die junge Königin im Märchen ist es, die ihm das Gruseln beibringt, nachdem er drei grauenvolle Nächte ohne Schaden an Leib und Seele überstanden hat und König geworden ist, also seine Ichnatur gefunden hat. Während er nachts schläft, wird ihm die schützende Hülle der Decke weggezogen und ein Eimer kleiner Fische («Gründlinge»!) aus dem nahen Bach über ihm ausgegossen. Der sonst so mutige Mensch erfährt nun in der Nacht seines Bewusstseins, was Gruseln ist. Das Wasser und die Fische sind Sinnbild des Unterbewussten im Menschen, eine Sphäre, die uns zunächst wie ein dunkler Abgrund erscheint.

Was steigt wohl alles aus der Nachtwelt unserer Seele auf, aus dem Bereich der Instinkte und Triebe, die unter anderem auch die guten herabgesunkenen Impulse verdrehen, zerstören oder pervertieren können? Ist das zerstörerische Böse nicht manchmal fast so ähnlich wie das Gute? Was geschieht, wenn sich ein Gedanke mit den unteren Willensimpulsen, der Sphäre der Egoität, einlässt? Ein wichtiges Gesetz wollen wir an dieser Stelle festhalten: Jede Spiegelung zeigt das Urbild seitenverkehrt.

Das heißt, was oben oder gestern noch gut war, muss unten beziehungsweise morgen nicht mehr gut sein. Man kann sich vorstellen, dass man ein Wissen von diesen Verdrehungen im Unbewussten besitzt und sie daher auch hervorholen und manipulieren kann. Pervertierte Ideale in Sekten und politischen Systemen legen davon ein beredtes Zeugnis ab. Warum fallen so viele Idealisten auf sie herein? Wie oft verdrehen sich bei einem selbst altruistisch hohe Liebesempfindungen, die sogenannten «rein geistigen Beziehungen», plötzlich in wüste erotische Verhältnisse?

Wo sitzen im Menschen die Kräfte, die, wenn sie in gesteigertem Maße und an unrichtiger Stelle auftreten, zu Einseitigkeiten oder sogar zum «Bösen» werden?

Dazu müssen wir uns die Gegennatur unserer Seele, den Leib, anschauen. Aufgrund unserer Leiblichkeit müssen wir Wesen sein, die aus Selbsterhaltungstrieb egoistisch sind und die sich entweder zu sehr ihrem eigenen Innern hingeben oder dem weltlich Äußeren. Das «Böse» ist in diesem Sinne erst einmal dasjenige, was entsteht, wenn der Mensch sich entweder an die Welt verliert oder wenn die Welt den Menschen verliert.

Sobald wir aber den Leib richtig betrachten, fällt uns die

Polarität, also der Gegensatz zwischen dem verfestigenden, eine Innenwelt erzeugenden Gehirn- und Nervensystem und den Stoffwechselorganen auf, die sich ganz der materiellen Welt – zum Beispiel der Nahrung – aufschließen und sie aus Selbsterhaltungstrieb zuerst einmal zerstören müssen.

Was verdankt unsere Seele dem Nervensystem? Wir wollen uns eine seiner Haupttätigkeiten vor Augen führen, die es überhaupt erst möglich macht, uns zu einer Eigennatur werden zu lassen: das Bilden von eigenen Vorstellungen und deren konservierte Form, die Erinnerung. Schon die Erinnerung, also das Abgelebte, Vergangene, kann etwas «Dämonisches» haben. Sie kann uns in schwachen Momenten überwältigen, ganz von uns Besitz ergreifen, von den aktuellen Ereignissen wegdrängen und uns an die Vergangenheit fesseln. Besonders leibliche Schwächungen, aber auch gewisse Anblicke, Gerüche oder ein spezieller Geschmack können sie urplötzlich aktivieren. Eine vorher bewusste Tätigkeit, die Vorstellung, gerät nämlich beim Vergessen ins Unbewusste. Eine bestimmte Kraft im Nervensystem fängt also das lebendige Sinnesbild ein, saugt ihm das Leben aus, umspinnt es und macht es zur «Erinnerungsmumie» im Netz unserer Seele. Die Parallele zur Tätigkeit der Spinne ist eklatant.

Alles, was der Mensch von außen seelisch-leiblich aufnimmt, muss seine Eigennatur aufgeben, um nicht das eigenständige menschliche Innenleben zu irritieren. Diese tötende, ablähmende und mumifizierende Kraft, die immer gegen das gegenwärtig Spontane revoltieren muss, diese konservierende Seite in uns, die mit dem Absterbeprozess zu tun hat, ist es, die die Motive zum «Bösen» birgt, wenn sie sich zu sehr unserer Seele bemächtigt.

«Und die Wesenheit, der wir als Menschen das Erinnern verdanken, ist dieselbe Wesenheit, die, wenn sie in unrichtiger Weise hervortritt, dann hervortritt, wenn die Motive des Bösen im Menschen auftreten.»[28] Rudolf Steiner bedient sich in diesem Zusammenhang eines sehr plastischen Ausdrucks, indem er von einem «geistig-seelischen Aufstoßen» spricht.

Wir haben es hier also mit einer rückwärtsgewandten, mumifizierenden Kraft zu tun, die sich Entwicklungen starr widersetzen will. Wir können dabei auch an Menschen denken, die zum Beispiel etwas nicht vergessen – darin steckt das Wort «essen» – können. Dadurch kann nichts Neues in ihre Seele hinein, und sie erleben einen Entwicklungsstillstand.

In jeder Partnerschaft können wir diese Mumien auftreten sehen. Ebenso in politischen Systemen, in denen sich der Grauschleier der Ideologie und des längst Abgelegten bleiern auf die Seele legt und sogar die Väter dieser Gedanken einbalsamiert im Mausoleum einen ans alte Ägypten anmutenden ewigen Pharaonenschlaf halten. Anton Tschechow hat in seiner Erzählung *Der Mensch im Futteral* ein meisterhaftes Porträt solch eines Menschen und einer Zeit gezeichnet, die aus Angst vor dem Neuen alle Entwicklung lähmt.

Dem Nervensystem verdanken wir also alles Ablähmende, Konservierende und Fesselnde, das uns die Möglichkeit gibt, der Welt frei gegenüberzutreten, wenn uns sinnliche und innerleibliche Vorgänge nicht dauernd überwältigen.

Was liegt aber vor, wenn das Nervensystem, besonders jenes, welches unser organisches Unterbewusstsein kontrolliert, das Vegetativum beziehungsweise Sonnengeflecht – man spricht auch vom «Gehirn des Bauches» –, seine Tätigkeit nicht mehr vermittelnd ausübt? Wenn das, was im Bauch sitzt und sich weltsüchtig und zerstörerisch verhält, unrechtmäßig – zum Beispiel in Schocksituationen, durch die man außer sich gerät oder bei organischen Krankheiten – chaotisierend ins bewusste Seelenleben einbricht?

Als normaler, gesunder Zerstörungsvorgang ist die Kraft in den Enzymen unseres Magens, der Bauchspeicheldrüse, der Galle – kurz: des Verdauungssystems – zu bewerten, die unsere Nahrung vernichtet. Was aber passiert, wenn wir «sauer, bitter oder gallig» reagieren oder eine «Wut im Bauch» haben? Normalerweise sind diese Kräfte durch die Zerstörung der Nahrung gebunden. Und was geschieht, wenn die Menschen zum Beispiel hungern müssen? Wird damit nicht der gesunde innerleibliche Zerstörungstrieb nach außen frei? Kann man zum Beispiel eine Revolution mit sattem Magen ausrufen? Der Vegetarier muss zur Verdauung stärkere Kräfte aufbieten als der Fleischesser. Doch was passiert, wenn der Vegetarier seine Ernährung nicht bekommt? Können bei einem bisher friedlichen Menschen dann nicht ungeahnte negative Energien frei werden? Nimmt man die Beziehung ernst, die zwischen Stoffwechseltätigkeit und Gefühlen besteht, so sollte man sich einmal fragen, was geschehen kann, wenn Menschen – wie das in der westlichen Welt häufig der Fall ist – morgens ungefrühstückt zu ihrem Arbeitsplatz kommen. Ist nicht ein Teil der Aggressivität im Berufsleben vielleicht auch aus dieser Tatsache zu erklären, da die normalerweise auf die Verdauung gerichteten Kräfte nun nach außen hin frei werden?

Mit der organischen Stoffwechsel- und Sexualwelt, dem «Haus des (unteren) Ich» sind wir seelisch am allerstärksten verbunden, also am meisten egoistisch. Aus diesem Bereich haben wir auch die größten Ansprüche an die Welt. Wer kennt sie nicht, die Klugheit, die «aus dem Bauche» kommt und das Denken in ihrem Sinne verführt? Die altruistische Maske, die sich die Egoität aufsetzt, in Wirklichkeit aber doch nur an sich selbst denkt? Ein klassisch humorvolles Beispiel hat uns Heinrich von Kleist geliefert, der in seinen Erzählungen, Anekdoten und Dramen diese Doppelwelt im Menschen meisterhaft erfasst hat.

Der Branntweinsäufer und die Berliner Glocken

«Ein Soldat vom ehemaligen Regiment Lichnowsky, ein heilloser und unverbesserlicher Säufer, versprach nach unendlichen Schlägen, die er deshalb bekam, dass er seine Aufführung bessern und sich des Brannteweins enthalten wolle. Er hielt auch, in der Tat, Wort, während drei Tage: ward aber am vierten wieder besoffen in einem Rennstein gefunden, und, von einem Unteroffizier, in Arrest gebracht. Im Verhör befragte man ihn, warum er seines Vorsatzes uneingedenk, sich von neuem dem Laster des Trunks ergeben habe? ‹Herr Hauptmann!› antwortete er; ‹es ist nicht meine Schuld. Ich ging in Geschäften eines Kaufmanns, mit einer Kiste Färbholz, über den Lustgarten; da läuteten vom Dom herab die Glocken: *Pom*meranzen! *Pom*meranzen! *Pom*meranzen! Läut, Teufel, läut! sprach ich, und gedachte meines Vorsatzes und trank nichts. In der Königsstraße, wo ich die Kiste abgeben sollte, steh ich einen Augenblick, um mich auszuruhen, vor dem Rathaus still: da bimmelt es vom Turm herab: Kümmel! Kümmel! Kümmel! – Kümmel! Kümmel! Kümmel! Ich sage zum Turm: bimmle du, dass die Wolken reißen – und gedenke, mein Seel, gedenke meines Vorsatzes, ob ich gleich durstig war, und trinke nichts. Drauf führt mich der Teufel, auf dem Rückweg, über den Spittelmarkt; und da ich eben vor einer Kneipe, wo mehr denn dreißig Gäste beisammen waren, stehe, geht es, vom Spittelturm herab: Anisette! Anisette! Anisette! Was kostet das Glas, frag ich? Der Wirt spricht: Sechs Pfennige. Geb er her, sag ich – und was weiter aus mir geworden ist, das weiß ich nicht.›»[29]

So weit Heinrich von Kleist, der einen wichtigen Aspekt unserer Problematik beschreibt. Aus dem unteren, organischen Bereich kommen nämlich in vereinseitigter Weise die Tendenzen, die wir als Egoismus, Lügen, Hysterien oder seelische Tyranneien kennen. Dort sitzt, wenn die Entfesselung weitergeht, der gewissenlose «Verbrecher», den wir ja manchmal wegen seiner «Bauchklugheit», seiner Raffinesse so bewundern. Dort ist der Hort der grenzenlosen Selbstliebe, die die Welt nur benutzt, um ihr eigenes Vakuum auszufüllen. Wir werden später noch in der Beschreibung eines schwer an der Leber erkrankten Patienten darauf zurückkommen. Die innere Verhärtung und zugleich das Bluten aus einer Seelenwunde, das oft zu aggressiven Reaktionen führt, können sich als Polaritäten in einem Menschen durchaus gleichzeitig zeigen. Medizinisch-psychologisch gesprochen können sich bei organischen Krankheiten aus Schock- beziehungsweise Lockerungssituationen negative Folgen im Seelischen zeigen: schwerste Charaktereinbrüche, die aus dieser organischen Welt resultieren.

Oft steht man vor einem Rätsel, wenn durch Krankheiten des Nervensystems, zum Beispiel Gehirnentzündungen, Gehirnverletzungen, Hirnsklerose, Multiple Sklerose oder Syphilis (mit Schädigung des Rückenmarks) oder Schlaganfälle, Enthemmungen und Persönlichkeitsveränderungen wie Missgunst, Geiz, Neid oder manische Zustände entstehen. In diesen Fällen die Ursache allein im Gehirn zu suchen, halte ich nicht für ausreichend. Man müsste auch fragen, was hier nicht mehr kontrolliert wird, was latent vorhanden war und jetzt nur ungezügelt hervorbricht. So haben wir in der Doppelnatur Mensch selbst den Herd des zweifachen Bösen. Der Begriff der «Entfesselung», wie wir ihn aus vielen Märchen, Mythen und Erzählungen kennen, ist hier wörtlich zu nehmen. Am richtigen Ort gebunden, sind diese Kräfte nötig und hilfreich, aber wehe, wenn sie ihren naturgegebenen Wirkungsbereich verlassen.

In diesem ewigen Kampf, in dem allein das Ich die Kontrolle ausübt und durch bestimmte Tugenden immer wieder Gleichgewichte schaffen muss, steht der Mensch seelisch wie organisch zwischen dem Konservativen und Verhärtenden und andererseits dem alles Vergangene verdrängenden und Gegenwart auflösenden utopischen Pol. Zwischen Depression und Manie, Selbstfesselung in der Neurose und Ungezügeltheit in den Leidenschaften versucht er seine individuelle Freiheit zu verwirklichen.

So haben wir an dieser Stelle schon zwei wichtige Gesten kennengelernt, die mit dem «Bösen» in uns zu tun haben. *Im ersten Fall* ist es das mumifizierende, abstrakte und daseinsferne Denken, das in alle Lebens- und Seelenbereiche seine Todeskräfte sendet. Wir finden es auch in Ideologien, Schemata und in zahlreichen «Wirklichkeitsmodellen» wieder; eine Tendenz, die wir als «ahrimanisch» bezeichnen. Diese Form einseitiger Intellektualität kann krankmachend wirken und die Vitalität beeinträchtigen. *Im zweiten Fall* ist es die Kraft in uns, die aus den aufsteigenden Bildern, Fantasien und Gedanken, eine konkrete Wirklichkeit machen möchte. Bloße innere Bilder füllen sich dann mit Substanz, die sehr oft von der nüchternen Wirklichkeit nicht korrigiert werden, wie zum Beispiel Illusionen und Halluzinationen. Diese luziferische Tendenz, durch die sich Gefühle und Sinneseindrücke steigern und im Seelenleben sogar ein farbiges Fluten entstehen lassen, finden wir unter anderem bei der Einnahme bestimmter Drogen.

Im ersten Fall wirkt also übersteigert der Nervenimpuls, der zu Verhärtungen führt, im zweiten der Blutimpuls, der zu Auflösungen und zu organischen und seelischen «Entzündungen» neigt.

In einer Zeit, in der durch Erziehung und mannigfaltige Umwelteinflüsse der Mensch sich seiner inneren Fähigkeiten nicht mehr bewusst ist, ganze Seelenbereiche brach liegen und Urteilslosigkeit um sich greift, zeigt sich ein immer stärker werdendes Heraufkommen der «Unterwelt», die bis nach außen hin unsere Zivilisation durch ein nun «organisiertes Verbrechertum» zu untergraben droht. Wirklich böse werden diese in jedem Menschen schlummernden Kräfte aber erst, wenn sie aus dem Unbewussten in den Bereich des Bewussten eindringen und das Böse aus Absicht geschieht – im Gegensatz zum Tier, wo es Instinkt bleibt.

Das Geheimnis der Zweiheit birgt also in sich die Entscheidungsfreiheit für das Ich als entwicklungsfähiges Wesen. Je mehr diese beiden polaren Welten, das Gute wie das Böse, dem Menschen vor Augen stehen, desto mehr wird an seine freie Entscheidung und Verantwortung appelliert.

«Böse», so einmal Andrew Vachss im Gespräch mit Claus Leggewie, «ist für mich eine Sache der freien Entscheidung. ‹Böse› ist etwas, das man *willentlich* tut. ‹Böse› heißt, dass man das eigene Vergnügen, den eigenen Genuss oder gar den eigenen Profit über die Grundrechte anderer Menschen stellt. Ich rede hier nicht von Dieben oder Hochstaplern, ich rede von Menschen, die jedes Verbrechen begehen, von Körperverletzung über Vergewaltigung bis hin zum Mord, einfach, um sich zu befriedigen oder Kasse zu machen oder beides. Das ist für mich böse.»[30]

Vachss greift hier einen Gedanken auf, den wir schon im 4. Jahrhundert bei dem Kirchenvater Augustinus finden. Er wandte sich gegen die antike Philosophie, wonach man auch in der bösen Handlung das für einen selbst Gute will, es aber nicht erkennt und sich deshalb vergreift. Somit ist mangelnde Erkenntnis zum Beispiel noch bei Platon der Grund dafür, dass man Böses tut. Augustinus hatte aber als Jüngling beim Birnen Stehlen eine andere Erfahrung gemacht: Er wollte nicht des Genusses wegen stehlen, sondern weil ihn der Gesetzesverstoß lockte. Er wollte das Böse, weil es böse war. «Ich stahl, weil die Gerechtigkeit mich ekelte und mich die Sünde reizte.»[31]

Dass man mit Bewusstsein Böses tun kann, ist eine der Möglichkeiten des Menschen und beinhaltet damit tatsächlich «das Drama der Freiheit». Daraus sieht man auch, dass das «Böse» nicht einfach zu definieren ist und es graduelle Unterschiede gibt, je nach erreichter Bewusstseinsstufe.

Doppelgängermotive in der Literatur

Es wurde mir klar, dass nicht ich, sondern die fremde Macht, die in mein Wesen getreten, alles das Ungewöhnliche bewirkt, und ich nur das willenlose Werkzeug sei, dessen sich jene Macht bediene, zu mir unbekannten Zwecken. Die Erkenntnis dieses Zwiespalts, der mein Inneres feindselig trennte, gab mir aber Trost, indem sie mir das allmähliche Aufkeimen eigner Kraft, die bald stärker und stärker werdend, dem Feinde widerstehen, und ihn bekämpfen werde, verkündete.[32]

E. T. A. Hoffmann

Wenn wir bereit sind, in die tieferen Regionen der Seele einzudringen und nicht nur die erste Schicht des Unterbewussten, das heißt die irdisch erzeugten Erlebnisse zu betrachten, sondern auch das Hereinragen vorgeburtlicher Kräfte, der Verstorbenen oder des geistig Wesenhaften miteinbeziehen, so müssen wir uns fragen, was sich als inspirative Kraft auch in den Kulturphänomenen, geschichtlichen Ereignissen und Welt-Anschauungen spiegelt und was wir gemeinhin als «Zeitgeist» bezeichnen.

So werden zum Beispiel Erfindungen in verschiedenen Erdteilen gleichzeitig gemacht oder von einem Menschen Erlebtes von Millionen Zeitgenossen als Teil ihres eigenen Wesens empfunden. Schauen wir vor diesem Hintergrund das Heraufdämmern jener Welt an, die auch als das «typisch moderne Bewusstsein» bezeichnet wird und in Romanen, Gedichten und Tagebüchern ihren Niederschlag gefunden hat, so fällt auf, in welch hohem Maß die Besessenheit, das Dämonische und der Doppelgänger thematisiert werden. Wir betrachten zunächst das 18. Jahrhundert, wo diese Dinge in vielfältiger Weise aus den Seelen aufzusteigen und ins öffentliche Bewusstsein einzudringen beginnen.

Das in sich geschlossene monadische[33] Weltbild von Gottfried Wilhelm Leibniz (1646–1716) wurde durch neue Philosophien abgelöst. Das selbstbewusste Seelenwesen, das Ich, das sich bis dahin in einer prästabilen Harmonie mit dem göttlichen Weltganzen befunden hatte, trat von der Weltbühne ab. Durch die sich nun verbreitenden materialistischen und mechanistischen Ansichten von John Locke (1632–1704), David Hume (1711–1776) und Julien Offray de la Mettrie (1709–1751, Hauptwerk: *L'homme machine*) entwurzelte sich die Seele immer mehr von ihrem geistigen Ursprung und wurde ihrer schöpferischen Eigenheit beraubt. Die Weltbilder zerrannen ins Wesenlose, und der Mensch gab sich durch die einsetzende technische Entwicklung ganz den äußeren Verhältnissen hin. Die Potenz des Geistes ging im gleichen Verhältnis verloren, wie das Bedürfnis entstand, den Resultaten aus Technik und Wissenschaft immer ähnlicher zu werden. Der Kampf um den Geist setzte ein. Der sogenannte «Fortschritt» bedeutete aber auch eine Entfernung von dem geistigen Wesenszentrum des Menschen und der Welt. Durch Darwin (1809–1882), Marx (1818–1883), Haeckel (1834–1919) und Freud (1856–1939) wurde dann später der «antimetaphysische Mensch» geboren, der sich von seinen Trieben, den ökonomischen Prozessen und somit von der Tierheit her definiert.

An der Schwelle zu diesem Umbruch steht Goethe als moderner Mensch in seiner ganzen Zwienatur. Er kannte die dämonische Unterwelt und den negativen Doppelgänger, den er im *Faust* als Mephisto so meisterhaft dargestellt hat. Wir erinnern uns an das bewegende Ende von *Faust* – Zweiter Teil:

> Gerettet ist das edle Glied
> Der Geisterwelt vom Bösen,
> Wer immer strebend sich bemüht,
> Den können wir erlösen ...

Hier wird der Akzent nicht auf die Vermeidung der Sünde gelegt, sondern auf das immerwährende *Streben*, das den Menschen ausmacht. Goethe beschreibt auch die irdisch-geistige Doppelnatur der Menschenseele nach dem Tode, die von den vollendeteren Engeln aufgenommen wird:

> Uns bleibt ein Erdenrest
> Zu tragen peinlich,
> Und wär er von Asbest,
> Er ist nicht reinlich.
> Wenn starke Geisteskraft
> Die Elemente
> An sich herangerafft,
> Kein Engel trennte
> Geeinte Zwienatur
> Der innigen beiden,
> Die ewige Liebe nur
> Vermag's zu scheiden.

Erst eine kosmische Instanz vermag das, was im Menschen vermengt erscheint und was er teils unerlöst von Erdenleben zu Erdenleben schleppt, zu unterscheiden und sogar zu lieben. Wir sind somit aus hellen, dunklen, vergangenen und zukünftigen Kräften zusammengesetzt. Diese Auffassung finden wir in allen großen Weltanschauungen wieder. In Ägypten ist es das «doppelte Herz», das heißt das Schicksal, das aus der Vergangenheit stammt, – «Herz von meiner Mutter her» – und das, was man sich für die Zukunft auf der Erde neu zu erwerben hat – «Herz von meiner Entwicklung her» –. Im Buddhismus ist es das

«Samskara», die im dunklen Anteil des Menschen wirkenden Kräfte aus früheren Inkarnationen, die ihn aus «Nichtwissen» immer wieder in sein Erdenschicksal verstricken.

Als Goethe 1832 starb, übergab er den zweiten Teil des *Faust* der Nachwelt als sein geistiges Testament. Kurz darauf nahm das industrielle Zeitalter eine rasche Entwicklung. Drei Jahre später fuhr in Deutschland die erste Eisenbahn, die Dampfmaschinen nahmen ihre Arbeit auf und die Technik begann ihren Siegeszug. Die Erde sollte ein technisches und soziales Paradies werden, obwohl sich später manche Weltbeglückungsideen als «Büchse der Pandora» herausstellten und Chaos und Verwüstung brachten. Die Welt des Werdens und des Seins verwandelte sich allmählich in ein Gestöber von Molekülen und Energien. Fichtes «Ich» und Hegels «Geist» sind nichts anderes mehr als Phantome.

Aber plötzlich zeigt sich eine andere Welt, von der man meinte, sie sei mit dem aufkommenden Realismus und Materialismus längst begraben. 1840 erschien von Edgar Allan Poe, dem Meister des Unheimlichen, dem «Vorfahren der modernen Tiefenpsychologie» und «größten geistigen Entdecker der modernen Welt» eine der ersten – und vielleicht besten – Doppelgängererzählungen der Weltliteratur: *William Wilson*.

Es ist die Geschichte des Kampfes zwischen dem bösen und guten Gewissensanteil in uns, der Kain- und Abelnatur, auf die wir später noch zurückkommen werden. 1841 beginnt etwa zeitgleich, was Rudolf Steiner vom geistigen Gesichtspunkt aus den «Sturz der Geister der Finsternis» nannte. Was sich bis dahin nur im Übersinnlichen abgespielt hat, findet nun durch den Sturz gewisser Gegenmächte seinen Schauplatz in der menschliche Seele. Im Abgrund des Unterbewusstseins besetzen zerstörerische Anteile mehr und mehr die menschlichen Willenskräfte, sodass man von einer «Okkupation des Willens» sprechen könnte. Der Mensch muss höchsten Erkenntniswillen aufbringen, um sie zu verstehen und sich von den zunehmenden Verführungen zu schützen. Der Kampf Michaels mit dem Drachen ist ein bildhaftes Zeugnis dieser Auseinandersetzung und findet sich als christliche Ikonografie in vielen Legenden und künstlerischen Darstellungen. Die Menschen beginnen, trotz äußerlicher Fortschritte und gesteigerter Intelligenz, ihre gesunden Instinkte zu verlieren und geraten in den Strudel von sich verselbstständigenden Katastrophen. Intellektualität und Moralität trennen sich. Kulturelle Mumifizierung und seelische Lähmung greifen um sich, und damit beginnt die Verbeamtung und Kontrolle aller Lebensbereiche. Es entsteht eine Art «Weltphilistertum».

Geburt und Tod, Gesundheit und Krankheit, die Schwellenerlebnisse unseres irdischen Daseins geraten unweigerlich in den Dienst von Technik, Industrie und Kommerz. Der Gott Mammon hat seinen triumphalen Einzug in *alle* Lebensbereiche gehalten. Nur diesen irdisch-materiellen Elementen hingegeben, weicht der Geist langsam zurück, und so gerät auch die Leiblichkeit in ein Vakuum, das heißt sie verliert ihre innere Geschlossenheit, ihre Immunität. Wenn sich das Geistige aus dem Leib zurückzieht, müssen seelische und körperliche Schwächungen und Krankheiten die Folge sein, und der Mensch wird den negativen Vererbungskräften unterliegen.

«Aber leer bleibt in Wirklichkeit nichts in der Welt. Es bleibt etwas nur leer von einem gewissen Etwas, das in anderer Zeit zur

Ausfüllung bestimmt war. Ganz leer bleibt eigentlich nichts. Und indem der Mensch immer mehr und mehr seine Seele von dem Leiblichen zurückzieht, wird dieses Leibliche immer mehr und mehr der Gefahr ausgesetzt, von anderem ausgefüllt zu werden. Und wenn sich die Seelen nicht dazu bequemen wollen, Impulse aufzunehmen, die nur aus dem spirituellen Wissen kommen können, dann wird der Leib angefüllt von dämonischen Gestalten. Diesem Schicksal geht die Menschheit entgegen; dass die Leiber angefüllt werden können von dämonischen Gewalten, von ahrimanisch-dämonischen Gewalten. […], dass man in der Zukunft Menschen wird erleben können: sie sind der Hans Kunz äußerlich im bürgerlichen Leben, weil die sozialen Zusammenhänge es so ergeben, aber der Leib ist so weit leer, dass ein starkes ahrimanisches Wesen drinnen wohnen kann. […] Der Mensch wird nur scheinbar der Mensch sein, der er ist.»[34]

Diese objektiv-geistige Tatsache wurde von sensiblen Künstlernaturen wahrgenommen und gestaltet. Das Menschenantlitz zerfällt in der bildenden Kunst in Einzelteile, die Welt wird atomisiert und damit abstrakt. Schon 1816 erscheint von E. T. A. Hoffmann der Roman *Die Elixiere des Teufels*. Eine Symphonie des Grauens und Doppelgängergeschichte. «Morpheus, der Traumgott, hat mir einen Roman inspiriert, der in lichten Farben hervorbricht […] Das Büchlein heißt *Die Elixiere des Teufels*. Es ist darin auf nichts Geringeres abgesehen, als in dem grausam, wunderbaren Leben eines Mannes, über den schon bei seiner Geburt die himmlischen und die dämonischen Mächte walteten, jene geheimnisvollen Verknüpfungen des menschlichen Geistes mit all den höheren Prinzipien, die in der Natur verborgen […]»[35]

Die beiden Kontrahenten in der Erzählung heißen Medardus und Viktorin. «Mein eignes Ich zum grausamen Spiel eines launenhaften Zufalls geworden, und in fremdartige Gestalten zerfließend, schwamm ohne Halt wie in einem Meer all der Ereignisse, die wie tobende Wellen auf mich hineinbrausten. – Ich konnte mich selbst nicht wiederfinden! – Offenbar wurde Viktorin [der Doppelgänger] durch den Zufall, der meine Hand, nicht meinen Willen leitete, in den Abgrund gestürzt! – Ich trete an seine Stelle ... Aber das Verhältnis mit der Baronesse, welches Viktorin unterhält, kommt auf mein Haupt, denn ich bin selbst Viktorin. Ich bin das, was ich scheine, und scheine das nicht, was ich bin, mir selbst ein unerklärliches Rätsel, bin ich entzweit mit meinem Ich!»[36]

Der Roman enthält wichtige Elemente zu den Fragen von Vererbung, Erlösung und dem eigentlichen Sinn des Bösen. Medardus (der Mönch): «Muss der vom Sünder geborene wieder sündigen, vermöge des ererbten Organismus, dann gibt es keine Sünde.» Worauf der Papst erwidert: «Der ewige Geist schuf einen Riesen, der jenes blinde Tier, das in uns wütet, zu bändigen und in Fesseln zu schlagen vermag. *Bewusstsein* heißt dieser Riese, aus dessen Kampf mit dem Tier sich die Spontaneität erzeugt. Des Riesen Sieg ist die Tugend, der Sieg des Tieres die Sünde.»[37]

Aber diese *Symphonie des Grauens* endet mit einer der schönsten Inspirationen Hoffmanns: die Überwindung der Spaltung durch ein Drittes, durch den Humor; durch das Heitere, das *auch* Teil unseres Menschenwesens ist. So erscheint am Schluss der Friseur Peter Schönfeld, der sich in einem italienischen Tollhaus Pietro Belcampo nennen lässt und der den Mönch, dem er das Leben rettet, wissen lässt: «Ich selbst bin die Narrheit, die ist überall hinter dir her, um deiner Vernunft beizustehen, und du magst es nun einsehen oder nicht, in der Narrheit findest du nur dein Heil, denn deine Vernunft ist ein höchst miserables Ding, und kann sich nicht aufrecht erhalten, sie taumelt hin und her wie ein gebrechliches Kind, und muss mit der Narrheit in Kompanie treten, die hilft ihr auf und weiß den richtigen Weg zu finden nach der Heimat ... Die Narrheit erscheint auf Erden wie die wahre Geisterkönigin ...»[38]

Schauen wir uns nun eine weitere Erzählung an, die wenige Jahrzehnte später auf dem amerikanischen Kontinent entstand. In einer Dezembernacht des Jahres 1885 wurde der lungenkranke Robert Louis Stevenson, Autor der berühmten *Schatzinsel*, nach ausgiebigem Kokaingebrauch in San Francisco von einem grauenvollen Alptraum überfallen, aus dem er schreiend aufwachte. Er hatte im Schlaf eine Doppelgängergeschichte erlebt und sofort aufgeschrieben: *Dr. Jekyll und Mr. Hyde*. Sie sollte zur bekanntesten und am häufigsten verfilmten Darstellung dieses Genres werden und einem bestimmten Effekt in der Psychiatrie sogar den Namen geben.[39] Ein spannendes Dämonium im damals so geordneten Viktorianischen Zeitalter. Ein unbescholtener Arzt braut sich eine synthetische Droge, um sich in einen verbrecherischen Doppelgänger zu verwandeln, der skrupellos grausam und mörderisch wird. «Die Droge hatte keine unterscheidende Wirkung, sie war weder teuflisch noch göttlich, sie erschütterte nur die Tore des Gefängnisses meiner Veranlagung, und wie die Tore des Gefängnisses von Philippi wurde, was in mir lebte, frei. In jener Zeit schlummerte meine Tugend. Das Böse in mir; durch Ehrgeiz wachgehalten, lag bereit, um schnell die Gelegenheit zu ergreifen, und das Ding, das so entstand, hieß Edward Hyde.»[40]

Diese berühmte Novelle beinhaltet ein hochmodernes Thema: die Verwandlung in ein bösartiges Alter Ego mithilfe der «Allmacht der transzendentalen Medizin». Dr. Jekyll wird von einem prometheischen Bewusstsein getrieben, mit dem Drang, die Grenzen der Erkenntnis mit Hilfe chemischer Substanzen zu erweitern, um so der «Natur auf die Sprünge» zu helfen. Er wollte, was der berühmte Dr. Frankenstein chirurgisch zu erreichen hoffte, mithilfe der Chemie bewerkstelligen: Naturverbesserung durch manipulierte Neuschöpfung. Für Dr. Jekyll hat die göttliche Schöpfung versagt, da sie den Menschen als Doppelnatur veranlagt und ihn somit in Lustprinzip und Realitätsprinzip gespalten hat, wobei die natürlichen Triebwünsche immer im Widerstreit mit den moralischen Geboten stehen. Von der Seele wird diese Spaltung zwar schmerzhaft empfunden und einigermaßen akzeptiert, doch der Körper kann sie nicht nachvollziehen. «Es war der Fluch der Menschheit, dass diese inkongruenten Teile so miteinander verbunden waren – dass in dem qualdurchzuckten Schoße des Bewusstseins diese einander feindlichen Zwillinge ständig im Kampfe liegen mussten.»[41]

Was aber zunächst als seriöse Wissenschaft anmutet, entpuppt sich bald als der selbstsüchtige Wunsch, ähnlich wie Faust die andere, niedere Natur ausleben zu können. Die Metamorphose gelingt, doch die Neuschöpfung missrät. Die Verkümmerung des Seelischen zeigt sich nun äußerlich in der Missgestalt des Körpers. Das Böse selbst hat jenem Körper den Stempel der Verwandlung und des Verfalls aufgedrückt. Gottlose Wissenschaft kann nur gottloses Leben erzeugen, das sich notwendig selbst verdammt.

Diese tierisch-dämonische Seite im Menschen wird zum Thema zahlreicher Romane, Erzählungen und Filme. Wir denken an Kafkas *Verwandlung* in einen Käfer, an Cocteaus *Die Schöne und das Tier* und an die vielen Werwolfgeschichten.

Einige Jahrzehnte früher (1846) erschien mit *Der Doppelgänger* von Dostojewski ein russischer Doppelgänger auf der Weltbühne, den der Schriftsteller als das Ernsthafteste bezeichnete, was er in der Literatur zustande gebracht habe. Es ist die Geschichte von dem erfolglosen und unterwürfigen Petersburger Titularrat Goljadkin, der aus seinem von Angst geplagten und krankhaften Karrierestreben seinen Doppelgänger, Goljadkin den jüngeren, erfindet, dem einfach alles gelingt. Hier wird – in typisch russischer Weise – das Doppel als idealistisches (Zukunfts-)Selbst geschildert. 1871 lässt Dostojewski *Die Dämonen* folgen. Die Hauptfigur, S. T. Werchowenskij, lässt sich vor seinem Tod aus dem Lukas-Evangelium die Geschichte von der Austreibung der Teufel vorlesen, die dem Roman Titel und religiöse Botschaft geben. Die Teufel, die Dämonen Russlands, sind die Handlanger der Zerstörung um der Zerstörung willen – ein sehr aktuelles Problem, wenn man in die jüngste Geschichte schaut –, geboren aus Nihilismus und Zynismus. Deren Hauptfigur Stawrogin ist ein von Machtgier und Zerstörungslust Besessener, der ein Leben voller Zügellosigkeiten und Grausamkeiten führt und sich schließlich, innerlich gescheitert, erhängt.

Im Frühjahr 1890 erscheint dann eine der meistgelesenen Doppelgängergeschichten der englischsprachigen Literatur:

Oscar Wildes *Das Bildnis des Dorian Gray*. Die Geschichte eines sich schlimmsten Ausschweifungen hingebenden Menschen, dessen Porträt und wahres Seelenwesen sich an seinem zerfallenden Inneren widerspiegelt. Der Doppelaspekt zwischen Porträt und Porträtiertem zeigt die moderne Ich-Aufspaltung und den scheinbar unüberbrückbaren Gegensatz von Intellekt und Moral. Dieser Syntheseversuch misslingt. Norbert Kohl hat das im Fall Dorian Gray klar erkannt. «Der geistigen Isolierung und Entfremdung des Individuums von der Gesellschaft folgt die Auflösung seiner Identität. Wo das Leben zum Kunstwerk stilisiert und nur sein ungehemmter Genuss angestrebt wird, bleiben am Ende die totale Sinnentleerung, Desillusionierung und das Empfinden des «ennui» [seelische Leere], dessen Überwindung doch gerade beabsichtigt war. Der Künstler hat seine Ideale verraten, der Intellektuelle seine sittliche Verantwortung verloren, der Naturwissenschaftler macht sich zum Komplizen des Verbrechers.»[42]

Im 19. Jahrhundert erscheinen noch zwei weitere Romane, die in zahlreichen Neuauflagen und Verfilmungen bis heute ihre ungebrochene Aktualität beweisen und zum Synonym des Grauenvollen schlechthin geworden sind: *Frankenstein* von Mary Shelley und *Dracula* von Bram Stoker. In beiden Gestalten haben wir die Polarität des Menschen im Nerven- und Blutsystem vor uns. Frankenstein bekommt sein Leben durch Elektrizität «eingehaucht», Dracula nährt sich vom Blut anderer Menschen. Wodurch wurde die Autorin von *Frankenstein* inspiriert? «Der Zufall – vielmehr ein böser Geist, der Engel der Vernichtung, der von dem Augenblick an, da ich wohl oder übel mein Vaterhaus verließ, über mir waltete – führte mich ...»[43]

Dies sind einige symptomatische Erscheinungen, die den Vordergrund dessen bilden, was sich seit dem 19. Jahrhundert in den Seelen zunehmend abzuzeichnen beginnt.

Bis in die heutige Zeit – im individuellen wie politischen Zusammenhang – hat die Frage nach dem Dämonischen und dem Doppelgängertum, dem Schatten und der Hölle in uns nicht nachgelassen. Stellvertretend seien die visionären Erzählungen Kafkas genannt, die im Dritten Reich zum Teil grauenvolle Wirklichkeit geworden sind: In *Die Verwandlung* in Tierisches, *In der Strafkolonie* in die eines KZ oder die Anonymität der Verhaftungen in den autoritären Systemen in *Der Prozess*. Auch der Roman *Doktor Faustus* von Thomas Mann gehört dazu.

Veröffentlichungen wie Ulla Berkéwicz' *Engel sind schwarz und weiß*[44] haben die Gemüter bewegt. Eine Auseinandersetzung mit der schillernden Seite des Nationalsozialismus, wo der Held Täter und Opfer zugleich wird. Öffentlich diskutiert wurden auch ein Symposion über die Frage nach der Realität des Bösen, gehalten als Ringvorlesung 1989/1990 an der FU Berlin und besonders Jörg von Uthmanns Buch *Doppelgänger, du bleicher Geselle. Zur Pathologie des deutsch-jüdischen Verhältnisses*[45] oder *Schattengesellschaft* von Stephan Wehowsky,[46] der sich mit der art-typischen Kehrseite der einzelnen Völker, nämlich ihrer speziellen kriminellen Mentalität auseinandersetzt. Auch Filme sind entstanden, die die «weiße» und «schwarze» Seite des Menschen exemplifizieren, wie zum Beispiel John Woos vielbeachtetes, glänzend gespieltes Werk *Im Körper des Feindes*.

Wir haben uns bemüht, hauptsächlich aus literarischen Quellen unter verschiedenen Aspekten ein Bild des Dämonischen und des sogenannten Doppelgängers herzuleiten. Unter «dämonisch» verstehen wir daher zunächst, dass gewisse niedere Kräfte durch die Schwäche des höheren Menschen die Oberhand gewinnen. Woher aber kommen sie und was bedeuten sie für das Menschenleben? Woher stammen diese Zwischenwelten, diese parasitären Mumien, das «Arsen» – ein okkulter Ausdruck von Paracelsus für das nicht Erlöste im Menschen –, das er aus den verschiedenen Erdenleben mit sich trägt und das, weder zur Menschen-, noch Götterwelt gehörend, zum Nährboden negativer Kräfte wird, die Schicksalsschläge, Krankheiten und Katastrophen hervorrufen?

Aber es gibt nicht nur die Dämonen der Vergangenheit. Mit jeder schlechten Handlung, Lüge, Verrat oder Selbstsucht erzeugt der Mensch auch in der Gegenwart neue Dämonen, die in die Welt ziehen und Denken, Fühlen und Wollen anderer bestimmen. Was ist zum Beispiel in den Seelen jener passiert, die über Jahrzehnte durch staatlich verordnete Unwahrheiten für ihr eigenes Überleben lügen mussten, die verleugnet, verraten haben und selbst keinem mehr trauen konnten? Viele von ihnen haben nach dem Zusammenbruch des Dritten Reiches, der Sowjetunion oder der DDR fassungslos vor ihrer mehr oder weniger gewollten Mittäterschaft gestanden. Man sollte sich aber, bevor man über sie den Stab bricht, zunächst selbst fragen, wie man in solchen Situationen wohl gehandelt hätte.

Im Weiteren wollen wir uns nun mit den Doppelgängeraspekten im Menschen beschäftigen, die als reale Gestalten aus seelisch-geistigem Material gewoben, unsere irdische Existenz positiv wie negativ begleiten.

Doppelgänger und Schatten

Wir alle sind die Erben dunkler Ahnen.
Was in uns spielt, was in uns treibt, wer weiß es;
wer kennt es, was Natur geheimen Fleißes
in uns gehäuft aus längst entschwundnen Bahnen.

Mit Taten und Gedanken hell am Tage –
so wandern wir, so sieht die Welt uns wandern, –
und sind vielleicht die Schlüssel nur zu andern;
und unser bleibt Verwundrung nur und Frage.[47]

Christian Morgenstern

Die Frage nach dem «Doppelgänger» war und ist immer auch die Frage nach den verborgenen, im Unterbewussten wirkenden Anteilen im Menschen, das heißt dem Widersprüchlichen, dem zunächst vom Alltagsbewusstsein nicht Beherrschten, dem Verständnislosen. Die Entdeckung der abgespaltenen Teile, der sogenannten «Schatten» in der menschlichen Seele, führte in der psychologischen Fachliteratur zu teils verschiedenen, teils deckungsgleichen Begriffen: der «Feind in uns», das «Spiegelbild», der «Doppelgänger», das «andere Ich», das «niedere Ich», der «dunkle Zwilling», der «Schatten», der «dunkle Vater».

Es ist also die Nachtseite des Ich, unser ständiger «dunkler» Begleiter, der seinen Schatten auf unser Tagesbewusstsein und unser Erleben wirft; ein negatives, aber auch für die Entwicklung positives Element und ein nicht wegzudenkender Teilaspekt unserer Existenz. Die moderne Tiefenpsychologie und die spirituelle Psychologie haben es sich zur Aufgabe gemacht, diese im Unterbewusstsein wirkenden «Schlacken» ans Licht zu holen und sie als eigenständige Gestaltelemente zu verstehen. Die einzelnen Teile ergeben dann Figuren mit einer eigenen Gesetzmäßigkeit und sogar Physiognomie, die im Menschen als autonome Teilpersönlichkeiten ein eigenständiges Dasein führen können. Uns kommt dabei eine moderne Krankheitssymptomatik zu Hilfe, bei der sich bestimmte Menschen aus verschiedenen Persönlichkeiten zusammengesetzt erleben.

Der «unbekannte Mörder» in uns kann durch Zeitungsberichte, TV-Reportagen beziehungsweise Filme über Serientäter oder andere Verbrecher angesprochen werden, nicht ohne dass dabei eine gewisse Faszination des Grauens erlebt wird. Dinge, die wir nicht erklären können, besitzen nämlich eine auffallende Anziehungskraft und sind eine fruchtbare Projektionsfläche für unsere Fantasien. Diese schieben wir dann den Tätern zu, die wir auf der Leinwand sehen. Dass sie eigentlich von uns stammen, machen wir uns selten klar.

Unter der rationalen Oberfläche der Seele wird immer mehr ein Abgrund erlebbar und auch bewusst. Nach heutigen Erkenntnissen nimmt der Serienmörder den Biedermännern das Brandstiften ab und bietet sich damit als ausführendes Organ nicht eingestandener Lüste und Aggressionen an.

Reicht aber unser Verständnis vom Menschen aus, um diese tief ins Dunkle reichenden Wurzeln zu verstehen? Die Frage nach dem Geistigen, das die organische Leiblichkeit wie auch die Seele übergreift und das Problem der Polarität von Gut und Böse werden unmittelbar evident. Das war auch eine Hauptfrage C. G. Jungs: «Wir brauchen mehr Verständnis für die menschliche Natur, da die einzige wirkliche Gefahr, die besteht, der Mensch selber ist. Er stellt ein großes Gefahrenpotenzial dar und wir sind uns dessen bedauerlicherweise nicht bewusst. Wir wissen zu wenig vom Menschen, eigentlich fast gar nichts. Seine Seele sollte tiefer ausgelotet werden, weil der Mensch es ist, der der Ursprung alles kommenden Bösen sein wird.»[48]

Deshalb müsste es gerade heute die Aufgabe sein, zu erkennen, welche «Gestalten» im Menschen wirken und ihre Tätigkeit auch im geschichtlich-kulturellen Umkreis entfalten. Erst die Beschäftigung mit den Schatten führt zu einem besseren Verständnis des Lichtes, das in unserem Bewusstsein strahlt und mit dem wir erkennen, uns abgrenzen, aber auch durch liebevolles Verständnis noch Unerlöstes umwandeln können. Man könnte Jungs Aussagen auf einen einfachen Nenner bringen: In Zukunft ist die größte Sünde das Nichtwissen vom Menschen. Wie kommt man aber zu einem Verständnis dessen, was wie ein Schattenbruder in uns lebt und wirkt?

Eine erste Erfahrung auf diesem Gebiet kann man an sich und anderen machen, wenn man jene Seelenkräfte kennenlernt, die sich als Hindernisse zwischen uns und der Welt auftürmen, wobei man als Handelnder zwangsläufig und gleichzeitig auch deren Opfer wird: die «schlechten Gewohnheiten».

Diese «Widersacher» bilden nicht selten den Nährboden für weitere negative Eigenschaften und ziehen sogar Menschen mit ähnlichen Charakteranlagen an, sodass eine «Solidargemeinschaft» von sich gegenseitig ernährenden Doppelgängern entstehen kann. Da fast jeder Mensch von sich ein widerspruchsfreies, eindimensionales Bild hat oder jedenfalls haben möchte, ist dieser Widerspruch zwischen positiven und negativen Eigenschaften in uns und im anderen schwer zu ertragen. Durch die dominierende Wirkung der Schattenanteile ist eine «typische» Reaktion auf gewisse Dinge oft schon vorauszusehen. Versucht man dann, diese schlechten Gewohnheiten bei einem Menschen zu ändern, so beißt man dabei häufig auf «Granit». Sind Selbstbewusstsein und Selbstkritik des Betreffenden nicht genügend ausgebildet, kann es zu automatenhaften Reaktionen kommen und dazu, dass sich die Schattenanteile immer mehr des Ganzen bemächtigen.

Wir haben ein besonders Geschick darin entwickelt, die negativen Teilaspekte bei einem Menschen sofort zu wittern und daraus ein gespensterhaftes Ganzes, eine zweite Person zu formen. Ein Problem, das uns als «Vorurteilsdoppelgänger» später noch beschäftigen wird.

Solche Seelenkleider aus «alten Schauerstücken» zusammengeflickt[49] verstellen den wahren Kern des Menschen und liegen so eng an und sind oftmals so verhärtet, dass wir sie nicht als Teilstücke in uns selbst wahrnehmen können beziehungsweise wahrhaben wollen.

Diese Maskierungen unseres Wesens, diese Selbsttäuschungen werden im Laufe des Lebens manchmal durch leidvolle Enttäuschungen, Schockerlebnisse, ernsten Erkenntniswillen, Spiegelung durch andere oder seelische Schwellenerlebnisse aus ihrer Verzauberung erlöst. Meistens aber bleiben sie im Dunklen, weil wir uns ihrer negativen Wirkung schämen und sie verdrängen.

Mit den nicht bewussten, «entlebendigten» Einschlüssen und Seelenmechanismen haben wir es in der psychotherapeutischen Praxis viel zu tun. Ein solcher zweiter negativer Mensch setzt sich aus alldem zusammen, was wir gewöhnlich als «Muster» oder auch «Gewohnheitsleib» bezeichnen, der einem Panzer ähnlich, fast mechanische Abwehrfunktion besitzt. Er ist aber zugleich auch der Nährboden für Zerstörungskräfte, da durch ihn Seelenanteile aus dem bewussten Ich herausfallen und somit zum Einfallstor verschiedener Destruktionen werden. Ich habe einmal einen solchen Fall in der Praxis erlebt, wobei die festgefahrenen Gewohnheiten einer Familie sogar bis in die Sprache und Formulierungen hinein über Jahrzehnte hin die gleichen geblieben waren, sodass sie alle Familienmitglieder schon im Sprechchor aufsagen konnten. Ein Ausbruch aus dem Panzer wurde erst durch die schwere Krebserkrankung eines Familienmitglieds, die den Leib langsam auflöste, möglich. Ich glaube, wir alle kennen diesen zweiten Menschen in uns, der sich aus unseren persönlichsten Neigungen, Leidenschaften, Sympathien, Antipathien und Standpunkten konfiguriert.

Man könnte ihn auch den aus Vergangenheitskräften zusammengesetzten, subjektiven Egoisten nennen. Manchmal wird dieser Doppelgänger im Leben so stark, so sklerotisiert, dass er nichts Neues mehr aufnehmen kann. Man sieht daraus, dass es das Schlimmste ist, was einem im Leben passieren kann, wenn nach Jahren oder Jahrzehnten die Menschen zu einem sagen: «Du hast dich ja gar nicht verändert.»

Dieser Doppelgänger versubjektiviert in der Regel unsere Weitsicht, manipuliert unsere Wirklichkeit und verfälscht sie durch unsere Leidenschaften, sodass die Dinge oft genau so aussehen und sogar manchmal zu dem werden, was wir in sie hineinlegen. Gott sei Dank gibt es von den «guten Göttern» dann Schicksalsschläge und Krankheiten, die uns wieder klar sehen lassen.

Dieser nach außen projizierte eigene Doppelgänger ist es also, den wir im anderen wahrnehmen. Indem wir die «negativen» Eigenschaften im anderen bekämpfen, versteckt sich gerade unser eigenes negatives Wesen um so mehr, und wir bekämpfen in Wirklichkeit uns selbst im anderen. Man spricht von einer

«Verhakung» der Doppelgänger, die sich dadurch gegenseitig füttern und brauchen. In Amerika spricht man heute von «co-dependency», was soviel wie «gegenseitige Abhängigkeit» bedeutet und sehr verbreitet ist. Geht dann der andere Mensch fort oder stirbt er, so entbehrt der zurückgebliebene Anteil sein Gegenüber und könnte sich eigentlich jetzt mit sich selbst beschäftigen, sucht sich aber bald als Kompensation ein neues Feindbild, beziehungsweise ein Opfer, mit dem das gleiche Spiel früher oder später beginnt. Man könnte ganze Romane erzählen, wie sich Doppelgänger ineinander verlieben und sich hinterher abschlachten, obwohl sie sich doch so ähnlich sind. Es ist natürlich mit größten Schwierigkeiten und Schmerzen verbunden zu erkennen: Das, was mich beim anderen so aufregt, bin ich meistens selbst. Sieht man dieses aber nicht als sein eigentliches Wesen an, sondern nur als Teilaspekt von sich, an dem sich objektive Widersachermächte nähren, dann kann der Kampf ins eigene Innere verlegt werden, und man braucht nicht mehr die «Hörner» der Schuldzuweisung zu benutzen, die die eigenen Wunden vor anderen schützen sollen.

Nach meiner persönlichen Erfahrung setzen sich diese Schattenanteile aus allerlei vergangenen Resten unserer irdischen und vielleicht auch vorirdischen Existenz zusammen. So unter anderem aus Charakterprägung, Temperament, Kindheitserfahrungen oder Vererbungsmerkmalen, die ja nicht sogleich negativ erscheinen müssen. Spalten sie sich aber vom bewussten Anteil, vom Ich des Menschen ab, so können wüste Egoismen diesen Platz einnehmen, die sich immer mehr der klärenden Kraft des korrigierenden Bewusstseins entziehen und tatsächlich zum eigenständigen «Gewohnheitsleib», also «Doppelgänger» werden, der jeden noch so gut gemeinten «Angriff» mit Gewalt zurückschlägt.

Am nächsten ist Jung diesen Phänomenen mit dem Begriff des «Schattens» gekommen. In seiner Psychologie ist der «Schatten» Teil des persönlichen Unbewussten, also eine «autonome Teilpersönlichkeit», die dem Bewusstseinsleben konträr ist. Dieser Schatten kann negativ aber auch positiv sein. Die Anfangsarbeit einer Analyse besteht somit darin, sich dieses Schattenmenschen in uns immer bewusster zu werden. Das Übersehen oder Verdrängen, aber auch die absolute Identifizierung mit diesem Teilaspekt, wie wir es manchmal bei Depressionen erleben, kann zu gefährlichen psychischen Folgen führen. Der Schatten steht nach Jung der Instinktwelt nahe, also auch dem Organisch-Vegetativen. Er kann bei den Menschen aber auch gemeinsam, das heißt kollektiv auftreten. Die in uns sitzenden archetypischen Urkräfte von Macht- und Tötungsinstinkt, Egoismus, Größenwahn können daher offensichtlich – wie etwa im Kommunismus oder im Dritten Reich geschehen – durch bestimmte Symbole und soziale Techniken aktiviert werden.

«Die Figur des Schattens», so nochmals Jung, «personifiziert alles, was das Subjekt nicht anerkennt und was sich ihm doch immer wieder – direkt oder indirekt – aufdrängt, also minderwertige Charakterzüge und sonstige unvereinbare Tendenzen.»[50]

Als inferioren Teil der Persönlichkeit drängt der Schattenanteil sich immer wie ein Seelenmechanismus den guten Absichten auf. Denken wir stets daran: Das höhere Ich in uns schafft manchmal für den Doppelgänger ein entsprechendes soziales

Umfeld, um von uns erkannt und auch erlöst zu werden. Wird uns von anderen Menschen der Spiegel vorgehalten, so ist es natürlich, dass man ihn deswegen ablehnt oder im Extremfall sogar hasst – aber es ist dann nur der Doppelgänger in uns, der nicht ans Tageslicht gezogen werden will. Er maskiert sich vielfach mit Ausreden, Vorwürfen und Gegenangriffen. Denn wer sich so erkannt sieht, steht auch immer vor der Frage: Soll ich lieben oder hassen?

Wer seinen inneren Menschen nicht kennt und nicht gelernt hat, sich von seinem Doppelgänger zu unterscheiden, verwechselt oft den Angriff auf den Doppelgänger mit dem auf seine Person – so tun es auch die Angreifer – und reagiert dann mit Verfolgungs- und Gerechtigkeitswahn, Drohungen, Beleidigtsein oder Rauswurf der betreffenden Angreifer.

Erwähnen wir an dieser Stelle stellvertretend einen gar nicht so selten vorkommenden Fall: In einem Institut leiden die Mitarbeiter unter dem Leiter, der als Gründerpersönlichkeit mit großem Idealismus und viel Opferkraft vor vielen Jahren den Aufbau geleistet hat. Obwohl das «Was» seiner Ziele von allen geteilt werden kann, herrschen beim «Wie» Diskrepanzen. Der Heimleiter identifiziert sich persönlich aber zu stark mit seinen Idealen und steht ihnen nicht mehr frei gegenüber, sondern benutzt die Menschen für seine geistigen Zwecke. Wer gegen ihn persönlich ist, ist auch gegen die «objektiven» Ideale. Durch den Widerstand aus der Umgebung fangen jetzt bei ihm die negativen Schattenanteile in seiner Seele stärker an zu wirken. Alles, was von nun an aus berechtigter Kritik auf ihn zukommt, wird sofort auf seine doch so «guten Absichten» bezogen, und es entsteht ein Klima von Verdächtigungen, Intoleranz, Dogmatismus und Misstrauen. Die geistigen Ziele vermischen sich mit den persönlichen aber ungereinigten Kräften wie Eitelkeit, Ehrgeiz, Minderwertigkeitsgefühle, die durchaus als Reste aus der frühen Kindheit oder Jugend stammen können. Parteien von Sympathisanten und Sündenböcken entstehen unter den Mitarbeitern, die Doppelgänger sind zum Grabenkrieg angetreten, und die guten gemeinsamen Aufgaben werden immer mehr vergessen. Ein solcher Dämonenspuk, der handgreiflich zu fassen ist, vergiftet das gesamte soziale Klima. Man sieht nur noch, um mit einem Wort Rudolf Steiners zu sprechen, den «stinkenden Hund» und nicht mehr die «schönen Zähne», die er ja auch besitzt. Manchmal endet dieser Kampf mit einer Trennung beziehungsweise einer Scheidung, wenn wir dieses Beispiel auch auf die Ehe beziehen. Der physische «soziale Tumor» ist dann zwar äußerlich entfernt, aber es bilden sich weitere «Metastasen» unter den Mitarbeitern, da das eigentliche Problem nicht gelöst wurde. Bleibt der Leiter aber zurück, werden aus seiner seelischen Verwundung heraus meistens nur noch schwache Mitarbeiter gesucht, die ihm nichts mehr entgegenzusetzen haben; das Institut verliert seinen Geist. Dabei wollten die Mitarbeiter unbewusst gar nicht das Werk als solches zerstören, sondern dem Leiter nur den Spiegel vorhalten, damit er seinen Doppelgänger, gewoben aus Eitelkeit, Versagensangst, Besserwisserei und Minderwertigkeitsgefühlen, kennenlernen und diese Attacken auf seine ungeläuterten Anteile nicht mit denen auf seine Ideen verwechseln sollte. Hat er nicht selbst oft vor den Mitarbeitern sein Wissen um den «Schulungsweg», die höheren Welten oder Technik der Widersachermächte demonstriert? Durch die zwar verständlichen menschlichen Schwächen ist aber der Boden bereitet für das Wirken real existierender Widersachergeister, die den Menschen nur benutzen, um gegen gute Ideen anzukämpfen. In solchen Verwirrnissen und Verdunklungen ist es meist hilfreich, sich an den Anfang der gemeinsamen Ziele zu erinnern und etwas von den verhärteten Positionen aufzugeben.

Ein eindrucksvolles Beispiel der Verwechslung zwischen Aufforderung zur Selbsterkenntnis und der Verwechslung mit äußeren Feindbildern, hat Friedrich Nietzsche uns in seinem Werk *Also sprach Zarathustra* hinterlassen.

«Eines Morgens aber wachte er [Zarathustra] schon vor der Morgenröte auf, besann sich lange auf seinem Lager und sprach endlich zu seinem Herzen:

Was erschrak ich doch so in meinem Traume, dass ich aufwachte? Trat nicht ein Kind zu mir, das einen Spiegel trug?

‹Oh Zarathustra – sprach das Kind zu mir – schaue Dich an im Spiegel!›

Aber als ich in den Spiegel schaute, da schrie ich auf, und mein Herz war erschüttert: denn nicht mich sah ich darin, sondern eines Teufels Fratze und Hohnlachen.

Wahrlich, allzugut verstehe ich des Traumes Zeichen und Mahnung: meine L e h r e ist in Gefahr, Unkraut will Weizen heißen! Meine Feinde sind mächtig worden und haben meiner Lehre Bildnis entstellt, also, dass meine Liebsten sich der Gaben schämen müssen, die ich ihnen gab.

Verloren gingen mir meine Freunde …»[51]

Wir müssen uns also, um uns unserer Schattenanteile bewusster zu werden, immer wieder fragen, wo die selbstsüchtigen Seelenelemente sind, die sich oft hinter der «reinen

Lehre» oder der «reinen Liebe» verstecken. Ist der Mensch wahrlich als Strebender auf dem Wege zu höherer Einsicht, so ist es gut, wenn er im Voraus von der notwendigen Begegnung mit diesen aus seiner Egoität geborenen Doppelgängerkräften weiß.

Wie diese Begegnung ausfallen kann, hat Rudolf Steiner in seinen Mysteriendramen dialogisch aufgegriffen. Ein Maler namens Johannes meint Maria, seine Geliebte und Geistesfreundin, aus unegoistischen Absichten zu lieben und erlebt dann in einem elementar-hellsichtigen Zustand seine noch ungeläuterten Leidenschaften.

Sein Doppelgänger erscheint ihm:

Johannes:
Wer ist es – – – ?
Ein Dämon stellt mich vor mich selber hin. – – –
Er will nicht weichen – – – – –;
Es ist das Bild des eignen Wesens –,
Es scheint selbst stärker noch
Als dieses Wesen selbst zu sein – – – – –

Der Doppelgänger:
Ich liebe dich, Maria ...
Mit pochendem Herzen,
Mit fieberndem Blute
Nur kann ich vor dir stehn. –
Und wenn dein Blick mich trifft,
Durchrieseln heiße Schauer mich;

Und wenn du deine liebe Hand
In meine Hand willst legen,
Erfüllt mich Seligkeit
In allen Gliedern – – – – – –

Johannes:
Du Spukgestalt, aus Nebeldunst gewoben,
Du wagst es, hier zu lästern
Des Herzens reinstes Fühlen – – –:
O welche Schuld hab' ich auf mich geladen,
Dass ich erblicken muss
Ein lüstern Zerrbild meiner Liebe,
Die mir so heilig ist – – – –

Der Doppelgänger:
Ich habe deinen Worten oft gelauscht –;
Ich schien in meine Seele sie zu saugen
Als Kunde aus dem Geisterland. –
Doch mehr als alle Offenbarung
Empfand ich liebend deine Nähe.
Und wenn du sprachst von Seelenwegen,
Erfüllte mich die Seligkeit,
Die stürmisch wogt im Blute – – –

Die Stimme des Gewissens:
So spricht verschwiegene,
Doch nicht vertriebene,
Vom Schein gemiedene
Im Blut gebliebene

Geheime Kraft
Der Leidenschaft.[52]

Was hier als sogenannte «Eroterik» auftritt – eine Mischung aus erotischer Begierde, die sich geistig erscheinender Etiketten bedient –, wird aber weiterhin so dargestellt, dass die Leidenschaft im Blute notwendig ist, um in höhere Liebe transformiert zu werden, wenn auch das denkende Erkennen nicht zu kurz kommt und aus Selbsterkenntnis die negativen Anteile sich zu einer der wichtigsten Ichfähigkeiten bilden können: dem Gewissen.

Der Doppelgänger:
Doch du, erhabner Lichtesträger, wiesest
Der Sinnlichkeit den Weg, auf dem sie dienstbar
Dem Geiste wurde ...
Seither ergab er sich dem strengen Denken;
Und dies hat Kräfte, welche Seelen läutern.
Was aus der Reinheit seines Denkens strömte,
Ergoss sich auch in mich. Ich ward verwandelt;
Ich fühle seine Reinheit auch in mir.
Er hat mich nicht zu fürchten, wenn er jetzt
Sich zu Maria hingezogen fühlt ...[53]

Wir werden später sehen, wie gerade an einer solchen Thematik, das Wirken der Widersachermächte genau studiert werden kann. Problematisch ist nicht die Liebe, die im Blut, das heißt in den persönlichen Leidenschaften lebt, sondern die Verwechslung mit angeblichen unegoistischen Tendenzen.

Lassen wir noch einmal C. G. Jung zu Worte kommen. Für ihn war die Entdeckung und Durchdringung des Schattens sein eigentliches «Gesellenstück» in der Psychologie, eine «Sache, die wir eigentlich nicht zu sein wünschen».

«Man wird nicht dadurch erleuchtet, dass man sich Lichtgestalten vorstellt, sondern indem man sich die Dunkelheit bewusst macht. Die letztgenannte Tätigkeit ist aber unangenehm und deshalb keinesfalls populär.»[54]

Die Schatten des Schicksals

Ein zweites und ebenso bedeutendes Seelenkleid, das sich an unser eigentliches Ichwesen anhaftet, ist das, was man als nicht ausgetragenes Schicksal im Laufe der Erdenleben unerlöst mit sich trägt, und was uns immer wieder wie eine objektive Kraft von außen kommend ereilt und unsere Absichten durchkreuzt – nicht immer zum Dramatischen! Gerade in der Jugendzeit, in der das Lebensschicksal vorbereitet wird, spürt der Mensch noch intuitiv, was er der Welt und der Menschheit durch sein Schicksal schuldet und was er durch Ideale in Beruf, Partnerschaft oder Interessen einbringen und damit ausgleichen möchte. Aber vieles, was dunkel geahnt und gewünscht wird, kann durch ungeeignete Lebensumstände, Enttäuschungen, falsche Hoffnungen oder Widerstand von anderen Menschen nicht oder nur teilweise umgesetzt werden. Durch die Schicksalsreste, die sich an den Menschen aus vergangenen Erdenleben geheftet haben, werden immer wieder im Hier und Jetzt gebildete feste Vorstellungen und

Wünsche zunichte gemacht. Zugleich werden dadurch aber zukünftige Entwicklungen – wenn auch durch Schmerzen – ermöglicht. Denn durch das Schicksal werden Menschen zusammengeführt und auseinandergerissen.

Manchmal spüren die Menschen noch im fortgeschrittenen Alter den inneren Auftrag aus der Jugendzeit in den sogenannten «Jugendidealen», mit denen wir uns über manche bürgerlichen Einschränkungen hinweggesetzt haben. Das, was den Alltagszwang immer wieder durchbricht, das Leben verjüngt und uns in unvorhergesehene Bahnen lenkt, hat Rudolf Steiner als den «Geist der Jugend» charakterisiert, den aus der Vergangenheit stammenden «Schatten», den das unausgelebte Schicksal objektiv auf unser Leben wirft. Dadurch kommt eine gewisse Lebenstragik zustande, die schon in der «unschuldigen» Jugend beginnen kann.

Im späteren Leben, wenn sich Menschen sebstverschuldet in illusionäre Träumereien verrannt haben, kann es zu den schönsten Augenblicken in der Psychotherapie gehören, wenn man die Jugendideale – also das, was man sich wirklich einmal vorgenommen hat – wieder hervorholt. Der Patient erlebt dann, was Goethe die «wiederholte Pubertät» genannt hat.

Mir erzählte ein Kollege, dass er um sein 20. Lebensjahr den starken inneren Auftrag spürte, Menschen zu heilen und deswegen Medizin studierte. Später gab es schwere berufliche Enttäuschungen, und er wollte den Beruf wechseln. Obwohl er für die neue Tätigkeit ausgesprochenes Talent hatte, ereigneten sich die merkwürdigsten Zwischenfälle, die ihn schließlich wieder auf den medizinischen Weg zurückführten. Immer, wenn ich an diesen Kollegen denke, sehe ich einen «Heilerschatten» um ihn – was man auch als Charisma bezeichnet –, den er schon in seiner Jugendzeit hatte und der ihn später auch intuitiv den Beruf des Arztes wählen ließ, obwohl er ihn auch als Pflicht und nicht nur als Neigung verstand.

Den alten, noch aus der Vergangenheit stammenden, nicht aufgebrauchten Schicksalsschatten kann man bei Menschen in besonderen Situationen tatsächlich erleben, wenn zum Beispiel plötzlich ein alter «Erzbischof», völlig dogmatischer «Priester», ein weltenweiser «Indianer» oder «Chinese» vor einem steht, der eine Situation vollkommen irrational bestimmt. Wie ein fremder, zweiter Mensch steht er dann vor einem. Bei manchen Menschen wirken diese Kräfte so stark, dass sie in ihrer Jugend manchmal älter aussehen und weiser sind als im späteren Leben.

Liest man in den Erinnerungen berühmter Persönlichkeiten, so hat man oft den Eindruck, dass dem Autor seine eigene Jugend genauso fremd und manchmal unheimlich vorkommt, wie jene Fotografien von pausbäckigen Kindern in Matrosenanzügen, die auch kaum noch etwas mit den später würdigen und bedeutenden Erwachsenen zu tun haben. Carl Gustav Carus, Arzt, Schriftsteller, Maler und ein Freund Goethes, spricht in diesem Zusammenhang in seinen Memoiren von einem «gewissen Grauen», das ihn überkam, als er als Erwachsener ein wichtiges Amt antrat. Wie ein von außen Kommendes schien ihm dieses übergestülpt zu sein, wie ein zweiter Mensch, ein «Doppelgänger», während ihm seine Jugend wie die eines «fremden Menschen» vorkomme. Was hat dieser junge Mensch von damals jetzt mit der fremden Haut eines Professors zu tun? Steckte dieser schon damals unerkannt in ihm?

Dichter und Schriftsteller haben immer wieder in diesem Sinne von Erlebnissen mit ihrem «Geist der Jugend», ihrem Schicksalsschatten berichtet. Zuweilen taucht er auch wie ein Mahner auf, damit man nicht vergesse, was man einmal im Leben wollte, wie in Conrad Ferdinand Meyers Gedicht.

Begegnung

Mich führte durch den Tannenwald
Ein stiller Pfad, ein tief verschneiter,
Da, ohne dass ein Huf gehallt,
Erblickt ich plötzlich einen Reiter.

Nicht zugewandt, nicht abgewandt,
kam er, den Mantel umgeschlagen,
mich deuchte, dass ich ihn gekannt
In alten, längst verschollnen Tagen.

Der jungen Augen wilde Kraft,
Des Mundes Trotz und herbes Schweigen,
Ein Zug von Traum und Leidenschaft
Berührte mich so tief und eigen.

Sein Rösslein zog auf weißer Bahn
Vorbei mit ungehörten Hufen.
Mich fassts mit Lust und Grauen an,
Ihm Gruß und Namen nachzurufen.

Doch keinen Namen hab ich dann
Als meinen eigenen gefunden,
Da Ross und Reiter schon im Tann
Und hinterm Schneegeflock verschwunden.[55]

Der «Geist der Jugend» kann seine schicksalsbestimmende Kraft auch in den Momenten entfalten, in denen wir zwar emotional gebunden sind, aber von dem zukünftig zu erfüllenden Lebensplan wie fortgerissen werden. Wir nennen es dann ein tragisches Geschick, was sich aber für die Entwicklung der Individualität als notwendig erweist. Goethe beschreibt in *Dichtung und Wahrheit*[56] eine solche Situation, als er voller Schuldgefühle von seiner geliebten Friederike Brion im Elsass Abschied nimmt und ihm sein späteres Schicksal in der Gestalt eines Doppelgängers gegenübertritt. Denn eine bürgerliche Ehe hätte mit seinem Genius oder, wie er es auch nannte, seinem «Dämon» nicht übereingestimmt.

«In solchem Drang und Verwirrung konnte ich doch nicht unterlassen, Friederiken noch einmal zu sehen. Es waren peinliche Tage, deren Erinnerung mir nicht geblieben ist. Als ich ihr die Hand noch vom Pferde reichte, standen ihr die Tränen in den Augen, und mir war sehr übel zu Mute. Nun ritt ich auf dem Fußpfade gegen Drusenheim, und da überfiel mich eine der sonderbarsten Ahnungen. Ich sah nämlich, nicht mit den Augen des Leibes, sondern des Geistes, mich mir selbst, denselben Weg, zu Pferde wieder entgegen kommen, und zwar in einem Kleide, wie ich es nie getragen: es war hechtgrau mit etwas Gold. Sobald ich mich aus diesem Traum aufschüttelte, war die Gestalt ganz hinweg. Sonderbar ist es jedoch, dass ich nach acht Jahren, in dem Kleide, das mir geträumt hatte, und das ich nicht aus Wahl, sondern aus Zufall gerade trug, mich auf demselben Wege fand, um Friederiken noch einmal zu besuchen. Es mag sich übrigens mit diesen Dingen wie es will verhalten, das wunderliche Trugbild gab mir in jenen Augenblicken des Scheidens einige Beruhigung.»[57]

Schauen wir noch einmal auf den Doppelgänger, der aus unseren persönlichen Gewohnheiten gestrickt ist, und auf den Schicksals*schatten*, der uns objektiv begleitet, so können wir verstehen, dass sie manchmal gar nicht so leicht auseinanderzuhalten sind. Bedingt durch diese beiden Schatten haben wir auch im Leben zwei hauptursächliche Täuschungsquellen in uns. Die eine kommt von innen und färbt aus der Selbstverliebtheit heraus die Wirklichkeit mit unseren subjektiven Wünschen und Begierden. Was sind unsere Launen manchmal gegen die des Schicksals? Die andere betrifft die Interpretation der Ereignisse, also den mehr verstandesmäßigen Anteil. Diese kommen von außen auf uns zu und müssen erst einmal richtig gedeutet werden. Wie kommt man da zu einem gesunden Urteil?

Wir sehen, dass es verschiedene Menschentypen gibt. Manche sind mit ihrem Doppelgänger verhaftet und verstrickt, schließen sich dadurch von der Welt ab und verhärten. Rudolf Steiner hat das als eine «ahrimanische» Qualität bezeichnet. Andere wiederum schleppen viel Schicksalsgepäck mit sich, sind manchmal getrieben und rastlos, geraten mit ihren überzogenen Idealen in Konflikte und verstricken sich in viele Affären. Ihr Leben kann etwas Improvisiertes und Abenteuerliches haben, und sie wirken äußerlich fast immer jünger, als sie in Wirklichkeit sind. Leidvolle Schicksalsschläge und Verstrickungen, die sie zur Abarbeitung ihres Karmas (Schicksal) brauchen, zeichnen sich kaum in ihrem Gesicht ab, was einem «luziferischen» Einfluss zuzuschreiben ist. Oft erlebt man in beruflichen Zusammenhängen den Kampf dieser beiden Doppelgänger: Prinzipien gegen Spontaneität. Da hilft dann nur die vermittelnde Kraft überschüssiger Liebe und der Humor.

Ein letztes Beispiel sei noch geschildert, an dem die unaufgearbeiteten Schicksalsreste deutlich zu erkennen sind, die immer wieder ihren Schatten in die Gegenwart werfen.

Ein Ehepaar hat beruflich mit älteren Menschen und Behinderten zu tun. Trotz aller schönen Demokratisierungsideen führt ihr Vorgesetzter ein autoritäres Regime. Er hat sich sozusagen ein privates Königreich aufgebaut, von dem besonders die Heimbewohner profitieren.

Der angestellte Ehemann fügt sich ohne Widerstand in das neue Leben ein, sogar schwerwiegende Konflikte werden schnell beigelegt. Doch seine Ehefrau hat offenbar einen anderen karmischen «Stallgeruch». Es entwickelt sich zwischen ihr und dem Leiter eine Hass-Liebe. Selbst nebenbei hingeworfene harmlose Bemerkungen treffen beide jedesmal schwer. Die Ehefrau leidet unter dem Dogmatismus, findet keine Luft zum Atmen, fühlt sich gegängelt. Ihr Vorgesetzter ist dagegen schon von ihrem Anblick getroffen und hat das Gefühl, sich dauernd rechtfertigen zu müssen. In den Konferenzen ist er bei gewissen Diskussionspunkten oft nicht mehr wiederzuerkennen. Aus dem sonst so sanften Mann wird ein «Großinquisitor», der manchmal so schaut und agiert, als würde er einen Scheiterhaufen vorbereiten. Ein Schicksalsschatten liegt auf dieser Beziehung, der rational nicht verstanden werden kann.

Was bis dahin immer nur geahnt wurde, löste sich dann bei der Frau durch einen Traum, der ihr half, die Schicksalsverstrickung mit dem alten «Großinquisitor» bildhaft zu verstehen. «Die Erfahrung», so C. G. Jung, «zeigt nämlich, dass Träume stets etwas auszudrücken bemüht sind, was das Ich nicht weiß und nicht versteht.»[58]

Eines Tages hatte die Frau für eine Vortragsreihe einen auswärtigen Redner eingeladen, der genauso freiheitsliebend und unkonventionell war wie sie. Eine Nacht vor dem Vortrag träumte sie, dass zu dem Versammlungsort viele Busse mit Hunderten von Menschen aller Altersstufen kamen. Nur der Redner war nicht aufzufinden. Verzweifelt suchte sie ihn und fand ihn stehend vor einem Tribunal schwarzgekleideter Herren, denen er Frage und Antwort stehen musste. Diese Prozedur dauerte aber einige Stunden, und als sie zum Vortragsort kam, waren natürlich alle Zuhörer schon wieder weggefahren. Voller Zorn lief sie zum Ort des Tribunals zurück und erkannte in einem von den schwarzen Männern den Heimleiter. Auf ihre Vorwürfe hin sagte dieser: «Wir wollten nur feststellen, ob der Vortragsinhalt auch mit unseren eigenen Ideen übereinstimmt.» Dann wachte die Frau auf. Der Traum war wie eine Offenbarung und Erlösung ihrer gefesselten Gefühle. Jetzt verstand sie die tiefer liegende Problematik ihres Konflikts.

Leider aber saß trotz allen Wissens um geistige Inhalte der Schatten bei dem Institutsleiter so tief, dass er an dem ihm mitgeteilten Traum keine Selbsterkenntnis entwickeln konnte.

Zum Widersacher wird der Schatten des unverarbeiteten

Schicksals eben dann, wenn er sich übermächtig, dem Menschen nicht bewusst, in die Gegenwart hineindrängt und aus ihm heraus gedacht und gehandelt wird.

Durch geisteswissenschaftliche Forschungen weiß man, dass heute mehr und mehr Menschen auf die Erde kommen, die diese Art von Doppelgänger als «niedere Natur» fortwährend neben beziehungsweise bei sich haben. Ein großes Gewicht an unaufgearbeiteten Schicksalsresten «klebt» sozusagen an ihnen, was sie in einer spezifischen Art von «Wahnsinn» in bestimmte Ängste und Aggressionen treibt oder zu nicht nachvollziehbaren Handlungen veranlasst. Oft werden aus diesen Kräften sogar große Taten – manchmal auch «geniale» Verbrechen – vollbracht, die aber nur ein spezifisch «Wahnsinniger» tun kann. Im sozialen Umgang können solche Menschen dann katastrophal wirken, man spürt etwas, an das man nicht «herankommt». Etwas nervös Getriebenes ist um sie herum.

Nach meiner Erfahrung kann man helfen, diese Kräfte zu erlösen, wenn man den Schatten durch Schicksalserkenntnis etwas auflichtet und den Menschen spüren lässt, dass man auch etwas anders als nur den Schatten an ihm gerne hat. Dadurch ist es sogar möglich, diese karmische Bürde zu verwandeln beziehungsweise umzuarbeiten. Denn diese Menschen sind innerlich oft sehr einsam und erinnern manchmal an «kosmische Frühgeburten», die man ebenso wie die Säuglinge besonders wärmen muss, was – zugegebenermaßen – nicht immer leicht ist.

«William Wilson» und der Kain-und-Abel-Mythos

Ich gebe zumindest zu, dass mein Geistesleben aus zwei ganz verschiedenen Zuständen besteht: dem Zustand klarer, nicht anzuzweifelnder Vernunft [...] und einem Zustand voller Schatten und Zweifel. [...] So mögt ihr vor den Rätseln meiner Seele den Oedipus spielen.[59]

Edgar Allan Poe

Eine der interessantesten und tiefgründigsten Doppelgängererzählungen erschien 1840 von Edgar Allan Poe (1809–1849). Viele Literaturforscher bezeichnen dieses kleine Werk sowohl inhaltlich als auch sprachlich als eine besonders eindrückliche Novelle des Dichters, die auch bedeutende Rückschlüsse auf dessen persönliches Leben zulässt. Sie ist das Meisterwerk eines seelischen «Grenzgängers», der sich schon lange vor der Psychoanalyse in tiefenpsychologisches, parapsychologisches und okkultes Grenzland vorgewagt hatte.

Schildern wir kurz den Inhalt. Die Novelle[60] beginnt mit einer Lebensbeichte des *Erzählers* William Wilson, der kurz vor seinem Tode zugibt, in den letzten Jahren grausame Verbrechen begangen zu haben. Er wurde durch die Unerbittlichkeit des von ihm selbst verschuldeten Schicksals zum Opfer finsterer Mächte, die ihn ständig in weitere Versuchungen führten und schließlich seelisch zerstörten. Seine frühesten Erinnerungen reichen bis in seine Schulzeit in einer entlegenen Ortschaft in England, die ihm wegen eines besonderen Ereignisses noch detailgetreu im Gedächtnis haften geblieben ist.

In dem dortigen Internat tauchte nämlich eines Tages ein Mitschüler auf, der denselben Namen trug wie er, am selben Tage geboren war, das gleiche Aussehen und die gleichen Gewohnheiten hatte, jedoch nicht mit ihm verwandt war. Durch hohe Verdienste und seine Begabung wurde der *Erzähler* zwar zur beherrschenden Figur des Internats und von jedem geachtet, nicht aber von seinem Namensvetter und Doppelgänger. Dieser kam seiner übersteigerten Selbstliebe oft in die Quere, widersetzte sich ihm und schenkte seinen Heldentaten keine Beachtung. Es entwickelte sich eine kontinuierlich zunehmenden Hassliebe zwischen den beiden, und der «negative» Wilson begann, seinen besseren «Doppelgänger» zu ängstigen. Besonders fürchtete dieser die wispernde und immer nur im Flüsterton gehaltene Stimme seines Spiegelbildes; mehr noch dessen moralische Kraft. Der Doppelgänger begann zunehmend sein Negativbild zu imitieren, er kopierte seine äußere Erscheinung, sein Benehmen und seine Kleidung, sogar seine Stimme wurde ihm immer ähnlicher. Das eigentümliche Gewisper wurde schlechthin zum Echo seiner eigenen inneren Stimme.

Der *Erzähler* besann sich, dass er den «falschen» Wilson schon einmal, in unendlich ferner Vergangenheit, getroffen hatte, doch es war ihm nicht möglich, darüber mehr Klarheit zu erlangen.

«Wenn ich mich recht erinnere, so geschah es um diese Zeit, dass ich in einer heftigen Auseinandersetzung mit ihm, in der er seine Zurückhaltung mehr als üblich aufgegeben und mit einer Offenheit, die seinem Wesen eher fremd war, gesprochen und gehandelt hatte, in seiner Stimme, seiner Miene und allgemeinen Haltung ein Etwas entdeckte oder zu entdecken glaubte, das mich anfangs erschreckte, dann aber aufs höchste fesselte, denn es beschwor mir unbestimmte Gesichte meiner frühesten Kindheit herauf – wilde, wirre und bedrückende Erinnerungen aus einer Zeit, in der mein Erinnerungsvermögen noch nicht vorhanden war. Ich kann diese mich bedrängenden Gefühle nicht besser beschreiben, als wenn ich sage, dass ich mich nur schwer des Gedankens erwehren konnte, das Wesen, das hier vor mir stand, in einer unendlichen Ferne meiner Vergangenheit bereits gekannt zu haben. Das Trugbild verblasste jedoch schneller, als es gekommen war.»[61]

Gegen Ende des fünften (!) Jahres in Internat wollte er mitten in der Nacht seinem Gegenspieler einen bösartigen Streich spielen. Er schlich sich in dessen Zimmer, verließ es aber kurz danach verstört, da die Züge des Schlafenden genau den seinigen entsprachen und er glaubte, selbst auf dem Bett zu liegen. Nach diesem furchtbaren Erlebnis verließ er in Panik das Internat, um jene Ereignisse zu vergessen. Er ging an die Universität von Eton, wo er immer mehr der Trunksucht und dem Kartenspiel verfiel. Während eines Trinkgelages bei sich zu Hause, als er gerade wieder die schlimmsten Lästerungen ausstoßen wollte, öffnete sich plötzlich die Tür, und der andere William Wilson trat ein, genau den gleichen Anzug tragend wie er selbst. Bevor er überhaupt reagieren konnte, verschwand der Doppelgänger; jedoch nicht, ohne ihm die Worte «William Wilson» zugezischt zu haben. Von nun an erschien der Doppelgänger immer häufiger in Situationen, in denen sich der Student Haltlosigkeiten und unmoralische Handlungen zuschulden kommen ließ. Aber er konnte ihn nicht festhalten, da sein Ebenbild genau so schnell verschwand, wie es gekommen war.

Schließlich verbrachte er zwei Jahre in Oxford, wo er eines Abends einen jungen und sehr reichen Studenten durch Falschspielerei zu betrügen versuchte. Als der Neuling sein ganzes Geld verspielt hatte und sich der *Erzähler* auf dem Höhepunkt seines Ruhmes wähnte, öffnete sich wiederum die Türe, der falsche Wilson betrat abermals den Raum und entlarvte mit seiner Wisperstimme vor allen Anwesenden den Betrüger.

Von der Universität gejagt, von den Mitstudenten gedemütigt, verließ der Ertappte England, floh aber vergebens vor seinem Gewissensdoppel. Die Jahre vergingen, und der andere Wilson verfolgte ihn in allen Ländern und Städten und hinderte ihn somit an seinen weiteren betrügerischen Vorhaben. «Es war allerdings beachtenswert, dass er in den vielerlei Fällen, bei denen er sich mir in den Weg stellte, dies lediglich tat, um Pläne zu vereiteln oder Unternehmungen zu stören, die bei restloser Durchführung bitteres Unglück ausgelöst hätten.»[62]

Einmal versuchte der Verfolgte zur Zeit des Karnevals in Rom die Gemahlin des Herzogs für sich zu gewinnen, entdeckte aber plötzlich in der Menschenmenge ein Kostüm, das das seinige hätte sein können. Voller Wut packte er nun seinen Gegenspieler; schleppte ihn in einen Nebenraum und tötete mit einem Degenstich in die Brust den sich kaum wehrenden, anderen Wilson. «Der Zweikampf war nur kurz. Ich war erregt wie ein Tobsüchtiger und verspürte in meinem Arm die Kräfte von Tausenden. In wenigen Sekunden drängte ich ihn durch meine bloße Stärke gegen die hölzerne Wandverkleidung, wo er vollends in meiner Gewalt war. Dann hob ich den Degen und stieß ihm die Waffe in rasender Wut wieder und immer wieder durchs Herz.»[63] In diesem Augenblick klopfte es an die Tür. Um keine Zeugen zu haben, wandte sich der Täter von dem sterbenden Doppelgänger ab, um die Türe zu verriegeln. Kaum zu seinem Opfer zurückgekehrt, sah er sich plötzlich selbst in einem imaginären Spiegel, totenbleich und blutbesudelt. Es war sein Doppelgänger, sein besseres Ich, das im Todeskampf vor ihm stand, denn dessen Körper und Gesichtszüge glichen bis in die kleinsten Nuancen den eigenen. Der Sterbende sprach aber jetzt nicht mehr im gewohnten Wisperton, sondern mit der Stimme des eigentlichen Siegers: «Du hast gesiegt, und ich gebe mich geschlagen. Doch bist auch du fortan tot – tot für die Welt, für den Himmel und alle Hoffnungen! In mir hast du gelebt – nun sieh in meinem Tode an diesem Bild, das das deine ist, wie völlig du dich selbst ermordet hast!»[64]

Die Bedeutung der Handlung ist evident.

Hier wird der zu gewissenlosen Handlungen bereite negative Anteil des Menschen geschildert und sein positiver Doppelgänger, sein höheres Selbst in der Gestalt des Gewissens, das uns immer wieder auf den rechten Weg zu bringen versucht. Es ist deutlich, dass der negative Anteil schon wegen des fehlenden persönlichen Lustprinzips von Übervorteilung, Herrschsucht, oder Gier den störenden positiven Mahner hassen muss, aber wiederum nicht von ihm loskommt.

Durch die Flucht vor sich selbst und die Betäubung der inneren Stimme geht die Fähigkeit des moralischen Urteils verloren, und der Mord ist die notwendige Konsequenz. Mit dem Auslöschen der Gewissensstimme ist die trügerische Hoffnung verbunden, nun ungestört allen nur denkbaren Taten nachgehen zu können. Doch das erweist sich als Trugschluss. Der Ekel vor dem eigenen Frevel beginnt. Der Mensch ist nicht mehr lebensfähig durch das Abtöten seines höheren Anteils. Zwar wird ihm immer wieder nebelhaft bewusst, dass er aus Kindertagen und grauer Vorzeit ein höhres Wesen in sich trägt, doch ist der Mordtrieb diesem Wesen gegenüber wohl eingeboren.

Wer sind aber jene beiden «Wilsons» in uns, die das Spannungsfeld von Gut und Böse bewirken und offensichtlich unser höheres und niederes Selbst darstellen?

Rudolf Steiner hat, aufbauend auf seiner geisteswissenschaftlichen Forschung, dieses höhere und niedere Prinzip als Abel- und Kainkräfte in der menschlichen Seele dargestellt. Man kann nach ihm von einer Art okkulten Psychologie sprechen, die einen Archetypus, ein Urbild des Menschseins schlechthin offenbart. Was aus einer höheren Erfahrung gewonnen wurde, hat seine Bedeutung für jede Menschenseele und gibt erst das richtige Verständnis für die geniale Erzählung Edgar Allan Poes.

Der Mensch ist von seiner Entstehung und Entwicklung her eine Doppelwesenheit, weil er eine äußere und eine innere Seite in sich vereinigt. Seinen äußerlich sichtbaren Leib und sein Leben verdankt er den Vorfahren und der irdisch-sichtbaren Welt. Sein inneres Wesen aber, seine Seele und sein Selbst, stammen von «oben» aus der göttlichen Schöpfung. Zwei Welten ringen auch in seinem Inneren: das selbstische, egoistische und das selbstlose Element von Welt- und Menschheitsinteresse.

Je mehr dieser positive, innere Mensch, der aus der göttlichen Einheit, dem Paradies, herausgefallen ist, sich wieder dieses höheren Ursprungs bewusst wird und sich in diese Richtung entwickelt, desto segensreicher können seine aufbauende Kräfte in die Welt fließen. Der Mensch überwindet so die kosmische Isolation, seine seelische Kälte und vereinigt sich, ohne sich selbst aufgeben zu müssen, mit der Welt. Gefühlswärme und Liebeskräfte entstehen. Jede Verbindung mit einem selbstlosen Ideal schafft diese kosmische Rückbindung und stärkt die

Lebenskräfte. Der Leib wird somit zu einem Gefäß und zum «Hüter» dieser göttlichen Kräfte auf Erden.

Aber wir kennen auch den abgefallenen Menschen in uns, den nach unten, nach dem Irdischen strebenden, egoistischen Anteil, der uns an die Stoffeswelt fesselt. Bildlich gesprochen: Der gute Anteil strebt wie «Rauch» nach oben, der schlechte wird von der göttlichen Welt abgewiesen und fällt so nach unten.

In der Begegnung des niederen und des höheren Selbst taucht nun im Menschen eine aus dem niederen Menschen stammende Stimme auf, eine Inspiration, wie eine Art Entschluss, dieses höhere Selbst, das menschheitlich-kosmische Gewissen zu betäuben und zu töten. Diese Eingebung nimmt sich wie ein innerer Protest dagegen aus, der Bewahrer und Pfleger der höheren Kräfte auf Erden sein zu müssen: «Ich will nicht meines Bruders Hüter sein.»

Um das Selbst in der Bewusstseinsgeschichte wirksam werden zu lassen, musste das Höchste und Edelste der Liebes- und Opferfähigkeit umgedreht werden und führte so zu dem Wunsch, den anderen zu töten, auszulöschen und sich an dessen Stelle zu setzen. Rudolf Steiner nennt die Kain- und Abel-Erzählung die Wiedergabe eines «okkulten Erlebnisses», das urbildlich mit der Menschheitsentwicklung in der Zeit nach der Vertreibung aus dem Paradies zu tun hat. So stellt sie den individuellen, irdisch veranlagten Selbstwerdungsprozess dar. Es ist die Geschichte des ersten Krieges zwischen Menschenbrüdern, der wie man weiß, noch nicht an ein Ende gekommen ist.

Die Erdenentwicklung ist kosmisch gesehen eine «Verdrehung» dessen, wie der Mensch einmal gedacht war und worauf er letztlich angelegt ist. Astrologisch gedeutet ist dies der Sturz des Adlers, der zum giftigen, todbringenden Skorpion verwandelt wurde. Es sind Bilder für das höhere und das niedere Bewusstsein in uns.

Die abgefallene Doppelnatur, der «dunkle Bruder» unseres höheren Selbst, ruht aber urbildhaft immer noch in unserer Seele. Er ist in mancherlei Hinsicht der Mörder, der Kain in uns, der in bestimmten schwachen Situationen ungezügelt gegen die höhere Natur losschlagen kann.

Normalerweise ist jener «dunkle» Bruder jedoch durch den physischen Leib abgeschwächt, wie ein an einen Felsen geketteter Drache. Diese Kraft im Menschen nannten die alten Inder «Shiva», den Gott der Zerstörung, der immer mit den todbringenden Tieren Tiger, Schlange, Löwe und Stier umgeben war. Es sind also Kräfte, die in den unteren Seelenbereich gehören.

Einen Abglanz davon, gewissermaßen durch das Seelische sublimiert, finden wir in einer den Menschen auszeichnenden Eigenart wieder, die in das andere Wesen eindringen will, sich an seine Stelle setzt und es in seinem Zusammenhang zerstören muss: den irdischen Erkenntnisdrang. Diese in das andere, Fremde hineingesenkten Vorstellungen, Begriffe und Ideen werden zu der «abgestumpften Waffe des Kain, die in Abel hineingestoßen wurde.»[65] So müssen wir zum Beispiel in der Wissenschaft die Natur analysieren, das heißt zerstören, wenn wir erkennen wollen. Je intensiver man sich aber in das Wesen eines anderen mit der Absicht hineinversetzen kann, dessen Innerstes selbstlos zu verstehen, desto spürbarer wird die Waffe des Kain abgestumpft und desto mehr können wir das uns Fremde lieben.

Es ist zum Beispiel das Wesen der schwarzen Magie, sich eines anderen für seine egoistischen Ziele zu bedienen. «Der astralische Leib (die Seele) ist», so Steiner, «seiner innersten Natur nach angesehen, der große Egoist; das Selbst ist mehr als der große Egoist, das will nicht nur sich, das will *sich* noch in dem anderen, das will noch hinübergehen in das andere. Und die Erkenntnis, wie sie auf der Erde errungen ist, ist diese abgestumpfte Sucht, in das andere hinüberzutreten, auszudehnen alles, was man ist, nicht nur in sich, sondern weiter über sich hinaus in das andere hinein. Sie ist ein Steigen des Egoismus über sich selbst hinaus.»[66]

Ich denke, dass heute jeder Mensch mit der hier angedeuteten Grenzüberschreitung der Wissenschaften etwas anfangen kann.

Es wäre in diesem Zusammenhang interessant zu untersuchen, inwieweit die Unfähigkeit, das Innere eines Menschen zu erkennen, zu physischen Gewalttaten, ja zu Mord und Zerstörung führen muss, um sich so die Welt auf andere Art einzuverleiben.

Wird nun die leibliche Schutzhülle durch organische Schwächungen zu durchlässig oder kommt man auf seelischen Wegen ohne moralische Festigung – zum Beispiel durch Drogen, Alkohol, bestimmte «Einweihungen» – an diese Kainkräfte heran, so entsteht das Verlangen zu schaden, zu zerstören und zu aggressiven Handlungen. Shiva erwacht in uns und fordert seinen Tribut.

Diese Kain-und-Abel-Problematik ist in der Erzählung *William Wilson* dargestellt. Tötet der Mensch sein höheres Wesen ab, so ist er zwar frei von Gewissensbissen, verliert aber sein

Menschsein und ist somit auch für die Welt verloren. «Mit der Ermordung seines Gewissens verschwindet der Held von der Welt.»[67]

Wir ahnen, dass Erkenntniskräfte und moralische Veredelung miteinander Hand in Hand gehen müssen, damit die zerstörerische Kainskraft in uns nicht obsiegt. Der gesunde physische Leib, die Inkarnation beziehungsweise Verankerung der Seele und des Selbst in das Irdische hilft mit zu verhindern, dass aus vormals guten Idealisten bösartige, selbstsüchtige und zerstörerische «Bestien» werden; besessene «Einlasstore» für die vernichtenden Kainskräfte, die immer dann zuschlagen, wenn sich jemand ihren persönlichen Wünschen entgegenstellt, und die sich allzu leicht – wie der böse Wolf im *Rotkäppchen* – die Maske des Altruismus und der Menschenliebe aufsetzen.

An dieser Stelle kann man sich einmal fragen, wie zum Beispiel die innere Seelenstruktur eines Verbrechers beschaffen ist, der ja oft, ausgestattet mit großer Intelligenz, eine hochgradige moralische Blindheit und Verantwortungslosigkeit besitzt. Verbindet sich das Ich eines Menschen nicht gesund mit seiner Leiblichkeit, und identifiziert es sich nicht vollkommen mit seinem Schicksalsumkreis – ein Zustand der seelisch-sozialen Isolation –, tritt statt der Charaktereigenschaften eines gesunden Ich, also Selbstlosigkeit und Verantwortungsbewusstsein für die eigenen Handlungen, deren Gegenteil auf, nämlich Selbstsucht und gleichzeitig ein Leichtnehmen und eine Oberflächlichkeit dem Leben und dem Nachher gegenüber. Man setzt dann für eine kriminelle Tat sogar sein Leben leichtfertig aufs Spiel.

Ein beängstigendes Beipiel für diesen Charakterzug ist Adolf

Hitler gewesen. Aus kleinbürgerlichen Verhältnissen kommend, hatte er jene Charaktereigenschaften im Extrem. Außer an sein eigenes übersteigertes Ego hatte er keinerlei menschliche Bindungen, und nach seinem Tod war er alle Verantwortungen und Sorgen los. Da er sich nur selbst liebte, war ihm das Schicksal anderer Menschen und Staaten gleichgültig.

Ein außergewöhnlich zutreffendes psychologisches und politisches Porträt Hitlers und seiner Gefolgsleute hat zu Beginn des Zweiten Weltkrieges der Jurist und Historiker Sebastian Haffner verfasst, der sich damals in England aufhielt. Auf dieses exzellente Werk[68] sei hier nachdrücklich hingewiesen.

Der physische Doppelgänger

Um das Urverhältnis von Erde und Mensch kommt keine Sinndeutung und keine Offenbarung des letzten Wesens aller Dinge herum. Es tritt in mannigfaltigen Erscheinungsgestalten vor sie hin, bald als Anthropologie, bald als Ethnologie, bald als Geografie, bald als Ökologie und Ökonomie, bald als Geschichte samt allen ihren Ablegern wie Wirtschaftsgeschichte, Sittengeschichte, Glaubensgeschichte, Kriegsgeschichte, Heimatkunde und dergleichen. In jeder davon kommt unser besonderer Gegenstand selber wieder vor: die elementare Einflussnahme der Mächte Wetter, Klima, Bodenlandschaft auf die Menschenseele. Welche Verkettungen, Verstrickungen, Zwecksetzungen und Vollendungen diese hier auf Erden immer eingehen möge – in jeder davon war, ist, bleibt sie, oft vielleicht unmerklich, darum keineswegs unwirksam, erdbestimmte Seele: GEOPSYCHE.[69]

Willy Hellpach

Eine der größten Aufgaben der Gegenwart und Zukunft in der Psychologie und Medizin, die etwas mehr über den Schatten und Doppelgänger erforschen will, besteht darin, von den unter der Schwelle des Alltagsbewusstseins liegenden physischen und seelischen Einflüssen innerhalb und außerhalb des Leibes exakte Kenntnisse zu erlangen. Dabei ist uns der Einfluss organischer und geografischer Wirkungen auf das Gemütsbefinden nur teilweise bewusst. Die wissenschaftliche Forschung hat aber heute schon zahlreiche Einzelfakten über «Boden und Seele», über «kosmische Rhythmen» oder «Wetterwirkung und Krankheit» entdeckt, die manches in unserem Körper- und Seelenleben – wie Depression, Blutgerinnung oder Epilepsie – erklären können.

In alten Erzählungen und Märchen zum Beispiel aus China findet man oft Beschreibungen, wie durch Veränderung oder Austausch von physischen Organen auf das ganze Seelenleben ein negativer oder positiver Einfluss genommen werden kann.

Man bedenke nur, dass das deutsche Wort «erinnern» im Englischen «to learn by heart» und im Französischen «apprendre par coeur» heißt, also offensichtlich mit dem Herzen zu tun hat. Auch ist es in diesem Zusammenhang aufschlussreich, dass viele alte Völker – vereinzelt sogar noch heute – bei seelischen Krankheiten erst einmal den Körper von «Giftstoffen» gereinigt haben; so zum Beispiel die Indianer in den sogenannten «Tipis», den Schwitzhütten.

In einer alten chinesischen Erzählung wird ein Student namens Tschu, der nie sein Examen besteht, von einem Richter aus der Unterwelt des öfteren nachts besucht. Häufig verbrachte jener Höllenrichter sogar die Nacht auf Tschus Lager. Tschu zeigte ihm die Aufsätze, die er verfasst hatte, und der Richter strich kreuz und quer die Fehler an und rügte die Arbeit. «Eines Nachts fühlte sich Tschu bald müde vom Trinken und ging zuerst zu Bette, der Richter trank allein weiter. In seinem trunkenen Schlafe war es Tschu, als spüre er einen Schmerz in seinem Leibe. Erwachend bemerkte er, dass der Richter, der am Bette saß, ihm die Brust geöffnet hatte und damit beschäftigt war, seine Eingeweide herauszunehmen und zu ordnen. «Es war doch keine Feindschaft zwischen uns», rief Tschu, «warum wollen Sie mich töten?»

«Fürchten Sie nichts», antwortete der Richter lachend, «ich bin dabei, Ihr Herz gegen ein klügeres umzutauschen.» Er tat die Eingeweide wieder an ihren Platz und schloss die Öffnung mit einem engen Verband. Auf dem Bett war kein Blut, und Tschu fühlte nichts anderes als eine leichte Erstarrung in seinem Leibe. Er sah, wie der Richter ein Stück Fleisch auf den Tisch legte, und fragte ihn, was das sei. «Ihr Herz», sagte Lu, der Richter, «taugte nicht zum Verfassen von Aufsätzen, denn seine Löcher sind verstopft. Ich habe Sie mit einem besseren versehen, das ich in der Unterwelt aus vielen Tausenden von Menschenherzen gewählt habe, und behalte nun das Ihre, um es an dessen Stelle zu bringen …» Von dieser Zeit an machte Tschu große Fortschritte in der Schriftkunst, und was er einmal gelesen hatte, vergaß er nicht mehr.»[70]

Der Inhalt dieser Erzählung spiegelt uraltes Wissen wider,

in dem zwischen der physischen und der geistigen Welt noch keine Trennung existierte.

Dass Organverpflanzungen nicht nur körperliche, sondern auch Veränderungen der Persönlichkeit hervorrufen können, berichtet uns in ähnlicher Weise die Tochter von Dr. Philip Blaiberg aus Kapstadt, dem zweiten Patienten, dem Professor Christiaan Barnard 1968 ein Herz verpflanzte. Sie hat in einem Interview von der völligen Veränderung – «complete personality change» – ihres Vaters nach der Transplantation gesprochen. Auch wird von anderen Beobachtern vom «Defizit des eigenen Ich» nach Transplantationen berichtet.[71]

Ferner wissen wir aus unmittelbarer Erfahrung, wie bestimmte Gebiete und Klimazonen auf unser Befinden hemmend oder fördernd einwirken können. Immer kommen aus den unbewussten organischen Tiefen des Menschen «Signale», die wir aber während des Tages, wo wir mit unserem Bewusstsein durch unsere Sinne auf die Außenwelt gelenkt werden, nicht bemerken.

Gewöhnlich kann sich erst im Schlaf, wenn das Bewusstsein ruht und die organische Aufbauarbeit beginnt, das verborgene Geschehen in Traumbildern symbolisieren. Nach anstrengender Nachtarbeit mit darauffolgendem Flug, schwerem Nachtessen und gleichzeitigem Wetterwechsel erwachte ich mit folgendem Traum: Ich war auf einem alten Friedhof voll verwitterter Grabsteine und Spinngewebe. In einer gewissen Entfernung von mir befand sich zwischen zwei großen Grabsteinen ein riesiges Spinnennetz mit einer Kreuzspinne in der Mitte, in die ich mit dem Kopf hineingeriet und die mich daraufhin stach. Ich erwachte unmittelbar mit heftig stechenden Kopfschmerzen.

Derartige Bilder – Friedhof, Spinne, die ja alles umspinnt, einen Faden bildet und dem gefangenen Leben das Blut aussaugt, wie wir es ja auch mit den lebenden Eindrücken machen, die wir zu toten Vorstellungen bilden und dann als Erinnerungsmumien behalten – sind reale «Schemen» unseres Organischen, das sich am Gehirn spiegelt. Man spricht in der psychologischen und besonders psychopathologischen Medizin von einem «Körperschema», was bedeutet, dass Organe und organische Vorgänge in extremen Situationen erlebt werden, als befänden sie sich außerhalb von einem selbst. Dies kann im Fieber, unter Drogeneinfluss, bei Psychosen wie Schizophrenie oder Halluzinationen und beim Sterbevorgang geschehen. Auch ist heute bekannt, dass, wenn der Mensch von allen äußeren Sinneseindrücken abgeschottet und noch zusätzlich in einem Wassertank liegend, wodurch seine Schwerkraft aufgehoben wird, aus dem Unbewussten Visionen und sogar Halluzinationen aufsteigen, die sonst im Tagesbewusstsein einfach «verschlafen» werden. Der Leib fängt buchstäblich an zu «imaginieren».

Das Erleben des Körperschemas, also die physische Form als optisches Körperbild, als Doppelgänger außerhalb der eigenen Person, tritt besonders bei psychischen und organischen Nervenkrankheiten auf. Die Medizin, vor allem die Psychopathologie, kennt seit geraumer Zeit diese – als «Autoskopie» bezeichneten – Phänomene und steht, was die Interpretation angeht, vor einem Rätsel, das allein durch den Befund «bloße Halluzination» nicht befriedigend beantwortet werden kann. Beim Zerfall des Nervensystems lockern sich nämlich die geistigen Kräfte *innerhalb* der organischen Materie – normalerweise spiegelt sich beim Denkvorgang das Geistige am Gehirn

– und man erlebt die Nervenorganisation nun *außerhalb* als reale Gestalt, wie einen zweiten Menschen, als sein eigenes «Nervenphantom». Von Guy de Maupassant, der an fortschreitender syphylitischer Paralyse litt, berichtet sein Freund Axel Munthe: «Oft stand er minutenlang vor dem Spiegel am Kamin, sein eigenes Gesicht anstarrend, als sähe er einen Fremden. Eines Tages, erzählte er mir, habe er als er mitten in der Arbeit an seinem neuen Roman am Schreibtisch saß, zu seiner Überraschung einen Fremden gesehen, der trotz der strengen Wachsamkeit seines Dieners hereingekommen war. Der Fremde hätte ihm gegenüber am Schreibtisch Platz genommen und ihm diktiert, was er eben schreiben wollte. Er war gerade im Begriff nach François zu läuten, um ihn hinauszuwerfen, da sah er mit Entsetzen, der Fremde – war er selbst.»[72] Besonders von amerikanischen Psychiatern sind solche Doppelgängererlebnisse von Patienten gesammelt worden.[73]

Eines der größten Rätsel – und in der gängigen medizinisch-psychologischen Literatur einmalig – ist der von Rudolf Steiner beschriebene sogenannte «elektromagnetische Doppelgänger» im Menschen, der eng mit der jeweiligen geografischen Beschaffenheit der Erde zu tun hat, die ein riesiges negatives Feld gegenüber der positiv geladenen Atmosphäre darstellt. Zwischen beiden flutet ein dauernder, in Stärke und Art wechselnder Ausgleichsstrom, der für die Erdoberfläche etwa 1500 Ampere beträgt. Diesen «tierischen Magnetismus», wie er früher genannt wurde, treffen wir besonders in der Gehirn- und Nervenorganisation, aber auch in schwacher Form im gesamten Körpergewebe an. Die Elektrizität kann man auch als einen «negativen» Doppelgänger des Lichtes bezeichnen.

Während also das Sonnenlicht aufbauende, lebenspendende Eigenschaften besitzt, baut die Elektrizität, die ja nur Mechanisches in Bewegung bringen und künstliches Licht erzeugen kann, Leben ab und wirkt mumifizierend – man denke an den Elektrosmog –, wie wir das an unserer Nervenorganisation sehen können. Diese Mumie des Lebens spielt aber in unserer Kultur als elektronische Intelligenz eine immer größere Rolle und beherrscht heute fast alle Lebensbereiche. Ähnlich wie in früherer Zeit der Mensch die Mechanik seines Gliedmaßensystems in die Welt als Technik verlängert hat, so setzt er heute die elektro-magnetischen Kräfte seines Nervensystems in der Elektronik von sich aus frei, wodurch auf immer weniger Materie bezogen immer größere Leistungen möglich sind, wie das bei Computern der Fall ist. Die gesamte Welt wird auf diese Weise verkabelt, vernetzt und – «wiring the world» – mit einem unsichtbaren «Spinnennetz» über- und durchzogen. Wir müssen aber gleichzeitig feststellen: Was sich so maschinell und automatisch darstellen lässt, sind nur die gleichsam automatischen und mechanischen Elemente der Intelligenz. Richtet sich der Mensch nur noch nach diesem elektrisch verdinglichten Teil seiner Denkkraft, verfällt er ganz dem elektro-magnetischen Doppelgänger – auch seelisch-geistig. Er müsste eigentlich, indem er die automatisierbaren Elemente aus sich heraussetzt, den eigenen schöpferischen Grund in sich entdecken, also das, was nicht berechenbar und digitalisierbar ist. Unbestritten hat die Elektrizität für den Menschen in der Medizin auch große diagnostische und therapeutische Möglichkeiten, die sich aber hauptsächlich auf die feste Materie des Organismus beschränkt, zum Beispiel beim EKG, EEG, bei der Elektrostimulation der

Nerven oder der Magnetfeldtherapie nach Knochenbrüchen und Verwundungen.

Rudolf Steiner hat dargestellt,[74] dass sich bei jedem Menschen vor der Geburt ein solches elektromagnetisches Wesen, also ein «elektrischer Doppelgänger» inkarniert, der die materielle Begleiterscheinung unseres Daseins ist und sich vornehmlich in den Gehirn- und Nervenströmen äußert. Wir haben es hier also einerseits mit einem menschheitlichen Phänomen zu tun und andererseits mit etwas untersinnlich Wesenhaftem. Dieses ganz mit dem Erdhaften Verbundene hat aber auch Einfluss auf das Seelenleben des Menschen. Steiner attestiert ihm eine hohe Intelligenz und einen naturhaften Willen, aber keine Gemütskräfte, die wir aber gerade als das Menschliche, als unsere Mitte bezeichnen.

Unter diesem Gesichtspunkt klären sich viele Fragen, welche weltweit die Menschen bedrängen. Sie betreffen die immer stärker werdende Bindung an materielle Güter, die Beherrschung fast aller Lebensbereiche durch den «Gott Mammon», die seelisch-geistige Gleichschaltung, die Verhärtung von Denken, Fühlen und Wollen, die Gemütsverkümmerung, das Umsichgreifen von sinnloser Zerstörung und Tod, das allmähliche Versiegen von Fantasie und Schöpferkraft und des religiös-moralischen und mitmenschlichen Elementes. Letztlich stehen wir vor der Gefahr, alles zu mechanisieren und technisch zu mumifizieren. Die heute so verbreitete, oft sinnlose Experimentierlust und Produkterzeugung, gepaart mit höchster Intelligenz, ist ein klassisches Beispiel dafür. Alles scheint möglich. Aber geschieht es wirklich in Übereinstimmung mit dem Menschen?

Wir erwähnten, dass jeder Mensch von einem solchen elektrischen Doppelgänger «besetzt» ist, der von der Erdenelektrizität je nach Kontinent stärker oder schwächer beeinflusst wird. Wenn dies zutrifft, müsste sich das an individuellen und kulturellen Phänomenen aufzeigen lassen. Ein äußeres, geologisches Zeichen dieser elektromagnetischen Kräfte, die Nord-Süd orientiert sind, ist der markante Verlauf der Gebirge, wie wir sie besonders auf dem amerikanischen Kontinent finden. Wie man sich überzeugen kann, verlaufen die Massive – etwa der Rocky Mountains oder der Anden – parallel zu der Achse des Erdmagnetismus, also von Norden nach Süden. Dort können wir somit eine besonders starke Wirkung auf den Doppelgänger annehmen.

Wer die USA, das «Land der Extreme», kreuz und quer bereist hat, wird daher unter den folgenden Ausführungen keine Diskriminierung Amerikas verstehen, sondern im Gegenteil ein vertieftes Verständnis. Die geologisch-politische und die kulturell-individuelle Situation wirft nämlich einen spezifischen «Schatten» auf diese Regionen, sodass sie für die hier zu untersuchende Hauptfrage belangvoll wird. Dazu einige Überlegungen und Erfahrungen.

Wenn man an die Landschaft der USA denkt, so sieht man vor seinem geistigen Auge sofort die sklerotisierte Schönheit der Canyons und Valleys, besonders im westlichen Teil. Das ganze Land ist aber von Ost (Rockland County) bis West felsig dominiert. Man hat bis in die Wolkenkratzer, die sich aus dem harten Untergrund erheben, immer ein Gefühl von Härte und nicht wie im Osten der Erde von Weichheit. Das prägt auch den gesamten amerikanischen Lebensstil.

Besonders in Kalifornien steigern sich die Extreme von materiell gebundener Intelligenz – vor allem im «Silicon Valley», dem Zentrum der Computerindustrie, und andererseits der Illusionsfabrik Hollywood und dem größten technischen Vergnügungspark der Welt, Las Vegas in Nevada, mitten in der Wüste. Vergleicht man die Art der Sprache, die körperliche Leiblichkeit, Nahrungsgewohnheiten und -pflanzen des amerikanischen Kontinents – also Nachtschattengewächse wie Kartoffel, Tabak und Tomaten aber auch Mais und Kakao – oder die amerikanische Gewohnheit, alles zu reglementieren und zu kontrollieren, – vergleicht man also all dies beispielsweise mit Asien, so kann man sich eine Vorstellung davon bilden, wie bestimmte Einflüsse Land und Leute prägen. Das irdisch-praktische Element, das sich auf den Dollar stützt und mit dem Goldrausch begonnen hat, ist hier sehr dominierend. Auch die Zweiteilung der Bevölkerung in Schwarz und Weiß gehört dazu, das duale politische System sowie die immer extremer werdende Kluft zwischen arm und reich. In keinem anderen Land der Erde habe ich solche Extreme zwischen materialistischer Dekadenz und Spiritualität erlebt.

Die Verbindung von materieller Intelligenz und äußerlicher Machbarkeit, überhaupt das Streben nach Veräußerlichung hat für uns Europäer oft den Anschein von Oberflächlichkeit und seelischer Naivität. Es gibt zwar viel Psychologie in den USA, aber man hat oft den Eindruck, dass das Seelische in verschiedenster Art wie karikaturhaft und sogar comicartig auftritt. Die mittlere Sphäre, die Verbindung von Mensch zu Mensch im Rechtsleben, ist, wie neuere Prozesse beweisen, durch Show-Business und Geld-Business ungeheuer korrumpiert. Dies betrifft aber nur das politische Verhältnis und nicht das der Menschen untereinander, das sich im Gegenteil durch große Hilfsbereitschaft und Liebenswürdigkeit auszeichnet!

Vergegenwärtigt man sich, dass gerade in den USA alles von außen durch Gebote und Verbote abgesichert werden muss, sodass man fast nicht mehr zu denken braucht, und damit auch die Eigenverantwortung, die Eigeninitiative und das Risiko des Lebens verwaltet zu werden drohen, so fragt man sich, ob das nicht schon zu einer weltweiten Problematik geworden ist. Wenn Seelen sich nicht mehr aus innerem Wissen um die geistigen Gesetzmäßigkeiten zusammenfinden, entsteht eine immer größere Abhängigkeit von äußeren Autoritäten wie Psychologen, Ärzten oder Rechtsanwälten. Also eine Entmündigung durch Experten.

Eine dieser möglichen Konsequenzen hat Ivan Illich schon 1975 in seiner fundamentalen Kritik an unserem heutigen medizinischen System aufgezeigt.[75] «Eine Welt der optimalen und allgemeinen Gesundheit ist offenbar eine Welt der minimalen und nur gelegentlichen medizinischen Intervention. Gesunde Menschen sind Menschen, die in gesunden Wohnungen und von einer gesunden Nahrung leben; in einem Milieu, das Geburt, Wachstum, Arbeit, Heilen und Sterben gleichermaßen begünstigt: gestützt auf eine Kultur, welche das bewusste Akzeptieren der Bevölkerungsschranken, des Alterns, der unvollständigen Genesung und des stets drohenden Todes fördert. Gesunde Menschen brauchen keine bürokratische Einmischung, um Gefährten zu finden, Kinder zu gebären, gemeinsam die conditio humana zu erfüllen und zu sterben.

Die bewusst gelebte Gebrechlichkeit, Individualität und

soziale Offenheit des Menschen machen die Erfahrung von Schmerz, Krankheit und Tod zu einem integralen Bestandteil seines Lebens. Die Fähigkeit, diese Dreiheit autonom zu bewältigen, ist die Grundlage seiner Gesundheit. Wird er von der bürokratischen Verwaltung seiner Intimität abhängig, dann verzichtet er auf seine Autonomie, und seine Gesundheit muss schwinden. In Wahrheit ist das ‹Wunder der modernen Medizin› diabolisch. Es besteht darin, dass nicht nur Individuen, sondern ganze Bevölkerungen dazu gebracht werden, auf einer inhuman niedrigen Stufe der persönlichen Gesundheit zu überleben.»

Mehr als sechs Jahrzehnte zuvor hat sich Rudolf Steiner in ähnlich radikaler Weise über die «Verbeamtung» aller Lebenszusammenhänge geäußert, die man bekanntlich nicht nur in Diktaturen fände. «Durch die äußeren Gesetze, die äußeren Einrichtungen wird die äußere Lebensführung so kompliziert werden, dass die Menschen sich nicht mehr auskennen werden. Dagegen wird durch das Durchdrungensein mit dem Karmagesetz in die Seele sich einleben das Wissen dessen, was sie tun soll, um von innen heraus den Weg durch die Welt zu gehen. Das wird sie am besten finden da, wo die Dinge durch das innere Seelenleben geregelt sind. Wir haben im Leben solche Dinge, wo es ganz gut vorwärts geht, weil jeder dem inneren Trieb folgt, der ihn sicher leitet. Eine solche Sache ist zum Beispiel das Auf-der-Straße-Gehen. Es ist durchaus noch nicht jedem Einzelnen vorgeschrieben, dass er auf diese oder auf die andere Straßenseite ausweichen soll. Und dennoch stoßen nicht jedesmal zwei Menschen, die einander begegnen, zusammen, weil es eine innere Notwendigkeit gibt, der sie folgen. Sonst müsste man neben jeden Menschen einen Schutzmann hinstellen, der ihm befiehlt, links oder rechts zu gehen. Es ist zwar das Bestreben in einzelnen Kreisen, dass der Mensch immer auf der einen Seite einen Schutzmann, auf der anderen Seite einen Arzt haben soll.»[76]

Ich möchte an dieser Stelle von zwei im Zusammenhang mit den geologischen Gegebenheiten stehenden Erlebnissen auf dem amerikanischen Kontinent berichten. In Kolumbien, in der Nähe von Cali, wurde ich vor einigen Jahren von einem Landwirt auf eine Stelle auf seiner Farm geführt, von der aus man auf etwa 200 mal 100 Meter den Erdmagnetismus extrem spüren konnte. Man fühlte sich wie in den Erdboden hineingesogen. Ich habe das mehrfach ausprobiert.

In Nordamerika, in Massachusetts – und auch in anderen kleinen Gebieten der USA – gibt es in der Nähe von Northampton eine kleine Zone, wo die Gebirgszüge beziehungsweise Hügel von West nach Ost verlaufen. Dort herrscht eine ganz andere Naturstimmung als auf dem übrigen Kontinent. Man fühlt sich wie eingehüllt und auch körperlich leichter. Auffallend ist, dass gerade dort viele interessante spirituelle Strömungen ihre Heimat fanden, sicher mehr aus dem Gefühl heraus als von diesen naturgegebenen Tatsachen wissend.

Schauen wir noch einmal auf die Medizin, die ja auch mit den elektrischen Doppelgängerkräften zu tun hat und dadurch die Heilkunde mehr materiell und maschinell inspiriert.

Die amerikanische Medizin-Journalistin Lynn Payer hat in ihrem Buch *Medicine and Culture*[77] einen aufschlussreichen Kulturvergleich zwischen den europäischen Ländern England, Frankreich, Deutschland und den USA angestellt. Sie weist unter anderem nach, wie einseitig wissenschaftlich und mechanisiert das medizinische Denken in Amerika geworden ist: *United States: The Virus in the Machine.*[78] Dagegen heißt die Überschrift über den deutschen Untersuchungen: *West Germany: The Lingering Influences of Romanticism,*[79] was viel über den Hang zur Naturmedizin und Homöopathie aussagt.

Wir könnten an dieser Stelle noch einiges über die Inspirationen des physischen Doppelgängers in uns anführen, von der Bazillenfurcht – in keinem Land wie den USA erlebt man soviel Angst vor Ansteckung und eine solche Impfdiktatur –, über das Einfrieren nach dem Tode bis zu dem Traum, Organe wie zum Beispiel das Herz mechanistisch nachbilden zu können. Auf eine Beobachtung möchte ich aber noch hinweisen, die mit dem physisch-mineralischen Doppelgänger – oder auch Phantom – sehr viel zu tun hat. Es ist die Sucht der Amerikaner, schon morgens dutzendweise Vitamine und alle möglichen Spurenelemente und Mineralien, also rein physische Ersatzstoffe (supplements) zu konsumieren. Eine Zeit lang war es dort sogar Mode, Konservierungsmittel zu sich zu nehmen, in der Hoffnung, das eigene Fleisch länger frisch zu halten. Dass diese Dinge auch mit der jeweiligen Geografie zu tun haben, ist uns heute nur schwach bewusst. Solch einseitige amerikanische «Kultur» und Lebenshaltung ist heute weltweit anzutreffen. Sie führt zu einer immer stärker werdenden Vereinheitlichung, auch «McDonaldisierung» der Gesellschaft genannt.[80]

Diese Impulse müssen aber in der Welt ein Gegengewicht erhalten, denn sie sind in ihrer Einseitigkeit speziell für gewisse Völker seelenzerstörend und krankmachend. So versucht der materialistische Moloch, der alle Kultur einebnen und auf

Mickymaus-Niveau herunterdrücken möchte, sich natürlich bis in die entferntesten Winkel der Welt zu verbreiten. Es ist daher nicht gegen das amerikanische Volk gerichtet, wenn Rudolf Steiner warnend sagt: «Die Welt darf nicht geografisch [!] amerikanisiert werden.»[81]

Dies führt uns zu einer neuen Problematik, nämlich dem Hereinragen außermenschlicher Geistkräfte in die physischen Organe, durch die der Mensch dann je nach Gesundheit und Widerstandskraft bis in seine Seele positiv oder auch negativ beeinflusst und manipuliert werden kann. Zu untersuchen wäre demnach, ob es noch außerhalb des Menschen existierende Geister wie zum Beispiel Dämonen gibt, die mit der zerstörerischen Schattenseite in uns zu tun haben.

Organe als Einlasstore für dämonische Kräfte

Eine Frage, die gelegentlich bei der Diskussion sogenannter seelisch-geistiger Krankheitszustände aufgeworfen wird, ist die nach einer möglichen Besessenheit durch zerstörerisch-dämonische Kräfte, die den Menschen besetzen, ihn in den Wahnsinn treiben und zu absurden und zerstörerischen Handlungen befähigen. In der Literatur und Filmlandschaft ist dieses Thema immer wieder behandelt worden.

So überliefert uns zum Beispiel der Heiler Daskalos aus Zypern eindrucksvoll eine sogenannte Psychose.[82] Er berichtet von einer seelisch kranken Jüdin, die nach einer Odyssee zwischen Ärzten und Rabbinern endlich den Heiler fand, der ihren merkwürdigen Zustand erklären und auch heilen konnte. Sie erzählt, dass sie nach einer familiären Aufregung auf dem Sofa einschlief, etwas von unten in sie eindrang, sich ihrer bemächtigte und sie fortan Stimmen hörte, die sie sogar zum Selbstmord treiben wollten.

Die gängige psychiatrische Diagnose war natürlich «nervenkrank» und «bloße Einbildung», was folglich mit den bekannten Psychopharmaka behandelt wurde. Daskalos, der über eine große geistige Erkenntnis verfügte – hiervon konnte ich mich selbst überzeugen, da ich Patienten gekannt habe, die sich von ihm behandeln ließen –, hat nun gesehen, dass in diesem Falle Seelen von Verstorbenen, die im Kriege Menschen gequält hatten und mit ungeheurem Hass über die Schwelle des Todes geschritten sind, diese Patientin besetzt hatten. Das war aber unter anderem nur möglich, weil sich die «Schwingungen» zwischen Tätern und Opfer entsprachen. Die Frau hatte nämlich selbst gewisse Neigungen zu Grausamkeit und Ängsten, die erst den Nährboden für diese Besetzung hergaben; also starke seelisch-leibliche Schwächungen. Dadurch konnten jene zerstörerischen Strömungen durch die unteren geistigen Kraftfelder beziehungsweise Einlasstore (Chakren) des Sonnengeflechts und der Geschlechtsorgane eindringen. Es handelte sich in diesem Falle also nicht um schwarzmagische Beeinflussungen oder negative selbsterzeugte Gedanken (von Daskalos «Elementale» genannt), sondern um die Wirkungen von Verstorbenen, die auch nach dem Tode noch unerlöst ihr Unwesen treiben. Eine Tatsache, die den Menschen Jahrtausende lang vertraut war und heute in zunehmenden Maße wieder ist. «In diesem Fall», so Daskalos, «haben wir es mit verstorbenen Menschenwesen zu tun, die während ihres Lebens erbarmungslosen Hass gegen bestimmte Menschen oder Situationen gehegt haben und denen der vollständige Hinübergang in die psychische Welt nicht gelungen ist. Stattdessen schwanken sie zwischen dem ätherischen Bereich der grobstofflichen Welt und der psychischen Welt hin und her. Somit befinden sie sich in einer Situation, die es ihnen ermöglicht, in eine Verbindung mit dieser Welt zu kommen. Das tun sie, indem sie von einem Menschenwesen Besitz ergreifen, das hier auf der Erde lebt und gewisse Phobien oder Ängste hat oder sich in einem psychischen Zustand befindet, der es diesen Geistern erlaubt, in den Menschen einzutreten. [...] Aber zu einer Besessenheit [...] kann es nur kommen, wenn es Gründe dafür gibt, das heißt, wenn der Betroffene in einer Weise <schwingt>, die dem Wesen entspricht, das versucht, in ihn einzudringen. Mit anderen Worten: Der Mensch muss selbst eine gewisse Neigung besitzen, anderen Leid anzutun.»[83]

Interessant ist nun, dass Daskalos in der Interpretation dieses Falles besonders die Stoffwechselorgane Milz und Leber erwähnt, durch die jene Kräfte eindringen können. Es kommen also drei Dinge zusammen: die verstorbenen Seelen mit bestimmten *zerstörerischen Eigenschaften*, die unerlöst in einem Zwischenbereich parasitär herumvagabundieren, die spezifische *seelische Schwäche* eines lebenden Menschen und *körperliche Organe*, die offensichtlich hierfür prädestiniert sind und bei Krankheiten noch ein zusätzliches Einfallstor bilden.

Ich selbst konnte einmal einen solchen Fall bei einer chronischen Lebererkrankung, natürlich in Verbindung mit noch anderen schweren Persönlichkeitsdefiziten, aus erster Hand studieren. In diesem Fall wurden viele Menschen von einer sich nach außen hin idealistisch und humanitär gebärdenden Person zu großen Opfern verführt, ausgebeutet und dann in einen Höllenkreislauf von Verdrehungen und Beschuldigungen hineingezogen. Dabei war eine raffinierte Intelligenz und ein dumpfer Wille im Spiel, der gewissermaßen über Leichen ging, bei gleichzeitig völlig korrumpierter Moralität, die sich aber geschickt hinter einem spirituell-religiösen Mantel verbarg. In extremen Situationen hatte man den Eindruck, dass das ganze Gemüt wie ausgelöscht schien. Tugenden wie Ehrlichkeit, Dankbarkeit oder Treue, die stets im Munde geführt wurden, gerieten immer mehr in ihr Gegenteil und waren somit menschlich nicht mehr zu korrigieren. Es musste erst ein Schicksalsschlag von außen kommen, um das ganze aufgeblasene Lügengespinst zu zerstören, was alle «Opfer» als erlösende Wohltat empfanden. Was der betreffende Mensch noch am Anfang zu sein vorgab, um sein persönliches Anliegen durchzusetzen, schien plötzlich, nachdem er durchschaut worden war, wie ausgelöscht, und ich habe zum ersten Mal in meinen Leben wahrgenommen, dass es nicht nur einen Saulus gibt, der sich zum Bessern bekehrt, also zum Paulus wird, sondern das auch das Umgekehrte passieren kann. Man tritt als bekehrter Paulus mit frommen Worten auf – die Dämonen sind scheinheilig, denn sie wittern die Gutmütigkeit im anderen –, um seine Saulus-Natur zu verstecken. Der betreffende Mensch entwickelt nach außen eine Art übermenschlich raffinierte «Bauchklugheit». Die Dämonen zeigen dann ihre wahre Natur; und alle Dinge geraten in ihr Gegenteil.

In der Übersetzung nach Emil Bock heißt es im Brief des Paulus an die Römer: «Eigentlich bin ich es gar nicht selbst, der so handelt, sondern die meinem Wesen einwohnende Sünde ist es. Und damit ist klar, dass in mir, das heißt in meinem physischen Leibe, das Gute nicht wohnt. Das Gute zu wollen ist mir gegeben, es zu vollbringen, nicht. Nicht das Gute, das ich will, tue ich, sondern das Böse, das ich nicht will, das tue ich. Wenn ich aber das tue, was ich nicht will, so bin ich eben nicht selbst das Subjekt meines Handelns, sondern die meinem Wesen einwohnende Macht der Sünde. So stoße ich in mir auf ein Gesetz, das mich, der ich das Gute tun will, zwangsläufig Böses tun lässt. Mein innerer Mensch sagt freudig ja zum Gesetz Gottes, aber ich werde gewahr, wie in meinen Leibesgliedern ein anderes Gesetz wirksam ist, das dem von meinem Denken anerkannten Gesetz widerstreitet: Es hält mich im Gesetz der Sünde, das in meinen Gliedern ist, gefangen.»[84] Wir können in diesem Zusammenhang auch von «partiellen Verrücktheiten» sprechen.

Mithilfe der Geisteswissenschaft kann man die von Daskalos beschriebenen Phänomene jedoch noch besser verstehen, und aus der okkulten Physiologie wissen wir, wie in den Verdauungsorganen, das heißt «unter dem Herzen», im vegetativen Sonnengeflecht, ein bestimmtes Einlasstor für die Verstorbenen ist. Manche Menschen, die zu stark mit den Toten verbunden sind, können dann an Magenkrankheiten und spezifischen Verdauungsstörungen leiden. Man ist dann magenkrank weil man zuviel mit den Einflüssen der Toten konfrontiert ist. Es bildet sich unbewusst ein «empfindliches Bewusstsein» für die Welt der Verstorbenen. In dieser Situation können bestimmte Metallsalben, die auf den Unterleib aufgetragen werden, den Menschen von solchen Wirkungen abschotten.

Dass das Sonnengeflecht mit der Welt der Verstorbenen zu tun hat, konnte ich zweimal in Afrika bei einer magischen Sitzung mit Eingeborenen erleben. Dort werden bei bestimmten Stämmen auch heute noch Knochen zum Wahrsagen in die Hand genommen und dann im Trancezustand auf die Erde geworfen. Je nach Lage kann dann aus ihnen geweissagt werden. Auf die Frage, was in der Trance denn passiere, kam sofort die Antwort: «Die verstorbenen Vorväter kommen in uns hinein.»

«Woran merkt ihr denn das?» «Wenn wir einen Schluckauf bekommen.» Und tatsächlich konnte ich beobachten, dass im Moment des Trancezustands ein Schluckauf entstand, eine Verkrampfung des Zwerchfells.

Die unbewusste Welt der Verstorbenen, die ja im 20. Jahrhundert mit so viel Hass, Verdrehungen und Lügen in die geistige Welt hinübergegangen sind, ist also zum Teil Veranlassung bestimmter seelischer Krankheiten unter uns Lebenden. Beginnend mit dem 15. Jahrhundert, in dem sich Intellektualismus und Materialismus bewusstseinsgeschichtlich begründeten, strömen immer mehr Seelen mit «Menschenhass und Menschenunverstand»[85] in die geistige Heimat zurück und bilden dort mit ihren unerlösten Kräften parasitär-zerstörerische geistige Herde. So ist es gerade heute eine spezielle Aufgabe in der Erziehung, den Menschen zu Weltinteresse, Welten- und Menschenliebe hinzuführen. Denn die Kräfte der Antipathie sitzen uns heutigen Menschen buchstäblich «in den Knochen».

Ein großer Teil unserer verdorbenen Zivilisationssubstanz wurzelt in einer solchermaßen parasitär vergifteten geistigen Atmosphäre, die auf Erden allein keine Erklärung findet. Man kann in diesem Zusammenhang von einer «geistigen Krebserkrankung» sprechen, welche die moderne Menschheit ergriffen hat. Das Gemüt des Menschen wird immer mehr geschwächt, wenn er Gedanken aufnimmt, die mit ihm in keiner Beziehung stehen. Pflegt er seine geistigen Schöpferkräfte nicht, so dringen in die vom Geiste verlassenen Leibes- und Seelenhüllen die Kräfte ein, die wir als geistige Parasiten, als «Dämonen» bezeichnen.

Hören wir hierzu abschließend Alfred Ribi: «Ist der Teufel längst abgeschafft? Das gilt für den Teufel als äußere Realität, aber nicht für seine Wirksamkeit im Menschen. Je aufgeklärter wir tun, je hartnäckiger wir das Böse oder den Teufel als Aberglauben abtun wollen, um so hartnäckiger greift er uns an. Es besteht nämlich die Gefahr, mit dem Teufel identisch zu werden. Wenn es dazu kommt, besteht er nicht mehr als Gegenüber; er ist verschwunden. Das ist die Gefahr der Aufklärung, in welcher alle Dämonen als nicht existent, als Aberglauben verworfen werden. Dann bemächtigen sie sich des menschlichen Bewusstseins. Dieses wird dämonisiert. Es identifiziert sich nicht mehr mit dem Guten. In seiner Gottähnlichkeit steht es über dem Gegensatz von Gut und Böse. In dieser Hybris hat es seine moralische Funktion verloren. Es ist zum amoralischen Verbrecher geworden. Heutzutage wird oft alles Reden von einem dem Unbewusstsein entgegenstehenden Unbewussten als unbeweisbare Hypothese abgetan. Die Folge ist, dass das Ich sich mit der Ganzheit der Psyche identifiziert. Daraus resultiert ein aufgeblasenes Ich – und ein verblasenes Selbst.»[86]

Das Ich und die Dämonien

Satan ist nicht eine unabhängig wirkende Macht. Er befiehlt seine eigene teuflische Horde. Er ist der «Prinz der Dämonen». Dämonen sind aber der «betrunkene Onkel» des 20. Jahrhunderts: wir verstecken sie einfach. Die moderne Psychiatrie hat sie alle wegrationalisiert und sie als primitive Annäherungen an exakt zu benennende Geisteskrankheiten katalogisiert, die man – mit gutem Recht – durch moderne Medikamente und Therapien behandeln kann.

Aber dann, als alle dachten, die Dämonen seien verschwunden, katapultierte W. P. Blattys Buch und darauf folgender Film Der Exorzist *sie wieder ins öffentliche Bewusstsein zurück. Auf dem Fuß folgten dann eine ganze Reihe von Filmen, Büchern und Fernsehproduktionen über die Besessenheit. Ein überraschendes, tiefes und unbewusstes Bedürfnis wurde wieder geweckt. Warum sollten Menschen plötzlich wieder an Dämonen glauben? Das Dämonische ist jedoch ein unausweichlicher Faktor des 20. Jahrhunderts, vielleicht sein charakteristisches Markenzeichen und sein perverses Ereignis.*[87]

William Wink

Vom Altertum bis in die neueste Zeit hinein hat das Böse beziehungsweise das Dämonische in Märchen, Mythen, Legenden, in Religion, Geschichte und Psychologie eine tragende Rolle zum Verständnis des Menschen und seines Verhältnisses zur Welt gespielt. Es ist hier nicht der Platz, die Geschichte der Dämonien und die Auseinandersetzung der Menschheit mit dem Bösen im Laufe ihrer Entwicklung bis in die Jetztzeit darzustellen. Dies kann in der entsprechenden Literatur nachgelesen werden.[88] Was uns an dieser Stelle interessiert, ist die Frage: Ist das Dämonische eine geistige Realität oder sind die Dämonen «nur die Sammelbecken und Symbole all des Unbewältigten, Problematischen, Bedrohlichen, Feindseligen in einer Gesellschaft oder Gruppe, das das kollektive Seelenleben nicht zu integrieren vermag ...?»[89]

Wie entstehen dämonische Kräfte, wie wirken sie und wie lässt sich ihre Signatur erkennen und ihre Wirkung abschwächen oder sogar verhindern?

Es besteht kein Zweifel daran, dass sich die Menschen in Philosophie, Religionswissenschaft und Psychologie wieder mit der Realität des Dämonischen auseinanderzusetzen beginnen, wenn auch zum Teil in zweifelhafter Art – zum Beispiel durch Satanskulte, Schwarze Magie, bestimmte Arten von Rockmusik.[90] Greifen wir hierzu eine Fragestellung aus dem Buch des Freiburger Analytikers Tilmann Moser heraus, das den bezeichnenden Titel trägt: *Dämonische Figuren – Die Wiederkehr des Dritten Reiches in der Psychotherapie.*[91] Wie wirken zum Beispiel die «verinnerlichten dämonischen Bilder» des Dritten Reiches in den Seelen der zweiten und dritten Generation weiter? Was geschieht mit all den destruktiven Kräften, mit denen sich Täter, Mitläufer und Opfer «infiziert» haben, ihres Selbstes verlustig gingen, ihr Gemüt und Gewissen zerstörten?

Durch viele dieser im Laufe des 20. Jahrhunderts entstandenen unverarbeiteten Erlebnisse hat sich der zerrissene Mensch gebildet, aufgewachsen und erzogen in einer «Borderline-Gesellschaft», in der sich in der Seele jedes Einzelnen ein Abgrund zerstörerischer Kräfte auftun kann. Es geht heute in der individuellen Psychotherapie unter anderem immer mehr um das Aufspüren objektiver Geschichte und ihres Weiterwirkens in den menschlichen Seelen, also um etwas Drittes, das den therapeutischen Raum in seiner «falschen Zweipoligkeit» (Beziehung Patient und Therapeut) wesentlich erweitert, denn «das klassische Setting bedeutet einen zu engen Flaschenhals, durch den die dicken Brocken der dämonischen Instanzen nicht hindurchpassen und also nicht bearbeitet werden können».[92]

Was ist aber seiner Wortbedeutung nach eigentlich «dämonisch»? Noch bis ins 19. Jahrhundert hinein ist dieser Begriff nicht nur negativ gebraucht worden. Jedes Wesen hat nämlich seinen bestimmten Geist, seinen «daimon», den man als «Verteiler und Zuteiler des Schicksals» ansah. Dass er auch ein «Zerteiler» sein kann, macht seine besondere negative Qualität aus. Wollen wir daher das eigentliche Wesen der dämonischen Kräfte verstehen, müssen wir sie in einem Zwischenreich, einer Grauzone zwischen der Menschen- und der göttlichen Welt aufsuchen. Es ist notwendig, sie als Abspaltungen zu begreifen, die parasitär den Menschen als Wohnstatt benutzen, aber von höheren, negativ wirkenden Kräften gesteuert und als irdische Helfershelfer benutzt werden. Wir können sie mit den Kleinlebewesen, also mit Bakterien und Bazillen vergleichen, die in uns ihre Dienste vollbringen, aber sofort losschlagen, sich breitmachen und uns zerstören, wenn der Organismus sie nicht in Schach hält. Einzelteile des Körpers erklären sich dann zum autonomen Ganzen, besetzen fremdes Territorium und zerteilen die vormals heile Ganzheit, das heißt sie stiften Un-Heil. Man kann sagen, das Geistige nimmt die «Abschnürungen», die Dämonen, genau so zu Hilfe wie eine Krankheit. Zum Beispiel benutzt die Tuberkulose die Bazillen als Vehikel, um sich im Menschen breit zu machen. Auch in der Jung'schen Psychologie spricht man von diesen parasitär-dämonischen Kräften, den Abspaltungen, den «Komplexen», als «abgesprengte Teilpsychen», die sich der ganzen Seele zum Beispiel in einer Neurose bemächtigen können und gegen die freie Entwicklung des Ich opponieren.

Ähnlich wie eine äußerlich harmlos aussehende Pflanze giftig werden kann, können auch zerstörerische und vergiftende Mächte in den Menschen einziehen und ihn als ihr Vehikel benutzen. Wir sprechen dann mit Fug und Recht von einer partiellen oder auch vollständigen Besessenheit. Diese Kräfte sind aber, wie bereits deutlich gesagt, ebenso in und um uns latent vorhanden so wie auch die parasitären Kleinlebewesen in Erde und Mensch.

Diese geistigen «Mumien» sind Werkzeuge für Krankheit,

Tod und Zerstörung. Ihre Kriterien lassen sich folgendermaßen beschreiben:

- Sie leben immer auf Kosten der anderen, also parasitär.
- Sie kämpfen gegen eine geradlinige Entwicklung an.
- Ihr Wesen ist Zersetzung und Zerspaltung, also Vereinseitigung.
- Sie maskieren sich geschickt und nehmen die Form des jeweiligen «Wirtes» an, führen also eine Pseudoexistenz.

Werden sie durchschaut, so zerstieben sie gewissermaßen ins Nichts, um mit neuer Maske durch die Hintertüre wieder einzutreten. Daher kommt es im Leben öfter vor, dass, wenn man seine «Prüfungen» in dieser Hinsicht noch nicht ganz bestanden hat, die gleiche Versuchung noch einmal in veränderter Form auftaucht, bis man sie wirklich durchschaut hat; dann wird man von ihr meist in Ruhe gelassen.

Ein anderes Phänomen, das ich mehrmals bei bestimmten Menschen beobachten konnte, ist die «entleerte Persönlichkeit», die die eigenen Gedanken und Ideen aus einem heraussaugt beziehungsweise stiehlt, als ob sie die ihren seien. Man ist als Gegenüber erst einmal begeistert, wie der andere einen versteht, was der eigenen Eitelkeit natürlich ungemein schmeichelt. Die großartige Maske erweist sich aber später oft als äußerst diabolisch, wenn es um überpersönliche Probleme geht und das gesunde Selbstbewusstsein gefragt ist. Steiner wurde einmal von einem jungen Mediziner gefragt, woran man den Teufel erkennen könne, und er hat sinngemäß geantwortet: Der kommt nie in Teufels-, sondern immer in Engelsgestalt und ist deshalb so schwer zu durchschauen. Das Böse trägt also erst einmal die Maske des Guten, um den oder die Menschen zu fangen. Alle zerstörerischen Ideologien in diesem Jahrhundert haben die Menschen erst einmal mit Anfangserfolgen geblendet, um dann ihr wahre Teufelsmaske zu zeigen.

Ein wichtiges Kriterium des Dämonischen lässt sich jedoch exakt bestimmen: *Es lässt nicht frei*. Also ist immer zu prüfen, ob man in seinen Entscheidungen wirklich frei ist oder ob bestimmte zum Beispiel moralische Zwänge ausgeübt werden oder ob man auf geschickte Weise, so wie oben beschrieben, animiert wird, aus den eigenen aufgestachelten Gefühlen wie Eitelkeit, Ehrgeiz oder Neid zu handeln.

Nach geisteswissenschaftlichen Darstellungen sind die dämonischen Wesenheiten im Laufe der Evolution mit den sogenannten «Widersachermächten» Luzifer und Ahriman entstanden, haben also objektiven Charakter und tragen jeweils auch deren Charakteristik. Heute haben wir es in erhöhtem Maße mit ahrimanisierten Kräften zu tun, so wie sie sich besonders im einseitigen Materialismus und seinen Folgeerscheinungen äußern.

Andererseits ist es aber der Mensch selbst, der nicht nur durch seine Gedanken und Taten den schon vorhandenen Geistern neue Nahrung gibt, sondern auch eine zukünftige Welt von Dämonen schafft. Je weniger das Ich des Menschen Herr in seinem Hause ist, desto eher können sich seelisch-geistige Fremdelemente seiner bemächtigen und Teile von ihm abspalten. Diese Verhärtungen, die «Komplexe» von Neid, Hass, Unlogik und anderen Schwächen sind wohl jedem bekannt. Ihre Zahl ist, wie es schon in der Bibel heißt, «Legion».

Befasst man sich mit den Heilungen im Neuen Testament, so kann man darüber erstaunt sein, dass der Umgang mit Dämonen und ihre Austreibung nicht nur eine heidnische Praxis ist, sondern auch der christlichen Überliefung nach zentral mit der Wesenheit des Menschen verbunden ist. Nach der christlichen Tradition gibt es sowohl Dämonen, die im Menschen durch seine Schwächungen aufsteigen und dann die Umwelt «bevölkern», also subjektiv erzeugt sind, als auch solche, die ihn von außen besessen machen können, also objektiv wirken.

«Nicht durch das, was von außen in ihn hineinkommt, wird der Mensch entweiht. Nur das, was vom Menschen ausgeht, das ist es, was ihn seiner Würde berauben kann [...] Seid auch ihr verständnislos? Erkennt ihr nicht, dass von dem, was von außen in den Menschen hineinkommt, nichts ihn entwürdigen kann? Es geht ja nicht in sein Herz, sondern in seinen Bauch und verlässt ihn wieder auf natürlichem Wege, der ihn von aller – auch der schlechten – Speise reinigt. Und Er fuhr fort: Was vom Menschen ausgeht, das kann den Menschen entwürdigen. Im Inneren des menschlichen Herzens ist der Quell der schlechten Seelenregungen: Dort entspringen Unzucht, Diebstahl, Mordpläne, Ehebruch, Habsucht, Bosheit, Arglist, Ausschweifung, Neid, Lästerung, Hochmut, Stumpfheit. Alle diese niederen Seelenregungen gehen aus dem Inneren hervor. Sie sind es, die den Menschen entweihen.»[93]

Diese Charakterisierung des Christus ist bemerkenswert und unterscheidet zwischen den subjektiven und objektiven Wirkungen des Bösen, wobei letztere nichts «Entweihendes» an sich tragen, denn sie haben mit der gesamten Versuchungsproblematik zu tun und auch vor Christus nicht Halt gemacht.

Der Mensch kann von ihnen durch äußere Zeremonien sogar gereinigt werden. Etwas anderes ist es, wenn das Zentrum der Seele, das Herz, der Charakter verdorben ist und der Mensch wissentlich Böses tut.

Kurz nach der hier zitierten Rede des Christus wird von einer «Heilung einer Nichtjüdin» berichtet, die von einem unreinen Geist besessen war, also von dem objektiv wirkenden Bösen und bei der Christus den unreinen Geist austrieb. Ich denke, man kann sehr gut diese zwei verschiedenen Qualitäten, die zwei Herde des Bösen in der Welt feststellen. Im ersten Fall ist der Mensch selbst gefragt, bewusst gegen seine Untugenden vorzugehen und sie nicht zu leugnen oder gar zu bemänteln.

Warum ist es wichtig, dass gerade heute diese Zusammenhänge immer deutlicher bewusst werden? Indem der gegenwärtige Mensch mehr an die äußeren Gegebenheiten hingegeben ist und sich ihnen zum Teil ausliefert, wird seine Ichkraft, seine geistig schöpferische Potenz abgeschwächt, und er unterliegt schrittweise fremden Einflüssen. Eine körperlich-seelische «Immunschwäche» entsteht. Austreiben kann man die Dämonen aber nur, indem man den einen Geist gegen den anderen aufruft, nämlich den Geist der schöpferischen Freiheit gegen den Un-Geist. Geschieht das nicht, so besteht die Gefahr, dass eine Besetzung der Willenskräfte entsteht, die sich zu einem vom Menschen nicht mehr beherrschbaren Automatismus steigert, sodass man den bekannten biblischen Satz etwas modifizieren muss: Sie wissen zwar was sie denken, aber sie wissen nicht mehr, was sie tun.

Wir sind also von diesen «bestimmten Wesenheiten» durchzogen, die in uns sitzen «wie Maden im Käse». Ihre Wirkung und Entstehung kann man mit einem Zimmer voller Fliegen vergleichen. Sie kommen nur, wenn alle möglichen Speisereste herumliegen. Die «Nahrungsmittel» dieser «bestimmten Wesenheiten» bestehen aus üblen Gedanken und Empfindungen, die auf diesem Nährboden ihren Dämonenspuk entfesseln. Nicht dass sie da sind, ist das Schlimme, sondern dass wir sie auch noch durch unsere Beschönigungen und Ausreden mästen. Man kann sich daher gut vorstellen, warum sich schlechte Gedanken und Empfindungen – bewusst oder unbewusst ausgebildet – so rasant verbreiten und dass Lügen, oft genug wiederholt, plötzlich zu «Wahrheiten» werden, die Millionen infizieren und nur schwer und mittels ungetrübter Ehrlichkeit auszurotten sind.

Halten wir fest: Das im Menschen erzeugte Dämonische haftet sich nicht nur an die betroffenen Individuen, sondern wird im Laufe der Zeit zu politisch-sozialer Wirklichkeit, zum gesellschaftlichen Klima – nicht unbedingt immer von Lügen, sondern auch von Halbwahrheiten, die noch schwieriger zu durchschauen sind. Wer Arbeits- und Familienzusammenhänge, Institute, das gesellschaftliche Leben mit all seinen verlogenen Konventionen und Verhaltensweisen genau beobachtet, wird in den folgenden Ausführungen über die Schaffung dämonischer Wirkungen durch den Menschen sicherlich manch Vertrautes wiederfinden.

Was wir normalerweise als «Dämonen» bezeichnen, wurde von Rudolf Steiner noch genauer differenziert, in drei Klassen eingeteilt und als «Phantome», «Gespenster» und «Dämonen» bezeichnet.[94]

Ich möchte diese Ausführungen noch etwas genauer betrachten. Wir bilden ja im Laufe unseres Lebens im persönlichen wie im öffentlichen Leben gedankliche und gefühlsmäßige «Formen» aus, die wir oft mit einem Inhalt füllen, der nicht der Wirklichkeit entspricht, ihr aber von unserer Seite aus entsprechen soll. Gemeint sind Lügen als verdrehte, irdische Neubildungen, die dann von anderen als Realitäten übernommen werden. Es entstehen also durch Lügen, Verleumdungen und Heucheleien sogenannte «Phantome». Im wörtlichen Sinn ist das Phantom ein Trugbild, eine Sinnestäuschung und in der Medizin eine physische Nachbildung (Modell) von Körperteilen zu Unterrichtszwecken. Es erscheint somit etwas in der physischen Sinneswelt, was nicht der Wahrheit entspricht, aber ihr nachgebildet wird. Die geistigen Wesenheiten – in der christlichen Terminologie die «Hierarchien» –, die unseren Leib jede Nacht aufbauen und damit physisch erneuern, müssen durch diese falschen physischen «Tatsachen» immer auch einen Teil ihrer eigenen geistigen Substanz zurücklassen, um diese vom Menschen geschaffenen Gebilde mit Inhalt zu füllen. Dadurch wird etwas von ihrer Ganzheit abgeschnürt und gehört somit weder zum menschlichen noch göttlichen Bereich. Diese geistigen Wesenheiten erhalten dadurch ein eigenes Dasein in einem sich verselbstständigenden «Zwischenreich». Als «Geister der Hemmnisse und Hindernisse» führen diese Lügenphantome zu seelischen Massenepidemien wie auch zu körperlichen Schwächungen wie Infektionskrankheiten. Ein eindrucksvolles Beispiel über die Hintergründe des Golfkrieges im Hinblick auf diese Phantome, ist uns von einem amerikanischen Journalisten gegeben worden.[95] Man fragt sich gelegentlich hinterher, wenn bestimmte, nur auf Lügen gebaute politische Systeme zusammenbrechen und daraufhin «äußerlich» alles anders geworden ist, wo die Lügendämonen auf einmal geblieben sind. Besucht man Länder, denen dies widerfahren ist, so hat man durchaus einen Eindruck von den Nachwirkungen dieser Kräfte auf Landschaft und Menschen. – Man denke nur an die Nachwirkungen des Hitlerismus oder Stalinismus. Es ist der dämonische Lügengeist, der sich im 20. Jahrhundert in der ganzen Welt festgesetzt hat. Wie diese Dämonen unter den Menschen wirken und was sie bewirken können, schildert uns in anschaulicher Weise die Chinesin Jung Chang, die nach England emigrierte und die Folgeerscheinungen des maoistischen Denkens noch einmal vor ihren inneren Augen vorbeiziehen ließ.

«In den Tagen nach Maos Tod dachte ich viel nach. Ich wusste, dass er als Philosoph galt, und versuchte herauszufinden, worin seine ‹Philosophie› eigentlich bestand. Ich entdeckte als zentrales Prinzip seines Denkens letztlich nur das Bedürfnis – oder den Wunsch? – nach permanentem Konflikt. Den Kern seines Denkens bildete der Satz, dass der Kampf zwischen den Menschen die Triebfeder der Geschichte bilde und dass es daher notwendig sei, ständig ‹Klassenfeinde› zu benennen, wenn man die Geschichte vorantreiben wolle. Ich fragte mich, ob andere Philosophen ebensoviel Leid und Tod über die Menschheit gebracht hatten. Ich dachte an die Angst und das Leid, die das chinesische Volk zu erdulden gehabt hatte. Wozu das alles?

Maos Theorie war möglicherweise nur eine Projektion seiner Persönlichkeit auf die Außenwelt. Auf mich hatte er so gewirkt, als hätte er ständig und durchaus erfolgreich Konflikte geschürt. Er hatte ein feines Gespür für die dunklen Seiten der menschlichen Natur, für Neid und Missgunst, und er wusste, wie er diese Seiten für seine Ziele nutzbar machen konnte. Er regierte, indem er Hass zwischen den Menschen säte. Auf diese Weise brachte er die einfachen chinesischen Menschen dazu, dass sie viele Dinge selbst erledigten, die in anderen Diktaturen von einer professionellen Elite übernommen werden. Deshalb gab es in China unter Mao keine Einrichtung wie den KGB, eine solche Einrichtung war überflüssig. Mao holte die schlechtesten Seiten der Menschen ans Tageslicht und förderte sie, damit schuf er eine moralische Wüste und ein Klima des Hasses. Ich kann freilich nicht entscheiden, wie viel individuelle Verantwortung die einfachen Menschen trifft.

Das zweite Kennzeichen des Maoismus war meines Erachtens die Herrschaft der Ignoranz. [...] Er [Mao] hegte eine tiefe Abneigung gegen formale Bildung und alle Gebildeten und hatte eine größenwahnsinnige Vorstellung von sich selbst. Er verachtete die bedeutenden Gestalten der chinesischen Geschichte und die Berichte der chinesischen Kultur, zu denen er keinen Zugang hatte, wie beispielsweise Architektur, Kunst und Musik. Was er nicht verstand, zerstörte er, und das war ein beträchtlicher Teil des kulturellen Erbes von China. Mao hinterließ eine verrohte Nation und ein hässliches Land, in dem nur noch wenige Spuren von der großen Vergangenheit zeugen. Es hatte den Anschein, als würden die Chinesen aufrichtig um ihn trauern. Aber ich frage mich, wie viel Tränen tatsächlich echt waren. Die Menschen hatten sich so lange verstellen müssen, dass sie möglicherweise gespielte und echte Gefühle nicht mehr auseinanderhalten konnten. Die Tränen um Mao waren vielleicht auf Knopfdruck abrufbar wie so vieles andere in ihrem Leben.»[96]

Man braucht dieser Charakterisierung nichts hinzuzufügen, sie passt auf alle Diktatoren in diesem Jahrhundert. Hass, Ignoranz dem Geistesleben gegenüber und grenzenlose Selbstüberhebung sind die Maske der Erretter, die aber letztlich ihre Völker grundlegend und nachhaltig ruiniert haben. Sie waren die eigentlichen Feinde des fortschrittlichen Volksgeistes!

Eine zweite Form des Dämonischen, die sogenannten «Gespenster», entstehen mehr in den Lebenszusammenhängen der Menschen. Denn Gespenster sind Nachwirkungen von ehemals Lebendem. Sie steigen aus den «seelischen Gräbern» auf, wenn schlechte soziale Einrichtungen und schlechte Gesetze für die Menschen gemacht werden. In diesem Klima von Manipulation und Ausplünderung des Idealismus, beispielsweise durch ungenügende Bezahlung und Rechtsunsicherheit, werden Stimmungen erzeugt, die dann leicht zu Verdächtigungen, Neid und Bespitzelung führen. Dazu gehört auch ein weitverbreitetes und heute gut untersuchtes Phänomen aus dem Berufsleben, das sogenannte «Mobbing» (von englisch «mob» = Meute), dem Psychoterror am Arbeitsplatz.[97]

Jeder, der einmal längere Zeit in einem Institut gearbeitet hat, kennt nach einer Weile solche «Institutsgespenster», die durch Vorurteile, Tabus, Angst und Neid genährt werden. «Aber weil sie [die Dämonen] zu keiner wirklichen Tat fähig sind, deshalb besteht ihr ganzes Tun darin, Furcht zu erzeugen. Denn wenn sie könnten, würden sie nicht zögern, sondern das Böse sogleich ins Werk setzen. [...] Aber machtlos, wie sie nun einmal sind, müssen sie Angst erzeugen; wenn nicht anders, dann eben mit gespenstischem Trug.»[98]

Die eigentlichen «Dämonen», die Zerteiler, sind Elemente, die im Seelischen des Menschen zu Hause sind. Generell ist ja das Seelische, wie schon aufgezeigt, «luziferisch infiziert». Das heißt, es will sich seiner Natur nach immer den anderen Menschen gegenüber behaupten und ist dadurch im Wesentlichen selbstbezogen, antipathisch und unsozial. Dadurch kommt ein gewisser Machtanspruch über andere zustande, die Gefahr einer seelischen Tyrannei, indem das freie Element im Gegenüber nicht anerkannt wird, vielmehr sich durch Überredung an dessen Stelle setzen möchte. Wir haben es hier also mit allen Formen von Intoleranz in Gedanken und Meinungen zu tun, mit Vorurteilen, Überzeugungszwängen und mit sämtlichen Spielarten von Gruppenzwang wie zum Beispiel «Moden» und «Ideologien». Diese Dämonen besetzen den Willen des Menschen und reagieren im extremen Fall, wenn sich ihnen etwas entgegenstellt, mit Vernichtung. «Macht bedeutet jede Chance, innerhalb einer sozialen Beziehung den eigenen Willen auch gegen Widerstreben durchzusetzen, gleichviel worauf diese Chance beruht.»[99]

Durch solche in unserem Jahrhundert massenhaft vorkommenden seelischen Vergewaltigungen ist ein ganzes Heer von Dämonen entstanden. Sie alle sind aber verdrängt und hausen als unbewusste Kräfte im Menschen. Wer nicht die inneren Gesetze des Seelischen kennt, kann allein durch äußere Maßnahmen keine wesentliche Änderung im sozialen Klima erzielen. Das Dämonische kann man in der Gegenwart also nicht leugnen wollen. Über sein vielgestaltiges Auftreten könnte noch weit ausführlicher berichtet werden. In dieser Betrachtung genügen aber Hinweise auf die exemplarischen Zusammenhänge, zu denen letztlich auch die Medien beitragen. Eine Rolle spielt hier eine meist von Jugendlichen gefeierte Variante in der Musik. Es handelt sich um Rockgruppen, die eine Verbindung ihrer Musik mit satanischen Elementen herstellen, wie zum Beispiel Iron Maiden, KISS, AC/DC, Black Sabbath und andere. In einer Analyse dieser Phänomene von Ulrich Bäumer heißt es: «Die Bibel bezeugt in ihrer Gesamtheit die wirkliche, personale Existenz des Teufels und seines Anhangs. [...] Satan wird in der Bibel ‹Fürst dieses Weltsystems› und ‹Gott der Welt› genannt. Der Text von ‹Lord of this World› der Gruppe Black Sabbath [...] gibt diese Wesenszüge treffend wieder. [...] Ich frage mich ernsthaft, ob die sexuellen Abartigkeiten und die Drogensucht, die bei Rockmusikern häufig zu beobachten sind, nicht manchmal das ist, was die Okkultisten als ‹des Teufels Entgelt› bezeichnen.»[100]

Dämonisierung im 20. Jahrhundert

Die wichtigste Erfahrung war; dass der Mensch und der Machthaber Hitler sich über alle Vermutung hinaus als kompliziert und widersprüchlich erwies.

«Die größten Heiligen», so lässt Graham Greene eine seiner handelnden Personen sagen, «besaßen eine das normale Maß übersteigende Fähigkeit zum Bösen, und die verworfensten Menschen kamen zuweilen heiliger Frömmigkeit sehr nahe.»

Da ihm der Himmel verschlossen war, wählte Adolf Hitler die Hölle – wenn ihm überhaupt je bewusst war, was beide unterscheidet. Getrieben von seinem furchtbaren Traum, Europa von den Juden zu «reinigen» wurde er zu einem Herrscher von luziferischer Grausamkeit. [101]

William Wink

Wir kommen nun zu einer Problematik, die wir als Besessenheit von dämonischen Kräften bezeichnet haben. Ich möchte das an dem Beispiel Adolf Hitler demonstrieren. Seine Zeit und die katastrophalen Aus- und Nachwirkungen sind hinreichend untersucht.[102] Man kann sich die Frage stellen, welcher Geist hier in Mitteleuropa inspirierend gewirkt und sich sogar als Retter Deutschlands ausgegeben hat und doch derjenige war, der dieses Land und das alte Europa nicht nur materiell, sondern vor allem geistig nachhaltig zerstört hat. Beschäftigt man sich mit der Signatur, den Phänomenen und der Technik des Bösen unter bestimmten dämonischen Aspekten, was ja heute eine unserer vordringlichen Aufgaben ist, aber auch geistigen Mut erfordert, so stößt man auf interessante Hinweise.

In Charakteranalysen über den «Führer», der eigentlich der «Geführte» heißen müsste, wird immer wieder von seinen hypnotischen Augen berichtet, von der Auswechselbarkeit seines Gesichtes, von seiner Instinktnatur und von einem seiner Lieblingswörter: «eiskalt». Durch seinen Blick wurden die Menschen gleichsam ent-icht und in seinen Bannkreis gezogen. Hervorstechend war auch sein Hass, besonders gegen alles Intellektuelle und Geistige. So wird folgerichtig bereits in den ersten Untersuchungen des «Phänomens Hitler», beispielsweise in Percy Ernst Schramms «Adolf Hitler – Anatomie eines Diktators»,[103] auf das «Unerklärliche» seines Wesens hingewiesen, auf «den dunklen Rest, für den sich keine verständliche Erklärung anführen lässt und wo Psychologie und Psychiatrie eingestehen müssen, dass auch sie vor einem ‹X› stehen».

Dieses «X» – als Synonym für das Unverständliche – wurde ein wenig deutlicher durch eine Analyse, die zu seinem 50. Todestag unter dem Titel «Hitlers Höllenfahrt»[104] erschien. Hitler, der sich ja in der Walpurgisnacht, also in der Nacht vom 30. April auf den 1. Mai umbrachte und zuerst von einem sowjetischen Militärarzt, dessen zweiter Vorname Faustus war, untersucht wurde, besaß auch eine innere Statur, die man als «wölfisch» bezeichnen konnte.

«Seiner wölfischen Natur zuwider zog es ihn in Stollen tief unter der Erde. Er wusste um seinen menschenfeindlichen Charakter: Als IM der Reichswehr trug er 1919/20 den Decknamen ‹Wolf›, seinen Veitstanz beim französischen Waffenstillstandsersuchen 1940 führte er im belgischen Hauptquartier ‹Wolfsschlucht› auf, sein Hauptquartier im ukrainischen Winniza nannte er ‹Werwolf›, das im ostpreußischen Rastenburg hieß ‹Wolfschanze›.

Das letzte Aufgebot eines Krieges mit Partisanen (‹Werwolf›) im Sinn, kroch der Räudige in die Höhle, in der er verenden sollte. Er kam nur noch ans Licht, um durch die in Ruinen zerfallene Reichskanzlei zu streichen oder seine Hündin ‹Blondi› auszuführen. [...] Sie hatte Welpen geworfen, das niedlichste Streicheltier, einen Rüden, nannte er ‹Wolf›.»[105]

Es kommt uns an dieser Stelle nicht auf die Auswirkungen des Nationalsozialismus und seine okkulten Verdrehungen an – die Symbole, die Farbe Schwarz mit dem Totenkopf, die nächtlichen «Messen» in den SS-Ordensburgen, die seelische Signatur der Palladine, die dekadenten Einflüsse aus dem abgelebten Cäsaren- und Mongolentum –, sondern lediglich auf die Person beziehungsweise den sie beherrschenden Ungeist, der durch sie wirkte. Über diesen «wahnwitzig Erregten», bei dem der Kopf das Beherrschende der ganzen Gestalt war – Rumpf, Arme und Beine hingen gleichsam an ihm – sagt einer seiner ersten Gefährten, Otto Strasser, der später ins Exil ging: «Ein Schlafwandler – wahrhaftig ein Medium, wie es die wirresten Epochen der Menschheitsgeschichte hervorbringen. Er taucht aus dem Halbschatten auf, zwischen Tag und Nacht. Wie oft bin ich gefragt worden, worin denn die außergewöhnliche Rednergabe Hitlers bestehe? Ich kann sie nicht anders erklären als durch jene wunderbare Intuition, die ihm die unfehlbare Diagnose von der Unzufriedenheit vermittelt, unter der seine Zuhörer leiden. Wenn er versucht, seine Reden mit gelehrten Theorien zu stützen, die er sich aus halbverstandenen Werken anderer geholt hat, erhebt er sich kaum über eine armselige Mittelmäßigkeit. Aber wenn er alle Krücken fortwirft, wenn er vorwärts stürmt und das ausspricht, was ihm sein GEIST gerade eingibt, verwandelt er sich sofort in einen der größten Redner des Jahrhunderts.»[106]

Mit Fug und Recht ist daher die Frage nach dem unheiligen Geist zu stellen, der jene Inspirationen ermöglicht hat. Es liegt uns glücklicherweise eine Erinnerung von Hitlers Jugendfreund vor, der bei jenem denkwürdigen Augenblick zugegen war, als dieser «Geist» sich zum ersten Male zeigte. Es ereignete sich in einer sternklaren Nacht des Jahres 1906 auf dem Freinberg bei Linz in Österreich. Hitler war zu diesem Zeitpunkt 17 Jahre alt.

Damals fiel bei ihm zum ersten Male der Entschluss, Politiker zu werden. Die ganze Atmosphäre war für seinen Freund August Kubizek im Anblick eines großartigen Sternhimmels wie «außerhalb jeglicher Zeit». Man war zusammen in der Oper *Rienzi* von Richard Wagner gewesen, deren Inhalt die beiden sehr erschütterte. Sie gingen danach schweigend durch die düstere, nebelverhangene Stadt hinauf auf den Berg, über dem die Sterne millionenfach glänzten. Es war Mitternacht.

«Wie von einer unsichtbaren Gewalt getrieben, stieg Adolf zum Gipfel des Freinbergs hinan. Und jetzt erst sah ich, dass wir nicht mehr in Einsamkeit und Dunkel standen; denn über uns strahlten die Sterne.

Adolf stand vor mir. Und nun ergriff er meine beiden Hände und hielt sie fest. Es war dies eine Geste, die ich bisher noch nie an ihm erlebt hatte. Ich spürte am Druck seiner Hände, wie tief erschüttert er war. Seine Augen fieberten vor Erregung. Die Worte kamen nicht wie sonst gewandt aus seinem Munde, sondern brachen rau und heiser aus ihm hervor. An dieser Stimme merkte ich noch mehr, wie tief ihn dieses Erlebnis aufgewühlt haben musste.

Allmählich sprach er sich frei. Bewegter flossen die Worte. Nie zuvor und auch später nie habe ich Adolf Hitler so sprechen gehört wie in jener Stunde. [...]

Etwas ganz Merkwürdiges, das ich früher, wenn er in erregter Form zu mir gesprochen hatte, nie an ihm beobachtet hatte, fiel mir in dieser Stunde auf. Es war, als würde ein anderes Ich aus ihm sprechen, von dem er selbst mit gleicher Ergriffenheit berührt wurde wie ich. Keineswegs war es so, wie man von einem mitreißenden Redner zuweilen sagt, dass er sich an den eigenen Worten berausche. Im Gegenteil! Ich hatte eher den Eindruck, als würde er mit Staunen, ja mit Ergriffenheit selbst miterleben, was da mit elementarer Kraft aus ihm hervorbrach. Ich mute mir kein Urteil über diese Beobachtung zu. Aber es war ein ekstatischer Zustand, ein Zustand völliger Entrückung. [...] Wie eine angestaute Flut durch die berstenden Dämme bricht, brachen die Worte aus ihm hervor. In großartigen, mitreißenden Bildern entwickelte er mir seine Zukunft und die seines Volkes. [...] Nun aber sprach er von einem Auftrag, den er einst vom Volk empfangen würde, um es aus der Knechtschaft emporzuführen zu den Höhen der Freiheit.

Ein den Menschen noch ganz unbekannter Jüngling sprach in jener seltsamen Stunde zu mir. Er sprach von einer besonderen Mission, die ihm einstens zuteil werden würde. [...] Wir stiegen zur Stadt hinab. Vor unserem Hause trennten wir uns. [...] ‹Wo willst du noch hin?›, fragte ich verwundert.

Er antwortete kurz: ‹Ich will allein sein!›

Ich blickte ihm noch lange nach, wie er in seinen dunklen Mantel gehüllt, allein die nächtliche menschenleere Straße hinanstieg.»[107]

Dreiunddreißig Jahre später, kurz vor dem Ausbruch des Zweiten Weltkriegs, weilte Kubizek auf Einladung des Reichskanzlers zum ersten Mal in Bayreuth. Er wollte Hitler eine Freude machen, indem er ihn in Anwesenheit von Wagners Schwiegertochter Winifred davon berichtete, was ihm von jener denkwürdigen Nacht nach der Rienzi-Aufführung in Erinnerung geblieben war. Hitler unterbrach ihn und erzählte nun seinerseits die damaligen Umstände. Er hatte nämlich alles bis ins kleinste Detail im Gedächtnis behalten. «Unvergesslich ist mir auch das Wort geblieben, mit dem Hitler seine Erzählung vor Frau Wagner schloss. Er sagte ernst: ‹In jener Stunde begann es.›»[108]

Gegen Ende des Ersten Weltkrieges, 1918, wird der durch eine Gasvergiftung fast erblindete Hitler von der Front in ein Lazarett nach Pasewalk in Pommern gebracht. Die politischen Ereignisse in Deutschland hatten ihm einen zusätzlichen Schock und vermutlich eine Art hysterische Blindheit beschert. In seinem dreißigsten Lebensjahr fasste er nun endgültig den Entschluss, den Beruf des Architekten aufzugeben und, falls ihm das Augenlicht wieder geschenkt würde, in die Politik zu gehen, um Deutschland zu «erretten».

Ob sich seiner ein geistiges Wesen bemächtigt hat oder etwas künstlich durch Hypnose in ihn hineingepflanzt wurde, ist nicht mit absoluter Sicherheit zu sagen. Jedenfalls hatte er eine «Vision», die sein weiteres Schicksal und das der ganzen Welt bestimmen sollte. «Hitler jedoch war überzeugt», skizziert John Toland die biografische Ausnahmesituation, «dass er für immer blind sei. Das Leben schien ihm unerträglich geworden zu sein; doch in dieser oder in der nächsten Nacht besserte sich sein elender Zustand schlagartig, als er – noch immer in verzweifelter Stimmung – auf seinem Feldbett lag: Er hatte eine ‹übernatürliche Vision›. Möglicherweise hatte der Psychiater Professor Forster sie absichtlich durch Hypnose erzeugt. Wie Johanna von Orleans hörte Hitler Stimmen, die ihm befahlen, Deutschland zu retten. Er erlebte in dieser Nacht ein Wunder – das Augenlicht kehrte zurück. Er schwor sich, Politiker zu werden und all seine Energie einzusetzen, um den Auftrag auszuführen, der ihm zuteil geworden war. Während jener Nachtstunden im Lazarett von Pasewalk wurde die unheilvollste Macht geboren, die das zwanzigste Jahrhundert bislang erlebt hat. Hitler war nicht in die Politik gegangen – die Politik war zu Hitler gekommen.»[109]

Phänomene dieser Art, dass sich Kräfte und Mächte des Menschen bedienen und ihm Ideen einflößen, die menschheitsbestimmend werden, sind vor und nach Hitler bekannt. Der theoretische Begründer des modernen Judenstaates, Theodor Herzl, berichtete zum Beispiel, dass er beim Niederschreiben seiner Gedanken befürchtete, wahnsinnig zu werden, so sehr jagten die Gedanken durch seine Seele. Er hatte das Gefühl, allen Menschen ein geistiges Vermächtnis zu hinterlassen und der größte Wohltäter der Menschheit zu sein.

«Ich arbeite es aus. Nein, es arbeitet mich. Es wäre eine Zwangsvorstellung, wenn es nicht von Anfang bis Ende so vernünftig wäre. Solche Zustände nannte man in einer früheren Ausdrucksweise Inspiration.»[110] Was aus diesen nationalstaatlichen «Inspirationen» geworden ist, davon kann sich jeder, der die weitere Geschichte des Staates Israel verfolgt, ein Bild machen.

Der Mensch als Medium höherer Mächte? Gehört das etwa der Vergangenheit oder dem Aberglauben an? Schon Goethe wusste um die «dämonischen Mächte», die sich in der Natur und durch den Menschen offenbaren können, aus seiner Instinktnatur auftauchen und ihm jene besondere «Anziehung», jenes spezifische Charisma geben, das die Menschenmassen unwiderstehlich anzieht.

Ein weiteres Beispiel solch einer charismatischen Persönlichkeit ist der frühere sowjetische Außenminister und ehemalige

Staatspräsident Georgiens, Eduard Schewardnadse, dessen äußeres, attraktives und vertrauenerweckendes Erscheinungsbild mit seiner brutalen Vergangenheit und Gewaltherrschaft in Georgien nicht in Einklang zu bringen ist. Er hat einmal von einer bestimmten «namenlosen Kraft» gesprochen, die ihn manchmal bis in die Fingerspitzen durchdringt, eine «innere Stimme», unter deren Diktat er Entscheidungen fällt, die auch für ihn unerwartet sind. Dazu sei einiges kurz aus einem Interview angeführt.

«*Frage:* Soviel ich weiß, hat der Patriarch von ganz Georgien, Ilia II., Ihnen diese in Ihrem Arbeitszimmer hier stehenden Ikonen geschenkt, und Sie haben sich auf seine Bitte hin taufen lassen. Sie haben einmal auf die Frage deutscher Fernsehjournalisten, ob Sie gläubig seien, geantwortet, dass Sie nicht orthodox seien, aber an gewisse überirdische Kräfte glauben. [...]

Schewardnadse: Ja, ich glaube an die Existenz einer überirdischen Kraft, aber ich weiß nicht, wie ich sie nennen soll.

Frage: Haben Sie früher manchmal gebetet?

Schewardnadse: Ich wusste früher nicht, wie ich das machen sollte. Aber ich habe oft jener namenlosen Kraft stumm gedankt, wenn in meinem Leben etwas gut verlaufen oder eine Gefahr vorüber war. Ich hatte dann immer ein Gefühl der Dankbarkeit. Ich hatte das Gefühl, dass ich meinen Erfolg nicht nur meinen eigenen Kräften zu verdanken habe.

Frage: Seinerzeit haben Sie gesagt, dass Sie ab und zu jene namenlose Kraft sehr stark in sich spüren und dabei ein seltsames Empfinden in Ihren Fingerspitzen entsteht. Kann man eine solche Erfahrung als Warnung vor einer Gefahr verstehen?

Schewardnadse: Ja, vielleicht, es mag eine Warnung sein. Eine innere Stimme diktiert mir etwas, und dann fälle ich eine Entscheidung, die manchmal auch für mich unerwartet ist …»[111]

Uns als nachfolgender Generation ist die Aufgabe gestellt, diese andere Seite der Geschichte noch genauer zu durchdringen und zu verstehen. Das Geheimnis des Bösen ergründen zu wollen, gehört nach Rudolf Steiner zu den speziellen Aufgaben der Menschheit in Gegenwart und Zukunft. Die Gefahr dabei ist jedoch immer, der Faszination des Objektes zu verfallen.

Deshalb ist es wichtig, die Technik des Bösen klar zu erkennen und sich dadurch seine Kräfte dienstbar zu machen. In diesem Zusammenhang können wir sogar eine Verbindung zwischen der Zeit des frühen Christentums und der Gegenwart herstellen. Bereits im dritten Jahrhundert hatte der Heilige Antonius gefordert, das Böse zu «identifizieren» – zu «unterscheiden» – und sich dadurch von ihm frei zu halten. Dies sei eine der wichtigsten Aufgaben auf diesem Gebiet, und dem, der es aufrichtig wolle, komme die geistige Welt dann auch zur Hilfe. Denn erst unsere Einwilligung, die Übernahme der bösen Einflüsterungen in unseren Willen, machen uns wirklich böse. In der Versuchungsszene des Heiligen Antonius auf Grünewalds *Isenheimer Altar*, die zeigt, wie dieser wachen Sinnes von den Dämonen angegriffen wird, kommt Christus erst nach der vollbrachten Tat. Antonius fragt ihn: «Wo warst du? Warum bist du nicht schon am Anfang erschienen, um meiner Qual ein Ende zu machen?» Die Stimme spricht zu ihm: «Antonius, ich war da. Aber ich habe abgewartet, um deinen Kampf zu sehen. Weil du durchgehalten hast und dich nicht besiegen ließest, werde ich immer dein Helfer sein und werde dafür sorgen, dass du überall rühmend genannt wirst.»[112]

Antonius war also einer der Ersten, der eine systematische «Dämonologie» angestrebt hat, eine «Unterscheidung» der Geister, indem er sich bewusst forschend in diese Unterwelt begab.

Eine seiner Grunderkenntnisse war: «Und allezeit lasst uns herzlich erwägen, dass die Feinde uns nichts antun werden, solange der Herr mit uns ist. Denn wenn sie kommen, dann sind sie zu uns so, wie sie uns finden, und in ihren Erscheinungen nehmen sie die Gestalt an, die unseren Vorstellungen entspricht. Finden sie uns also feige und verwirrt, dann treten sie sogleich auf wie Räuber, die das Gelände ungesichert vorfinden; und was wir schon von uns aus denken, das verstärken sie noch. Denn wenn sie uns in Furcht und Zagen sehen, dann steigern sie unsere Furcht noch durch ihre bedrohlichen Erscheinungen, und darin liegt am Ende die Strafe für die Seele, die sich drangsalieren lässt. Wenn die Dämonen aber finden, dass wir fröhlich sind im Herrn, an die künftigen Güter denken und in unserem Herzen erwägen, was des Herrn ist, und wenn wir uns klarmachen, dass alles in der Hand unseres Herrn liegt und kein Dämon Macht über einen Christen hat, ja überhaupt über nichts und niemand verfügen kann – wenn sie also sehen, dass die Seele durch solche Gedanken unangreifbar geworden ist, dann ziehen sie sich, zuschanden gemacht, wieder zurück.»[113]

Von diesen inneren Zusammenhängen zu wissen und dadurch seelisch zu überleben, ist eine der Aufgaben des Bewusstseinsseelenzeitalters, dem Zeitalter der Freiheit und Geisterkenntnis, das in der Esoterik mit dem Erzengel Michael identifiziert wird, dem führenden Geist unserer Epoche. Und das Verständnis vom Wirken dieser Kräfte und ihrer Widersacher für die Gegenwart zugänglich gemacht zu haben, gehört zu den Vermächtnissen, die Rudolf Steiner mit seinem Werk hinterlassen hat.

«Es war eines Tages», schreibt Ita Wegman, «dass mir von Rudolf Steiner mitgeteilt wurde, wie Anti-Michael-Dämonen rücksichtslos an die Arbeit sich begeben, das Werk Michaels nicht aufkommen zu lassen und zu zerstören. Sie verbergen solche Absichten, und nur Menschen können den Dämonen ihre Geheimnisse entlocken. Nur Menschen sind es, die von Dämonen-Geheimnissen ein Wissen haben können. Die Götter warten auf diese Geheimnisse, die ihnen die Menschen entgegenbringen, und die Götter sind es, die diese Geheimnisse der Dämonen den Menschen wiederum nur enträtseln können. Durch solches Opfern der Menschen an die Götter von Dämonen abgerungenen Geheimnissen wird finsteres Tun dieser Dämonen abgewendet, sodass, wo Finsternis gewaltet hat, das geistige Licht wieder aufleuchten kann.»[114]

Ich möchte an dieser Stelle noch einen wichtigen Nachtrag anfügen, denn die innere Auseinandersetzung mit dem Nationalsozialismus und anderen Spielarten des Nationalismus sind noch lange nicht überwunden. Befasst man sich mit Steiners Bemerkungen über die nach Mitteleuropa hereinbrechenden Widersachermächte, so kann man die Empfindung bekommen, dass ihm wohl bewusst war, welcher Ungeist schon vor der «Machtergreifung» am Horizont heraufzog. Versteht man ein wenig mehr die «Qualität» dieses Geistes, so werden die neueren Untersuchungen über das Dritte Reich und seiner Symptomatologie äußerst interessant. Man stolpert förmlich, wenn man die Aussagen der NS-Elite studiert, über Hinweise darauf, dass sich ein tief antichristlicher Impuls in Deutschland inkarniert hat.

Der Erste, der sofort nach dem Krieg versucht hat, aus einer symptomatologischen Betrachtung das Wesen des Nationalsozialismus zu durchschauen, war der Historiker Karl Heyer. Seine Untersuchungen und Resultate sind auch heute noch äußerst lesenswert.[115]

Rudolf Steiner hat schon 1920 auf die Gefahr hingewiesen, die von denen kommt, die sich als äußeres Symbol das Hakenkreuz statt des Kreuzes ausgewählt haben und die dekadentes römisches Cäsarentum bis in ihre Gestik und Inszenierungen benutzen. Er spricht von einem «Siegeszug des Hakenkreuzes, das eine große Anzahl von Menschen in Mitteleuropa bereits trägt», wenn die Menschen weiter wichtige Ereignisse verschlafen.[116] Eine geistige Zukunft, so Rudolf Steiner dann 1924, wird die Menschheit aber erst haben, wenn sie erkenntnismäßig fertig wird mit der «Begegnung des Tieres, das 1933 aufsteigt».[117]

Der Zeit zwischen 1930 und 1940 kam nach Steiner eine besondere Bedeutung zu, da in diesem Jahrzehnt Ereignisse statt finden sollten, die mit einer neuen Form spiritueller Erlebnisse zusammenhängen und eng mit dem Erfahren des Christus zu tun haben. Vor diesem Hintergrund wird es verständlicher, dass die größten Angriffe und Verdrehungen unternommen wurden, um dieses Ereignis, von dem in der weiteren Entwicklung viel abhängt, zu verhindern. «Es könnte sehr leicht sein, dass ohne Verständnis der Menschen das Große vorüberginge. Wenn dann in den Jahren 1930 bis 1940 die Materialisten triumphieren würden und sagen: Nun ja, es hat sich zwar eine Handvoll von Narren ergeben, aber nichts von dem erwarteten

Großen ist geschehen, so wäre das gar kein Beweis gegen das Gesagte. Würden sie triumphieren und würde die Menschheit an diesen Ereignissen vorübergehen, so wäre das ein Unglück für die Menschheit.»[118]

Auch aus spätmittelalterlichen Zeugnissen ist bekannt, dass der Antichrist, wenn er über die Menschheit gesiegt und sein Reich auf der Erde begründet hat, alle Untertanen zwingen wird, sein Zeichen zu tragen. Es ist ein heiliges Zeichen, das aber verdreht wird und an dem vier Galgen angehängt sind.

Lassen wir zum Schluss noch einmal Hitler selbst zu Worte kommen: «Das Werk, das Christus begonnen hat, werde ich zu Ende führen.» Und «Wenn das deutsche Volk nicht mehr stark genug ist, sein eigenes Blut für seine Existenz einzusetzen, soll es vergehen.»[119]

Diesen unmenschlichen Zynismus hatte das deutsche Volk schon längst geahnt. In einem der sogenannten «Flüsterwitze», die im Dritten Reich kursierten, wird das deutlich: «Hitler tritt aus dem Bunker; nimmt sein falsches Oberlippenbärtchen ab, setzt eine Brille auf, schlüpft schnell in die Uniform eines amerikanischen Sergeanten und meldet General Eisenhower: ‹Auftrag zur Vernichtung Deutschlands ausgeführt!›»

Der Schatten der Liebe

Wir haben keinen Grund, gegen unsere Welt Misstrauen zu haben, denn sie ist nicht gegen uns. Hat sie Schrecken, so sind es unsere Schrecken, hat sie Abgründe, so gehören diese Abgründe uns, sind Gefahren da, so müssen wir versuchen, sie zu lieben. Und wenn wir nur unser Leben nach jenem Grundsatz einrichten, der uns rät, dass wir uns immer an das Schwere halten müssen, so wird das, welches uns jetzt noch als das Fremdeste erscheint, unser Vertrautestes und Treuestes werden. Wie sollten wir jener alten Mythen vergessen können, die am Anfange aller Völker stehen, der Mythen von den Drachen, die sich im äußersten Augenblick in Prinzessinnen verwandeln; vielleicht sind alle Drachen unseres Lebens Prinzessinnen, die nur darauf warten, uns einmal schön und mutig zu sehen. Vielleicht ist alles Schreckliche im tiefsten Grunde das Hilflose, das von uns Hilfe will.[120]

Rainer Maria Rilke

Die Liebe und das Wesen des Männlich-Weiblichen, wie sie sich auf der Erde durch die Menschen offenbaren, sind und bleiben ein großes und tiefes Geheimnis.

Vieles ist in den vergangenen Jahrhunderten darüber gedichtet, komponiert und gesonnen worden, und jede Generation wird sich erneut mit dieser Problematik, die ja nicht nur die Ehe oder das «Verliebtsein» beinhaltet, gedanklich und praktisch auseinandersetzen müssen. Gerade in einer Zeit, in der die Liebe und die Identifikation mit dem Männlichen oder Weiblichen zum existentiellen Problem geworden sind, wird auch am meisten darüber diskutiert und öffentlich zur Schau gestellt. Dabei kann man erleben, dass über das am meisten geredet wird, was man am wenigsten besitzt.

Will man sich Rechenschaft über dieses Mysterium geben, so muss man sich erst einmal in ernster Selbsterkenntnis fragen: Meinst du, wenn du über «Liebe» sprichst, die Selbstliebe beziehungsweise den Wunsch, geliebt zu werden, oder bist du wirklich daran interessiert, die Liebe in ihrer reinen Form erst einmal zu verstehen und dir ein Bild deiner eigenen Liebesfähigkeit zu machen?

Die genauere Beobachtung ergibt nämlich, dass die meisten Menschen, wenn sie von Liebe sprechen, mehr das Geliebtwerden als die Liebe meinen. Es ist zu vermuten, dass dies damit zusammenhängt, dass uns Gegenwärtigen die Kraft in der

Seele fehlt, richtig zu lieben, das heißt geben zu können. Eine bloße Definition kann uns da auch nicht weiterhelfen, da sie im Willen des Menschen nichts bewirken würde. An Stelle einer abstrakten Analyse könnten wir aber einen Gedanken Rudolf Steiners aufgreifen, der das paradoxe Sinnbild des Wasserglases aufgreift, das beim Ausschütten voller statt leerer wird. «Was Liebe ist, ist etwas so Kompliziertes, dass kein Mensch den Hochmut besitzen sollte, Liebe ihrem Wesen nach ohne Weiteres zu durchschauen. Liebe ist kompliziert. Wir nehmen sie wahr, aber keine Definition kann die Liebe ausdrücken. Aber ein Sinnbild, ein einfaches Sinnbild, ein Glas Wasser das, indem es ausgegossen wird, voller wird, das gibt uns eine Eigenschaft des Liebeswirkens wieder.»[121] Wie ist das zu verstehen?

Täglich können wir erleben, dass sich in unserer Seele, die zwischen den leiblichen Sinnen und höheren geistigen Genüssen vermittelt, ein polares Geschehen von Geben und Nehmen abspielt. Bevor der Mensch zu seinem vollen Ich-Bewusstsein erwacht, ist er vornehmlich ein Nehmender, wie wir das besonders in der Kleinkind- und Jugendzeit beobachten können. Es bereichert während des gesamten Lebens den leiblich-seelischen Anteil im Menschen, wenn ihm von außen Zuwendungen, Anerkennungen, Liebesbeweise und Sympathiebekundungen erwiesen werden. Bei unserem Ich, unserem geistigen Anteil in uns, ist es aber gerade umgekehrt, also paradox. Je mehr wir uns nämlich im Laufe unseres Lebens mit der Welt verbinden, uns auf sie einlassen – also Weltinteresse statt Selbstinteresse entwickeln – und uns bemühen, in Übereinstimmung mit den uns fremden Wesen zu denken, ja sogar zu handeln, desto reicher werden wir innerlich, obwohl wir Gebende sind. Die

Kenntnis von den von uns getrennten Wesen, in die wir buchstäblich eintauchen, schon wenn wir richtig hinhören – was äußerst schwer ist –, wird so zu einer wesentlichen Voraussetzung unserer immer mehr sich erweiternden Liebefähigkeit. Auch Adam und Eva, das erste Menschenpaar, «erkannten» sich als Mann und Frau.

In der modernen Psychologie nennt man dieses Phänomen die «Paradoxie des Ich». Diese hängt mit der Fähigkeit zusammen, durch Hin*gabe* reicher zu werden als durch bloße Hin*nahme*. Man kann auch umgekehrt sagen: Je mehr selbstische Anteile die Liebe enthält, desto weniger besitzt sie an Substanz.

Der erste Schritt in dieser Selbsterkenntnis besteht also darin, sich darüber Rechenschaft abzulegen, inwieweit man den anderen um seinetwillen braucht, oder zumindest sollte man versuchen, aus der Wesenserkenntnis und damit in Übereinstimmung mit und für den anderen zu handeln. Versetzen wir uns mit dieser Perspektive einmal in die tägliche Beziehungsproblematik von Eltern, Geschwistern, Ehepaaren, Hausgemeinschaften, in der soviel von Liebe gesprochen, letztlich aber nur die Schattenprojektion der eigenen Gefühle im Gegenüber gemocht wird. Dieses Thema wird uns im weiteren Verlauf noch beschäftigen.

Wie viel «beschönte» Gefühle gibt es, wobei sich der eine trotz der Beteuerungen des anderen in seinem Wesen nicht erkannt fühlt, die Liebe sich also nur verbalisiert, sich auf die eigenen Gefühle, die man sich vom anderen macht, beschränkt und der andere als bloßer «Gefühlslieferant» emotional verhungert. Wie oft kommt es vor, dass Partner, die sich einmal «geliebt» haben, nach der Scheidung oder Trennung den anderen durch Verleumdungen, Gerichtsprozesse oder Hasskampagnen traktieren und die Freunde, die alles miterleben müssen, zu dem Schluss kommen: «Sie beziehungsweise er liebt dich halt immer noch …» Ist dies nicht die vollkommene Verdrehung der eigentlichen Tatsachen? Menschlich verständlich ist es durchaus, dass eine «enttäuschte» Liebe, sobald sie den eigenen Vorstellungen nicht mehr entspricht, als ein innerer Mangel erlebt wird und dann in Hass umschlägt, der aber fatalerweise noch mehr aneinanderkettet. Wahre Liebe aber macht frei!

Aus all diesen Gründen ist es notwendig, sich einen möglichst «reinen» Begriff von dem zu machen, was Liebe bedeutet. Die Literatur hierzu bietet zwar manches An- und Aufregende, da dieses Gebiet aber so umfassend ist und nicht nur Gefühle, sondern das ganze seelische Spektrum von Gedanken und Willensimpulse umfasst, ist immer die Gefahr vorhanden, dass die «Kunst des Liebens» im Kopf stecken bleibt und somit im Verhalten untereinander sich nichts ändert. Da es unter den Menschen zunehmend zu seelischen Mangelerscheinungen und Reifestörungen kommt, ist es auch verständlich, dass die wahre Liebe eine Mangelware geworden ist. Meist äußert sie sich als gegenseitige Abhängigkeit, die in der amerikanischen Psychologie als «co-dependency» bezeichnet wird und einen starken Aussaugeffekt bekommen kann.

Eine wesentliche Frage kann man sich also selbst stellen: Wie weit bist du schon in der Wesenserkenntnis des anderen gelangt und auch bereit, ihn ganz, das heißt auch in seiner Unvollkommenheit zu mögen, zu akzeptieren und ihm dabei zu helfen, diese seine Unvollkommenheit zu überwinden und ihn auch weiterhin zu lieben, obwohl er deinem in ihn hineinprojizierten Bild nicht ganz entspricht? Ich spreche an dieser Stelle nicht von der absoluten und schnellen Erfüllung dieses Ideals, sondern von dem Bemühen, immer mehr aus der Kraft des bewussten Ich zu wirken und Illusionen auf diesem Gebiet möglichst früh zu durchschauen – was einen aber meist nicht vor eigenen schmerzlichen Erfahrungen schützt.

Eine der bekanntesten Schattenseiten der Liebe ist die, dass sie in sentimentalen Empfindungen stecken bleiben kann, man an sich selbst gefesselt bleibt und dadurch unfrei wird. Der oder die andere ist dann nur dazu da, den eigenen seelischen Mangel auszugleichen. Das führt unter dem Deckmäntelchen «Liebe» zu Abhängigkeit und zu dem unangenehmen Gefühl, immer einen wesentlichen Teil seiner Individualität opfern zu müssen, um das Gefühlsgeschehen in Gang zu halten und dem anderen die Enttäuschung zu ersparen. Ein Symptom dieses Mechanismus zeigt sich auch daran, dass sich kaum eine Vertrauenssubstanz unter den Partnern bildet, sich leicht Verlustängste einschleichen und man nach längerer Abwesenheit das Gefühl hat, wieder von vorn anfangen zu müssen. Auch nach vielen Jahren oder gar Jahrzehnten des Zusammenlebens sind sich die Partner oftmals immer noch fremd. Je größer aber der eigene Erkenntniswille wird, desto freier fühlt man sich dem anderen gegenüber und die Beziehung kann substanziell wachsen. Je mehr also eigener Wille in die Erkenntnis einfließt, desto unabhängiger wird sie von äußeren Gefühlsschwankungen.

Von seltenen Ausnahmen abgesehen, ist es eine Tatsache, dass man beim ersten Auftauchen eines Liebesgefühls den anderen Menschen noch nicht in seinem wahren Wesen lieben kann, sondern zuerst einmal dessen *Eigenschaften* «liebt»: das Aussehen, die Stimme, die Bewegungen, also das, was wir den erotischen Reiz nennen. Zunächst liebt man diese Gefühle, die der andere in einem erzeugt und somit im Grunde genommen sich selbst im anderen. Solch persönliches Empfinden ist als karmischer «Angelhaken» notwendig, um auf den anderen aufmerksam zu werden. Ich glaube, dass fast alle Beziehungen erst einmal diesen berechtigten luziferischen Aspekt von Selbstliebe und -genuß haben. Erwächst dann aus der Gefühlsbeziehung mit allen ihren «Kicks» immer nachhaltiger der Erkenntniswunsch nach dem Träger der von mir geschätzten Eigenschaften, also nach der anderen Person und ihrem Wert, kann von Liebe im Sinne des Begriffs gesprochen werden.

Liebe ich nämlich nur die äußeren Eigenschaften des anderen, ist mir mein Gegenüber noch nicht als ein eigenständiges Du wichtig, sondern höchstens als *Typus* und damit auswechselbar. Der Weg der Liebe geht also vom mehr egoistischen Gefühl zur Wesenserkenntnis des anderen. Deshalb sollte man sich die Frage stellen, was man eigentlich am anderen liebt: das unverwechselbare Du oder den auswechselbaren Träger bestimmter, mir sympathischer Attribute?

Diesen Unterschied von «falscher» und «wahrer» Liebe, von «momentanem Triebhunger» und einer Wesenserkenntnis, die aus «klugen Gefühlen» stammt, hat der Psychoanalytiker Alexander Mitscherlich treffend beschrieben.[122]

Hat man einmal die Schattennatur dessen, was wir gewöhnlich «Liebe» nennen, erkannt, versteht man auch besser die Problematik vieler gescheiterter Beziehungen, wenn es um die notwendige Wandlung der persönlichen in überpersönliche

Gefühle geht und auch die Enttäuschungen, wenn das Liebesobjekt nicht mehr den eigenen «beschönten» – und somit «unklugen» – Gefühlen dient. Die nicht vollzogene Verwandlung der selbstischen Gefühle in Erkenntnis vom anderen und die unerfüllten Erwartungen sind damit eine der häufigsten Ursachen vieler Beziehungskrisen und nicht die «äußeren Gründe», die meistens banal sind und nur der willkommene Anlass für die Trennung.

Mitscherlich geht davon aus, dass für unseren Kulturkreis die sogenannte «Liebesheirat», also die «freie» Partnerwahl zur Selbstverständlichkeit geworden ist. Ob es in anderen Kulturen, in denen der Lebenspartner von der Familie und engen Freunden ausgewählt wird, schlechter aussieht, sei dahingestellt. Jedenfalls wurde mir einmal von einer Inderin erzählt, wie durch diese alten Sitten die so zusammengeführten Partner in ganz anderer Verantwortung der Familie gegenüber zusammenwachsen und Liebe dadurch ein *Ziel* wird.

Es kommt bei einer «freien» Partnerwahl darauf an, die echten von den vorgeschobenen beziehungsweise durch unbewusste Manipulation entstandenen Gefühle genau zu unterscheiden. Dazu sollte man wissen, dass durch die heutigen Kommunikationsmittel relativ unbemerkt eine seelische Gleichschaltung und Gängelung stattfindet und sogenannte «Leittypen» – die sich später als wahre «Leid-Typen» herausstellen können – entwickelt werden. An sie binden sich Verliebtheitsgefühle. Models, Sportler, Film- und Fernsehstars müssen herhalten, denen man im äußeren Habitus nachzustreben versucht. Aus diesem «Album von Modellen» kann man sich seinen «Typ» suchen und findet ihn auch im Angebot. Diese Art von Wahl führt aber in den seltensten Fällen zu einer dauerhaften Wesensbeziehung. Da die Identifikation mit dem «Typ» der jeweiligen Mode unterworfen ist, bleiben solche Verbindungen zwangsläufig oberflächlich und wandelbar. Unter diesem mehr oder weniger zufälligen Aspekt, der auf äußerlicher Konformität beruht, können dann bald unter den Partnern Fremdheitsgefühle entstehen, wenn der «Typ» aus der Mode gerät und keine tragende seelische Substanz gebildet wurde. Was letztlich zusammengeführt hat, waren «kollektiv-typische Appetenzen»,[123] die mit der Triebnatur des Menschen zu tun haben. Diese Art der Objektwahl wird in der Psychologie «narzisstisch» genannt.

Mitscherlich sieht nun das eigentlich stabilisierende Element einer Beziehung in der seelisch-geistigen Befriedigung und in der wechselseitigen Hilfe durch den Prozess des gegenseitigen Verstehens, was natürlich Arbeit und Abschleifen bedeutet.

In unserer überwiegend materiell ausgerichteten Konsumgesellschaft mit ihren Stereotypien, die auch noch den Menschen zum «Genußmittel» machen möchte, ist der Narzissmus beziehungsweise Egoismus ungeheuer gesteigert und führt konsequenterweise zu einer Isolierung der Menschen untereinander, auch wenn sie sich noch so «nahe» stehen.

Es liegt aber im natürlichen Bestreben des Menschen, aus diesen Stereotypien und der Vereinzelung herauszufinden und zu einer tragbaren mitmenschlichen Beziehung und Verständigung zu gelangen. In den auf- und abwogenden Affekten, die oft von außen gesteuert werden, ist es einzig und allein das erkennende Ich, das uns eine Konstanz im Seelenleben mit all seinen Sympathien, Antipathien und Meinungen gibt. Diese

Beständigkeit und Verlässlichkeit wurzelt in der Wesenserkenntnis des anderen und nicht in den flüchtigen Gefühlen.

Die Entwicklung der eigentlich «klugen Gefühle» bedeutet, dass man im Laufe des Lebens lernt, seine persönlichen Empfindungen in den Bereich des Nachdenkens zu geleiten und somit von den subjektiven Gefühlen zu objektiven Erkenntnissen zu gelangen – ohne an Gemütswärme einzubüßen. Solche reflektiven Tätigkeiten machen die affektive Zuwendung dauerhafter als ein momentaner Triebhunger und verwandeln die Erotik langsam in Liebe, die mit der bewussten und kontinuierlichen Wahrnehmungspflege des Gegenüber zu tun hat. Ein Nachdenken und damit Interesse, das der Welt außer meiner selbst gilt und das sich nicht nur auf den Partner beschränkt, wird dabei meine Liebesfähigkeit erweitern und auch vertiefen. Man kann auch anders sagen: Je mehr Liebe zur Welt und Welterkenntnis sich entwickeln, desto mehr hat auch der Partner als ein wesentlicher Teil davon Platz darin. Die Meinung, ohne den anderen nicht leben zu können, gehört zu den in hohem Maße selbstbezogenen, egoistischen Seelenelementen. Denn diese Art von Liebe entspringt meist aus Seelenarmut und ist somit ein verstärkter, maskierter Egoismus. Der Mensch ist innerlich verarmt und sucht nach Ausfüllung und Erfüllung durch einen anderen, der aber durch diese Aussage unfrei wird.

Die selbstlose Liebe äußert sich darin, dass man den anderen nicht braucht und ihn auch entbehren kann. Der Mensch liebt dann nicht um seiner selbst, sondern um des anderen willen. Er verliert dann auch nichts, wenn er von dem anderen verlassen wird, wozu freilich nötig ist, dass man dessen einmalige Besonderheit erkennt. Je überpersönlicher also eine Liebe ist, die sich einzig und allein auf die Erkenntnis des anderen gründet, desto weniger wird sie mit Leid verknüpft sein und nicht dauernden Stimmungsschwankungen unterliegen. Selbsterkenntnis, Selbstbewusstsein und Erkenntnisbereitschaft sind daher für eine dauerhafte Liebesbeziehung unverzichtbar auch um die Schattenprojektionen und die sogenannten Erwartungen in den anderen abzubauen.

In seinem philosophischen Frühwerk, der *Philosophie der Freiheit*, hat Steiner das Erkenntniselement in der Liebe nachdrücklich vertreten. Da wir heute vom «Kopf» eher ein negatives Bild haben, ist die nachfolgende Aussage vielleicht überraschend. Wer jedoch Kopftätigkeit nicht mit blassem Intellektualismus, sondern mit umfassender Erkenntnistätigkeit verbindet, wird die folgende Aussage verstehen können.

«Der Weg zum Herzen geht durch den Kopf. Davon macht auch die Liebe keine Ausnahme. Wenn sie nicht die bloße Äußerung des Geschlechtstriebes ist, beruht sie auf den Vorstellungen, die wir uns von dem geliebten Wesen machen. Und je idealistischer diese Vorstellungen sind, desto beseligender ist die Liebe. Auch hier ist der Gedanke der Vater des Gefühls. Man sagt: die Liebe mache blind für die Schwächen des geliebten Wesens. Die Sache kann auch umgekehrt aufgefasst werden und behauptet: die Liebe öffne gerade für dessen Vorzüge das Auge. Viele gehen ahnungslos an diesen Vorzügen vorbei, ohne sie zu bemerken. Der eine sieht sie, und eben deswegen erwacht die Liebe in seiner Seele.

Was hat er anderes getan: als von dem sich eine Vorstellung gemacht, wovon hundert andere keine haben. Sie haben die Liebe nicht, weil ihnen die *Vorstellung* mangelt.»[124]

Wir sagten schon, dass jede Zeit und auch jede Generation die Liebe und ihre Spielarten – und auch das Gegenteil, den Hass – neu erfahren, durchleben und auch durchleiden muss. Dabei kann ein auf Wahrnehmung gegründetes Verständnis des Zeitgeistes helfen, dessen «Opfer» man selbst ja auch ist. So wird in der ärztlichen Sprechstunde oft – meist von Seiten der Frauen – beklagt, die Männer bräuchten und verlangten heute viel zu viel. Man fühle sich ausgelaugt, in eine permanente Mutterrolle gedrängt, unverstanden und überfordert. Dabei beklagt man einerseits den Egoismus des anderen und pocht gleichzeitig auf sein persönliches Recht von Selbstverwirklichung, was die Lösung dieses Problems schwierig macht. Wir wollen uns diese Problematik, ohne sie voreilig zu be- oder gar zu verurteilen, vor dem Hintergrund der «seelischen Not der Gegenwart» einmal anschauen.

Besonders im Westen haben die Menschen von Generation zu Generation durch die industrielle Entwicklung und die Kultur des Intellektualismus viel von ihren traditionell gesunden Instinkten, dem gesunden Menschenverstand und auch viel an Gemütskraft verloren. Die seelische Isolation und der gleichzeitig «abgehobene» Intellekt fördern zwar das Persönlich-Eigenständige, bringen aber gleichzeitig Einsamkeit und vermehrte Egoität. Der moderne Mensch wird so zum «seelischen Eremiten», dem nichts mehr selbstverständlich erscheint, was einstmals noch instinktiv und aus Traditionen gewusst wurde.

Das hat aber auch seine positive und sogar begeisternde Seite. Man muss und darf sich alles durch *eigene* Erkenntnisarbeit neu und individuell erobern. Aus reiner Oberflächlichkeit lässt sich heute nur das «falsche Ich», der äußerlich gemachte Mensch, der mit allem intellektuellem Unrat aus Erziehung und öffentlichen Irrtümern befrachtet ist, erkennen. Es müssen also andere Tiefen, die bis ins Konstitutionelle, Organische, Temperamentsmäßige und Biografische gehen, ausgelotet werden – und das braucht Zeit! Denn man braucht heute länger, um sich wirklich kennenzulernen und durch alle Missverständnisse, Skepsis, Unsicherheiten, inneren Verwundungen und Vorurteile, also durch den jeweiligen Schatten zu dringen. Oft reichen die Willenskräfte nicht aus, um nach der Erotik, wenn die eigentliche Liebe beginnen könnte, durch die Hindernisse hindurch einen «Abschleifprozess» zu beginnen, um zu sehen, was der Kern des anderen ist. Viele äußeren Dinge lenken uns vom Wesentlichen ab, und die veränderten Kulturbedingungen ermöglichen ohne großes Risiko eine Vielzahl von flüchtigen Begegnungen, die beendet werden, wenn das eigentliche Erkennen beginnen könnte. Es ist also heute generell schwierig, sich in ein richtiges Verhältnis zur Welt zu bringen. Oft steht der «Doppelgänger» einem selbst und den anderen im Wege.

In einer Partnerschaft muss einmal die Frage gestellt werden: «Reicht denn das für ein gedeihliches Miteinander aus, was sichtbar wird? Lohnt sich überhaupt ein weiteres Kämpfen und Durchhalten oder bringen mich die Probleme zu sehr von meiner eigenen Entwicklung ab?» Diese Fragen betreffen auch die traditionellen Blutsbande zwischen Eltern, Kindern, Geschwistern und Verwandten.

So wird vielleicht verständlich, dass durch diese Schwierigkeiten, Hindernisse und inneren Anstrengungen in der Bildung individueller Verhältnisse, die durch viele Krisen geprüft werden, mehr und mehr nostalgische Sehnsüchte nach unkomplizierten Gemeinschaften und überschaubaren Weltanschauungen auftreten, die dann gierig aufgenommen werden.

Die wesentliche Frage ist deshalb, wie man heute wahres soziales Menschenverständnis erlangt, das heißt wie man lernt, den anderen in seiner Eigenart gewähren zu lassen, zu schätzen, sich wirklich für ihn zu interessieren und ihn trotz der Unterschiede gern zu haben was man ja von ihm ebenfalls erwartet. Wir kommen da zu einem gerade in der heutigen Zeit wichtigen Punkt. Als moderner Mensch sind wir von einem «Vorurteilsdoppelgänger» durchsetzt, der uns als eine Art «Mephisto» begleitet und unsere seelischen Gewohnheiten weitgehend beeinflusst. Ähnlich wie andere Menschen Projektionsfiguren, also Spiegel unserer eigenen uns nicht bewussten Schattenanteile sein können, müssen wir heute verstehen, dass in vielen Fällen aus mangelndem Menschenverständnis, Lieblingsmeinungen, Sympathie und Antipathie heraus geurteilt und «erkannt» wird – also aus vorgefassten Meinungen, die sich meist von selbst einstellen. Dabei kann man auch die merkwürdige Tatsache beobachten, dass sich das Verhältnis zwischen Wahrnehmung und Urteil umzudrehen beginnt. Meist kommt das Urteil zuerst, und die später gemachte Wahrnehmung hat kaum mehr eine korrigierende Wirkung.

Aus Vorurteilen kann man aber kein wirkliches Menschen- und Weltverständnis entwickeln. Deshalb muss man beginnen, die automatisch aufsteigenden Vorurteile und die Sympathie- beziehungsweise Antipathiegefühle regelrecht in sich zu bekämpfen. Denn die Gefühle, die wir als «Erkenntnisse» bezeichnen, sagen nichts über die Dinge selbst aus, sondern lediglich, was wir persönlich für ein Verhältnis zu ihnen haben.

Es muss also aus einer erweiterten Menschenkunde heraus eine praktische Alltagspsychologie des werdenden Menschen entwickelt werden, um das weit verbreitete gegenseitige Verständnis, das sich auf bloße Meinungen stützt, zu unterbinden.

Menscheninteresse ist nicht mehr selbstverständlich. Das merkt man daran, dass man zum Beispiel stundenlang neben einem Menschen im Zug oder Flugzeug sitzen kann, ohne dass ein Wort gewechselt wird. Ich spreche hier besonders von den Verhältnissen in Deutschland. Auf der anderen Seite kann man erleben, dass, wenn man dann etwas fragt, der andere über sich viel zu erzählen hat, selbst aber kaum einmal zurückfragt. Diese Form der Selbstverstrickung kann nur durch aufrichtiges Erkenntnisinteresse gelöst werden, und das gelingt meist nur, wenn die Dinge der physischen Welt uns auf Höheres und Weitreichenderes hinweisen. Dann öffnen sich die Sinne für die tiefere Bedeutung der Phänomene, Symptome und Ereignisse, die uns umgeben.

Muss nicht unter diesem Aspekt auch die Institution der Ehe neu angesehen werden? Wird nicht auch sie aus völliger Ignoranz der heutigen, sich wandelnden Bewusstseinsstruktur überbewertet und meist als eine ewig dauernde Gefühls- und Lebensversicherung angesehen?

Wir sahen ja, dass im Zeitalter der Bewusstseinsseele die individuelle und anhaltende Bemühung eine wesentliche Voraussetzung für das Gelingen einer Sache ist. Allgemeingültige Programme und «ewige Gesetze» werden zu Feinden dieser Entwicklung und brauchen, wie man das zum Beispiel auch an der Idee der «Demokratie» deutlich wahrnehmen kann, neue geistige Inhalte, wenn sie nicht zu leeren Worthülsen verkommen sollen. Je umfassender eine Erkenntnis ist und je mehr in Übereinstimmung mit dem anderen gehandelt wird, desto «moralischer» ist eine Tat. Um in diesem Sinne den Zeitverhältnissen angemessen zu begegnen ist es notwendig, auch die Schatten in der menschlichen Seele zu verstehen und mit den Abspaltungen, den «Dämonen» richtig umgehen zu lernen.

Viele Beziehungen scheitern unter anderem daran, dass unbewusste Hoffnungen und Erwartungen bestehen, die der Ehepartner als Ersatz für die eigenen seelischen Defizite reklamiert. Dadurch wird der Partner für die von anderen zugefügten Wunden verantwortlich gemacht. Für deren Heilung muss man aber in erster Linie selbst sorgen. Die Mithilfe zur Heilung kann nur eine freie Liebestat sein. Jeder trägt ja eine solche Wunde in sich, aus der die meisten Empfindlichkeiten resultieren. Schuldzuweisungen immer auf Äußeres zu richten, lähmt jedoch den eigenen Willen, und es brechen immer da «Dämonen» ein, wo eine «innere Opposition» gegen die Tatsachen entsteht. Sie äußert sich im Alltag als Unzufriedenheit, Nörgelsucht, innere Faulheit und letztlich kontinuierlicher Unfriede. Will man also den anderen immer nur so, wie man ihn sich vorstellt, so bedeutet das schon den Anfang vom Ende. Dadurch werden nämlich auch die negativen Schattenanteile aktiviert. Vorwurf und Gegenvorwurf steigern sich gegenseitig und entfesseln die zerstörerischen Kräfte. Mit besonderer Aufmerksamkeit auf sein eigenes Seelenleben kann man diese Dinge vermeiden und die Dämonen «aushungern». Da Selbsterkenntnis ein unverzichtbarer Bestandteil des Menschseins ist, muss gefragt werden, ob man sich schon so weit kennt und es erträgt, wenn der andere einem den Spiegel vorhält, das heißt, ob man für eine entwicklungsfähige Partnerschaft reif ist. Sieht man in einer Gemeinschaft nicht nur eine lebenslange Garantie für Glück und eine emotionale Stütze, sondern auch einen Entwicklungsspielraum und die Möglichkeit, an der anderen Individualität – falls sie sich zeigt – zu reifen, so kann man auch den überkommenen Formen seinen individuellen Inhalt geben. Aber man sollte auch wissen, dass sich erfahrungsgemäß immer erst einmal ein Abgrund auftut, wenn zwei besonders ausgeprägte Individualitäten aufeinandertreffen. Dabei ist bemerkenswert, dass «Individualität» heute meist synonym für «schwierig» steht.

Rilke hat diese Zusammenhänge, wie sie sich in einer Ehe äußern können, in einem seiner Briefe angesprochen: «Im Übrigen bin ich der Meinung, dass die ‹Ehe› als solche nicht so viel Betonung verdient, als ihr durch die konventionelle Entwicklung ihres Wesens zugewachsen ist. Es fällt niemandem ein, von einem Einzelnen zu verlangen, dass er ‹glücklich› sei, heiratet aber einer, so ist man sehr erstaunt, wenn er es nicht ist! (Und dabei ist es wirklich gar nicht wichtig, glücklich zu sein, weder als Einzelner noch Verheirateter.) ... Die Ehe ist in manchen Punkten eine Vereinfachung der Lebensumstände, und der Zusammenschluss summiert natürlich die Kräfte und Willen zweier junger Menschen, sodass sie geeint weiter in die Zukunft zu reichen scheinen als vorher. – Allein, das sind Sensationen, von denen sich nicht leben lässt. Vor allem ist die Ehe eine neue Aufgabe und ein neuer Ernst, eine neue Aufforderung und Frage an die Kraft und Güte eines jeden Beteiligten und eine neue große Gefahr für beide.

Es handelt sich in der Ehe für mein Gefühl nicht darum,

durch Niederreißung und Unterstützung aller Grenzen eine rasche Gemeinsamkeit zu schaffen, vielmehr ist die gute Ehe die, in welcher jeder den anderen zum Wächter seiner Einsamkeit bestellt und ihm dieses größte Vertrauen beweist, das er zu verleihen hat. Ein *Miteinander* zweier Menschen ist eine Unmöglichkeit und, wo es doch vorhanden scheint, eine Beschränkung eine gegenseitige Übereinkunft, welche einen Teil oder beide Teile ihrer vollsten Freiheit und Entwicklung beraubt. Aber das Bewusstsein vorausgesetzt, dass auch zwischen den *nächsten* Menschen unendliche Fernen bestehen bleiben, kann ihnen ein wundervolles Nebeneinanderwohnen erwachsen, wenn es ihnen gelingt, die Weite zwischen sich zu lieben, die ihnen die Möglichkeit gibt, einander immer in einer ganzen Gestalt und vor einem großen Himmel zu sehen!»[125] Solche Gedanken können in der Tat anregen, altüberkommene Dinge einmal von einem anderen Gesichtspunkt anzuschauen.

Durch diverse Untersuchungen aus Amerika über die Hintergründe von Scheidungen ist bekannt, dass viele Paare in Stresssituationen ungewollt einander nicht richtig zuhören, also oberflächlich kommunizieren. Selbst glückliche Paare lösen nicht alle ihre Probleme, schaffen es aber trotzdem, einen Dialog mit «Humor und Zuneigung» zu führen. Auch der bekannte Ehetherapeut Peter Kramer propagiert die Ehe zwischen zwei eigenständigen Individuen und meint: «Das Problem ist nicht die Wahl des Ehepartners, sondern wie man mit der Wahl lebt.» Der Einzelne soll sich mehr abgrenzen und mehr Selbstsicherheit entwickeln, damit er nicht ausschließlich auf die Anerkennung der oder des anderen angewiesen ist. Eigenständigkeit sei aber nicht mit Egoismus zu verwechseln. Es gehe nicht darum, keine Zuneigung zu zeigen, sondern eine nicht besitzergreifende Liebe zu entwickeln. So empfiehlt Kramer einem Ehemann, der sich darüber beklagt, dass seine Frau ihm langweilig geworden sei, noch viel stärker zu versuchen, seine Gattin unkritisch zu sehen und an sich selbst zu arbeiten. «Die Lösung ist weder den anderen zu verlassen, noch den anderen zu ändern. Die Lösung ist, gemeinsam zu wachsen.»[126]

Ein gemeinsames Wachsen ist aber, so Kramer, nicht durch oberflächliche Freundschaften und auf Cocktailparties möglich, auf denen der Ehepartner als «Trophäe» vorgeführt wird. Aber schließlich habe auch niemand gesagt, dass Monogamie einfach sei. Polygamisten sehen daher die Lösung in der Ehe mit mehreren Partnern. Einige Polygame haben allerdings festgestellt, dass die Ehe zu mehreren noch anstrengender ist.

Wir kommen nun zu der eigentlichen Schattennatur der Liebe, insofern sie die guten Absichten im Menschen durch Widersacherkräfte in ihr Gegenbild verdreht, also durcheinanderwirft.

Es konnte ja schon festgestellt werden, dass wir im Seelenleben zwei Kräfte besitzen. Die eine, die sich mehr an die physische Umgebung richtet und im Denken lebt, die andere, die sich mehr nach innen wendet und als persönliches Gefühl, als Emotion auftritt. Die Kraft im Denken neigt immer dazu, zu kühl zu werden, die im Gefühl, sich zu sehr zu erhitzen.

Das sogenannte «Böse» besteht in unserem Fall unter anderem darin, diese Dinge zu vertauschen oder bestimmte Teile aus dem harmonischen Ganzen herauszureißen und sie zu Teilwahrheiten werden zu lassen, die dann in Opposition zum Ganzen – aus dem sie ja stammen – treten. Was also auf einem

Gebiet seine volle Berechtigung hat, wechselt hier unberechtigterweise auf andere Lebensgebiete über. Durch die Verkehrung der ehemals guten Impulse entsteht so das Böse als ein «verdrehtes Gutes». Gewisse politische Systeme und Weltanschauungen sind deshalb so verführerisch, weil sie dem Guten ähnlich sehen, aber auf einer falschen Ebene ansetzen. Hier könnten viele Beispiele aus der politischen Praxis aber auch der Psychoanalyse oder bestimmter Sekten genannt werden. Wo zum Beispiel kann «Freiheit» verwirklicht werden? Wo Gleichheit oder wo eine angemessene Beziehung zur tierischen Evolution?

Eine einleuchtende Analogie hierfür kann man aus der Medizin herleiten. Krankheiten haben meist mit dem «Durcheinanderwerfen» zu tun. So kann im Alter der Knochen an Kalk verlieren (Osteoporose) und sich sogar entzünden. Dort aber wo kein Kalk, sondern nur das warme Blut strömen soll, lagert sich der Kalk ab und führt zu Arteriosklerose.

Wir müssen also für eine genaue Beurteilung von Gut und Böse erst lernen, wo die Dinge ihren angestammten Platz haben. So sehen wir es heute als problematisch an, dass die rein naturwissenschaftlichen Anschauungen, zum Beispiel die Gesetzmäßigkeiten der physisch-mineralischen Welt und des Mechanistischen, sich wie «Schatten und Schemen» – also als Dogmen – in allen Lebensbereichen festsetzen wollen. Diese geistigen «Isolationsprodukte» verselbständigen sich dann und durchsetzen wie unauflösliche Produkte unser Denken. Wir sprechen dann vom Herzen als Pumpe, vom Trieb-«Mechanismus», von der Gen-«Technik», vom Agrar-«Ingenieur» oder vom Hirn als «Computer». Diese toten Denkmodelle, die für sich ein eigenes, an die Sinneswelt angelehntes Reich bilden, werden als «ahrimanisch» bezeichnet.

Wie sieht es nun im Inneren des Menschen, in seinem Gefühlsbereich aus? Dort erleben wir eine Tendenz, die sich immer über die nüchtern trockene Sinneswelt hinwegsetzen und alle Gestaltungen und irdische Gesetze – zum Beispiel der Logik – auflösen möchte. Dort treffen wir also die Kräfte an, die den Menschen vom irdischen «Dunst» befreien. Wir können die Askese, die künstlerischen Tätigkeiten, die Fantasie, auch die Philosophie, die sich eine eigene Gedankenwelt erschafft und sich über den Zwang der Sinneswelt erhebt, unter diesem Gesichtspunkt anschauen.

Auch gewisse seelische Einseitigkeiten, die sogar geschlechtsspezifisch sind, kann man auf diese Weise betrachten. So zum Beispiel das innere Erkalten in einer Depression, die uns ganz ans Irdische fesselt oder das Entzündetwerden in der Manie, die alle naturgegebenen Gesetze über den Haufen wirft, das Verfestigen in der Hypochondrie und das seelische Entzünden in der Hysterie. Diese Art des Entflammens wird als «luziferisch» bezeichnet. Sie versucht tendenziell das Seelenleben in die Gefühlsegoität und damit aus den irdischen Denkgesetzen herauszureißen und ein eigenes Reich von Affekten, Begierden, Leidenschaften und Trieben zu etablieren, was wir als Versubjektivierung des Lebens bezeichnen können. Solch luziferisch übersteigerte Seelenimpulse, die bei manchen Menschen äußerst stark ausgeprägt sind, die alle Lebensbereiche zu emotionalisieren versuchen, verseuchen gewissennaßen das Seelische und sind manchmal – so zum Beispiel bei Massenhysterien – äußerst ansteckend. Wir kennen die Tendenz, trotz besserer

Einsichten in unsere eigene Meinung verliebt zu sein und aus einer gewissen Eitelkeit heraus unsere rein selbstischen Gefühle als «objektive Tatsachen» zu deklarieren.

Eine besonders umfassende Empfindung, die sich aber auch als große Illusion erweisen kann, weil sie mit intensivsten Gefühlen zu tun hat, ist die Liebe. Wie können wir uns im Leben vor den Verdrehungen und inneren Verseuchungen, also unserer luziferischen Schattennatur am besten schützen?

Im idealen Sinne immer nur dann, wenn wir, wie bereits ausgeführt, diese Liebe, so weit wir es vermögen, von egoistischen Gefühlen befreien und die anderen Wesen um ihrer selbst willen lieben lernen. Werden wir also von außen veranlasst, Liebe und Interesse zu entwickeln, so liegt erst einmal die Ursache der Liebe nicht in uns, sondern in dem geliebten Wesen, ist also zunächst frei von Egoität. Wladimir Solowjew hat diesen seelischen Vorgang einmal den Akt des «Bejahens» genannt. Dieses «Ja» in der Liebe ist dann wie eine Antwort auf die Frage, die von dem anderen an mich gestellt wurde. Indem nun zunächst die sinnlichen Empfindungen antworten, kommen wir sogar aus unserer primären Selbstfesselung heraus. Nach Solowjew geht der primäre Akt also nicht vom Liebenden, sondern vom Geliebten aus, der den Liebenden erst innerlich berühren muss. Die Liebe wird somit im idealen Fall als «Antwort» auf das vom anderen Berührtwerden verstanden. Diese Bejahung muss aber, soll sie gesund sein, in Freiheit geschehen. Man kann also keinen Menschen zur Liebe zwingen oder ihn dazu überreden.

Dabei ist das bloße natur- und triebhafte Hingezogensein zum anderen noch nicht die eigentliche Bejahung, sondern ihre Voraussetzung, weil dessen Selbst dadurch noch nicht zum Vorschein kommt. Liebe, das heißt bejahe ich einen Menschen wegen seiner Vorzüge, so muss ich mich fragen, ob ich ihn nur wegen dieser Eigenschaften, die mich persönlich erfreuen, schätze, oder ob ich ihn deshalb liebe, weil es speziell seine Vorzüge sind, in denen er als ein unverwechselbares Du, als ein Selbst, zum Vorschein kommt. Fühle ich mich zum anderen nur wegen seiner Vorzüge hingezogen, bejahe ich ihn also gar nicht als ein eigenständiges Selbst, ich bejahe nur das, was für mich gut ist. Also bejahe und liebe ich mich letztlich selbst. Diese Art von Liebe, die am Anfang meist diesen egoistischen Aspekt hat, muss natürlich da sein und hat somit auch ihre Berechtigung. Sie ist ja deswegen so erregend, schön und prickelnd, weil sie diesen luziferischen Aspekt besitzt.

Der beschriebene selbstische Ausdruck ist aber der Schatten dessen, was eigentlich nur im höheren Sinne, also im Geistigen, seine volle Berechtigung hat. Indem es in dieser Form in der Sinneswelt verdreht und damit unrechtmäßig auftritt, kann es zum Einlasstor für alles das werden, was wir als Eifersucht, Abhängigkeit, Liebeswahn und Illusionen kennen, die sich ja allzu gern unter dem Deckmantel der «Liebe» verstecken.

Wir brauchen nur daran zu denken, wie schnell nach einer ersten sexuellen Begegnung der «Schatten der Macht» und der Abhängigkeit zur Stelle ist.

Es gibt nun im Seelischen ein Gebiet, in dem der Egoismus seine volle Berechtigung hat und sich gar nicht kräftig genug entwickeln kann. Es handelt sich um die Liebe zu der eigenen geistigen Entwicklung und damit zur geistigen Welt. Diese Liebe zum Geistigen kann aber nur von mir ausgehen und muss um meinetwillen, zu meiner eigenen Vervollkommnung geschehen. Denn wir sind Wesen, die ihre eigentlichen Wurzeln in der übersinnlichen Welt haben. Deshalb ist es auch unsere Pflicht, uns so vollkommen heranzubilden, wie es uns möglich ist. Wir müssen die geistige Welt um unserer selbst willen lieben lernen und versuchen, so viel Substanz wie in unserer Macht steht aus dem Geiste in unsere Seele holen. In der Liebe zum Geistigen ist also das persönlich-egoistische Liebeselement berechtigt. Der Mensch wird durch diese Eigentätigkeit wieder an seinen kosmischen Ursprung angebunden und erfüllt damit eine wesentliche Voraussetzung auf der Erde: sich selbst zu vervollkommnen.

Es ist in diesem Kontext interessant zu beobachten, dass es in Partnerschaften zu Problemen führen kann, wenn der eine Partner diesen einsamen Weg gehen und der andere ihn – oft aus Unkenntnis der Zusammenhänge – daran hindern will, weil er meint, die «Liebe» des andern dadurch zu verlieren oder sich von ihm zu entfremden. Oft sind es gerade die Männer, die dann aus Eifersucht und Verlustangst ihren Frauen Hindernisse in den Weg legen.

So haben die luziferischen Kräfte in der Welt die Tendenz, diese beiden Liebeswelten, die irdische und die geistige, miteinander zu vermischen und die sinnliche der geistigen ähnlich machen zu wollen. Was also in dem einen Bereich seine Berechtigung hat, die persönliche Liebe, wird im anderen, im sinnlichen Bereich, zum Widersächlichen. Die egoistische Liebe im Sinnesbereich wird somit zum luziferischen Schatten der eigentlich geistigen, die wir heute viel zu wenig berücksichtigen. Oft wundern wir uns, dass wir keine Lösung für gewisse

Liebesprobleme finden, da wir auf der falschen Ebene die Rettung suchen. Man kann sich ja einmal ausmalen, wie eine Beziehung aussehen könnte, in der an erster Stelle die individuelle geistig-moralische Entwicklung steht und sich damit eine Substanz bilden kann, die auch die physische Liebe speist und fördert. Dass auch da Abirrungen möglich, ja manchmal sogar zur Selbsterkenntnis nötig sind, ist selbstverständlich, und es ist auch nichts gegen Gefühlswärme zugunsten des egoistisch-kalten Weisheitsstrebens gesagt. Wie anders und mit welcher Achtung würden sich aber zwei Menschen begegnen, die sich als individuell Strebende anerkennen und fördern?

Ähnlich wie Höheres sich mit Irdischen vermengen kann, so kann man auch ungeläutertes Irdisches in höheres Streben hineintragen und es damit verseuchen. Es können okkulte Schwärmereien entstehen, die sich nicht mehr in die Wirklichkeit einordnen, eigensinnige Meinungen, falscher Idealismus und Selbstliebe. Die Seele trägt dann im umgekehrten Sinn ihre ungeläuterte irdische Natur in die höheren Bereiche hinein und schafft eine andere Art von Unordnung.

Wir müssen uns also immer selbst im Auge haben, wenn wir uns geistig entwickeln wollen. Je überpersönlicher wir uns dabei in der Beziehung zur Welt und zu anderen verhalten und je stärker wir bemüht sind, unsere Erkenntnisse zu vervollkommnen, desto gesünder kann sich die Seele entwickeln. Ist es nicht allein die eigene geistige Faulheit, die dem anderen seine Weiterentwicklung neidet und ihn auf sein unvollkommenes Gefühls- und Erkenntnisniveau ziehen möchte? Ist vielleicht ein Großteil der Beziehungsprobleme deshalb so verbreitet, weil wir nicht genügend Liebe zu unserem höheren Wesen aufbringen und oft vom anderen verlangen, was wir eigentlich selbst tun müssten? Was aber passiert, wenn der nicht ausgelebte aber vorhandene Trieb zur geistigen Vervollkommnung, der in jedem Menschen vorhanden ist, mit seinen Energien in den Triebbereich hereinschlägt und sich Höheres im niedrigen Physischen einen Ersatz sucht? Gibt es den Vorgang, dass sich auch höhere Triebe in niedrige «sublimieren» können und wir ein geistiges Zerrbild, einen Schatten des Höchsten im Niedrigsten erleben können? Der umgekehrte Weg ist in der Psychoanalyse ja bekannt. Woher stammen die zerstörerischen Energien der schlimmen Affekte, der Ehrgeiz, das Machtstreben, die «Bauchklugheit» so vieler raffinierter Perversionen?

Resultiert das Weltbild nur aus materiellen Vorstellungen, so wird jener der Seele innewohnende Trieb zum Geistigen nach außen abgelenkt und betäubt, obwohl er ja existiert. Diese ungenutzten höheren Triebenergien werden sich auf einer anderen Ebene einen Ausgleich suchen. Jeder weiß aus eigener Erfahrung, dass sich unbefriedigte seelische Wünsche einen Ersatz im Physischen verschaffen und ihn dort auch reichlich finden: Essen, Alkohol, Sexualität, Mode, um nur diese bekanntesten Betätigungsfelder zu nennen. Wie raffiniert man wird, wenn man die entsprechenden Dinge bekommen will, wissen wir seit langem aus der Suchtforschung. Jeder Verbrecher wäre demnach ein pervertiertes Genie, das seine Begabung lediglich auf einer destruktiven Ebene auslebt. Auf dem richtigen Gebiet eingesetzt, wären seine Fähigkeiten segensreich.

Dieser Schwellenbereich zwischen niedrigen und höheren Kräften ist aber durch die Menschheitsentwicklung immer poröser geworden. Somit besteht auch durch die nachlassenden moralischen und traditionellen Bindungen die Gefahr, dass geistige Kräfte in andere Seelengebiete drängen und zu «bösen» Handlungen führen, die ein erstaunliches Raffinement zeigen. Es gibt also kein absolutes Böses. Alles Böse entsteht dadurch, dass etwas, was in einer bestimmten Weise gut ist, auf andere Weise verwendet und dadurch erst ins Böse verkehrt wird. Was passiert, wenn der höhere notwendig egoistische Trieb in die sinnlichen Triebe hereinbricht, in die persönlichen Egoismen und Leidenschaften? Die ehemals sinnlichen gesunden Triebe werden dann zu geistigen Zerrbildern und damit *pervers*.

Die Perversionen im Sinnlichen, die grauenhaften – und für den Menschen nicht selten faszinierenden – Abnormitäten sind also das unmittelbare Gegenbild von dem, was hohe Tugenden im Geistigen und in der Erkenntnis wären, wenn diese Kräfte auf ihrem Niveau blieben. Das Erhabene schlägt somit ins Abscheuliche um. Dies ist ein bedeutsames Gesetz, dessen Tragweite kaum überschätzt werden kann und deswegen unsere ganze Aufmerksamkeit verdient. Aus ihm resultiert auch die dem Perversen innewohnende magische Kraft, derer sich zum Beispiel die schwarze Magie, gewisse politische Richtungen und Sektenführer bedienen. Man studiere einmal die berühmten Verbrechernaturen in der Weltgeschichte. Auch die sich immer weiter verbreitenden Tendenzen von Kindesmissbrauch, Folterungen, sinnlosen Zerstörungen, Gewalt et cetera könnten einmal unter dem Gesichtspunkt der geistigen Verdrehung angeschaut werden. Was haben die Täter, die ja meistens intelligent sind und trotzdem nicht von ihren Taten ablassen, in ihrem höheren Erkenntnisleben nicht entwickeln können und warum leiden sie an «moral insanity», moralischem Schwachsinn?

Wie könnte eine individuelle beziehungsweise kulturelle Prophylaxe und Therapie auf diesem Gebiete aussehen, wenn wir heute die vielen «Gegenkulte», die aus geistigem Mangel entstehen, untersuchen? Wie kann man pervertierte Fantasien in gesunde umwandeln? Wir werden das im vorletzten Kapitel am Beispiel zweier Mörderbiografien noch genauer behandeln. Verdrehungen haben aber auch die Aufgabe, unsere gesunde Erkenntnis und unser Urteil zu befruchten und diese dann in Psychologie und Pädagogik zur Anwendung zu bringen.

Durchbrüche von der einen zur anderen Seite finden heute durch bestimmte Praktiken immer häufiger statt. Weltfernem Schwärmertum und «Nascherei» an geistigen Welten stehen irdisches Machtstreben, Ehrgeiz und Lüge gegenüber. Im politischen Leben erreichen sie gelegentlich epidemische Ausmaße. Da es auch durch Drogen und bestimmte Meditationstechniken und allerlei okkulte Praktiken einen nicht unerheblichen «Grenzverkehr» gibt, sind Erkenntnisse dieser Art für die eigene seelische Gesundheit von Bedeutung.

Wollen wir das «reine» Wesen der Liebe noch einmal kurz umreißen, so können wir sagen: Durch die individuelle Leiblichkeit und die damit bedingte starke Identifikation unserer Seele mit unseren Leib und der Sinnlichkeit entwickelt sich normales irdisches Ichgefühl und unser gesunder Egoismus. Um aber lieben zu können das heißt in ein anderes, uns fremdes Wesen einzutauchen, muss sich dieses gewöhnliche Ichgefühl zurücknehmen. Die Liebe wird somit zum Erleben des anderen in der eigenen Seele. Durch das notwendige

Abdämpfen des Selbstgefühls entsteht nun im eigenen Ich allmählich das Wesen des fremden Ich, in das man sich hineinbegibt und zum Teil verwandelt. So wird zum Beispiel das Leiden des anderen als Mit-Leid erlebt, die Freude als Mit-Freude, obwohl es mich gar nicht betrifft. Es ist aber nur das Geistige in uns und in der Welt imstande, sich in ein anderes zu verwandeln, in ein Fremdes auszuströmen, ohne sein eigenes Wesen dabei zu verlieren, obwohl es sich in seinem Eigenwillen «opfert».

Die Verwandlung in der Liebe sieht demnach so aus, dass das eigene egoistische Ichgefühl abgedämpft wird und als Liebe auflebt, sich also in eine höhere Kraft steigert, verwandelt und nicht ausgelöscht wird. Im Gegenteil: Sie wird, wie wir schon sahen, durch die Hingabe reicher und stärker, ähnlich wie aus dem kalten Holz, das als Brennholz dient, die Energie herausströmt und wärmt. Das Geistige bleibt somit seiner Gesetzmäßigkeit, der Verwandlung, treu, und erst durch die Liebe erwacht das Geistige in der Sinneswelt. Wir ahnen, dass die Liebe in allen ihren Formen als eine geistige Kraft, als eine «Himmelsmacht» etwas sein muss, nach der sich jede Menschenseele sehnt. Ihr Fehlen oder schon ein Mangel würde für die Menschheit unübersehbare Folgen haben.

Erwähnen wir zum Schluss noch einige Gedanken aus einem Brief von Rilke, der einem jungen Dichter, der ihn nach dem Wesen der Liebe fragte, zur Antwort gibt: «Auch zu lieben ist gut: denn Liebe ist schwer. Liebhaben von Mensch zu Mensch: das ist vielleicht das Schwerste, was uns aufgegeben ist, das Äußerste, die letzte Probe und Prüfung, die Arbeit, für die alle unsere Arbeit nur Vorbereitung ist. Darum *können* junge

Menschen, die Anfänger in allem sind, die Liebe noch nicht: sie müssen sie lernen. [...]

Lernzeit aber ist immer eine lange, abgeschlossene Zeit, und so ist Lieben für lange hinaus und weit ins Leben hinein –: Einsamkeit, gesteigertes und vertieftes Alleinsein für den, der liebt. Lieben ist zunächst nichts, was aufgehen, hingeben und sich mit einem Zweiten vereinigen heißt (denn was wäre eine Vereinigung von Ungeklärtem und Unfertigem, noch Ungeordnetem –?), es ist ein erhabener Anlass für den Einzelnen, zu reifen, in sich etwas zu werden, Welt zu werden, Welt zu werden für sich um eines anderen willen, [...]

Kein Gebiet menschlichen Erlebens ist so mit Konventionen versehen wie dieses: Rettungsgürtel der verschiedensten Erfindung, Boote und Schwimmblasen sind da; Zuflüchte in jeder Art hat die gesellschaftliche Auffassung zu schaffen gewusst ...»[127]

Das Problem des Männlich-Weiblichen

Ich glaube, man kann sagen, dass die meisten Männer in unserer Kultur ihre weibliche Seite, die innere Frau, in den Sack stecken. Und wenn sie mit fünfunddreißig oder vierzig wieder Kontakt zu dieser inneren Frau aufnehmen wollen, ist sie inzwischen wirklich feindselig geworden. Gut möglich, dass diesem Mann dann auch draußen in der Welt viel Feindseligkeit begegnet. Die Regel in dieser Welt scheint zu sein: Wie es innen ist, so muss es auch außen sein.

Und wenn eine Frau die Anerkennung ihrer Weiblichkeit sucht und dafür ihre männliche Seite, ihren inneren Mann, in den Sack steckt, wird sie wohl ebenfalls feststellen, dass er zwanzig Jahre später nicht mehr gut auf sie zu sprechen ist. Darüber hinaus ist er vielleicht roh, ja brutal in seiner Kritik. Sie ist in der Klemme. Wenn sie sich jetzt einen bösartigen Mann sucht, um mit ihm zusammenzuleben, hat sie zwar jemanden, dem sie alle Schuld zuschieben kann, und das mag den Druck ein wenig lindern; das Problem des geschlossenen Sacks ist damit nicht zu lösen. Sie wird vielleicht eine doppelte Zurückweisung und Verdammung erfahren: durch den inneren und den äußeren Mann. Soviel Schmerz und Kummer liegen in der ganzen Sache.

Jeder Teil unseres Selbst, den wir nicht lieben, wird ein Feind. Diese inneren Feinde können sich außen manifestieren und von dorther gegen uns empören.[128]

Robert Bly

Ich möchte im Folgenden versuchen, zunächst von der kosmologischen Menschenkunde ausgehend, die tieferen Aspekte des Männlichen und Weiblichen zu beleuchten, um sie dann als eine Grundlage für die noch darzustellenden psychologischen Aspekte zu behandeln.

Wir müssen uns dazu in eine Zeit zurückversetzen, in der nicht nur die Seele des Menschen, sondern auch seine Leiblichkeit beide Geschlechter in sich vereinigte, die Menschen also androgyn waren. Reste dieser einstigen Zweigeschlechtlichkeit finden wir auch heute noch bei den Hermaphroditen (Zwittern), die – weil sie an alte kosmische Vorstufen erinnern – in den alten Kulturen sehr verehrt wurden. In der Seele des Menschen existieren diese zwei Kräfte auch, die mit den Begriffen «männlich» und «weiblich» belegt werden und somit Synonyme darstellen für das nach außen (männlich) beziehungsweise mehr nach innen (weiblich) Gerichtetsein. So ist die vornehmlich nach außen orientierte Willenskraft das «männliche», die nach innen gerichtete Kraft der Seele das «weibliche» Element. Später werden wir noch sehen, dass man beim Mann mehr von der Wunschnatur und bei der Frau von der Dominanz der Fantasienatur sprechen kann. Aber zunächst sind diese Kräfte nicht geschlechtsspezifisch, obwohl sie beim einen oder anderen Geschlecht dominieren und somit gewisse Einseitigkeiten bilden. Im Laufe der Evolution sind wir physisch zu eingeschlechtlichen Wesen geworden. Die mehr nach außen, dem Irdischen zugewandte Willensnatur hat den männlichen Leib gebildet mit all seiner Erdenfestigkeit und physischen Schwere, die nach innen gerichteten Vorstellungskräfte, die ihrem Wesen nach fließend, schöpferisch und «unirdischer» sind, haben den durchlässigeren, weicheren und somit mehr kosmisch orientierten Leib der Frau gestaltet, mit all den zur Verfügung stehenden physischen Produktionsmöglichkeiten. Man denke beispielsweise an den Mondenzyklus bei der Menstruation. Da die männliche Inkarnation also einen Teil der inneren Willenssubstanz für die leibliche Bildung «geopfert» hat, ist im Seelischen beim Mann mehr von den Kräften übriggeblieben, die tendenziell nach innen, auf sich bezogen auftreten. Das hat zur Folge, dass im Seelenleben des Mannes eine tendenziell «weibliche» Orientierung existiert. Die Frau, die in der Leibesbildung stärker die kosmischen Bildekräfte verbraucht hat, die unter anderem der Vorstellungstätigkeit zugrunde liegen, konnte im Seelenleben dagegen Willenskraft zurückbehalten; sie ist im Seelischen daher mehr auf die Erde hin orientiert, also «männlicher».

Es mag zunächst befremdlich erscheinen, dass der Mann seinem Seelenwesen nach eine deutlich nach innen gerichtete, also weichere Seele haben soll als die Frau. In der Beobachtung spricht aber vieles dafür. Man kann sich leichter darauf einlassen, wenn man mit den Begriffen «weiblich» beziehungsweise «männlich» keinerlei Werturteil verbindet. So erscheint der Mann bis in seine physischen Organe hinein und besonders in seiner Geschlechtsnatur mehr nach außen orientiert, «marshaft», die Frau dagegen «venushaft» in ihrer physischen

Weichheit, Durchlässigkeit und geschlechtlichen Innenorientierung.

Seelisch ist dies jedoch, wie wir schon sagten, genau umgekehrt. Die Frau besitzt in ihrer Seele von der Veranlagung her tendenziell «männliche» Qualitäten, das heißt Willenskräfte, die sich auf die Praktizierbarkelt der Erde richten. Man könnte auch von einer größeren seelischen Konkretheit sprechen, was man besonders in Beziehungsfragen erleben kann, in denen der Mann im Allgemeinen viel theoretischer also «unirdischer» denkt. Wir sehen bei der «männlichen» Seele der Frau meist auch eine stärkere Gemütskraft, ein größeres seelisches Durchhaltevermögen, seelischen Mut und Energie zum Beispiel in Konfliktsituationen. Der Mann hat im Allgemeinen die Neigung, seine Seele aus dem konkret Irdischen zurückzuziehen und kann sich leicht im Allgemein-Abstrakten und Theoretischen verlieren. «Das Allgemeine liegt ihm näher als das Persönliche.» (C. G. Jung) Meist ahnt man nicht, wie tief und dauerhaft daher seelische Verletzungen bei ihm gehen können, wenn er sich innerlich zurückzieht, aber nach außen den «starken Mann» spielt.

Unter diesem Gesichtspunkt ist zum Beispiel interessant, was Untersuchungen in physischer und psychologischer Hinsicht bei Männern und Frauen ergeben haben. So hat die Münchner «Gesellschaft für rationelle Psychologie» etwa 1000 Frauen und Männer nach Gründen partnerschaftlicher Konflikte befragt. Ergebnis: Gefühlskälte des Partners ist der von Frauen am häufigsten genannte Trennungsgrund, Männer dagegen verlassen ihre Partnerinnen vor allem wegen Untreue, obwohl sie selbst in dieser Beziehung nicht gerade zimperlich sind. [59]

Prozent der Frauen nannten zudem sexuelle Einfallslosigkeit als Grund für das Ende der Beziehung, also mangelnde «Fantasienatur». Diese steht noch vor Intoleranz mit 48 Prozent, Genusssucht und Disziplinlosigkeit mit 41 Prozent und Unehrlichkeit mit 39 Prozent. Erst an sechster Stelle führten die Frauen Untreue ins Feld, die immerhin von zwei Drittel aller Männer als Trennungsgrund angeführt wurde. Ständige Nörgeleien können 35 Prozent der Männer nicht ertragen, 26 Prozent nannten Eifersucht. Dass die Frauen auf Grund ihrer kosmisch orientierten Leiblichkeit und Durchlässigkeit generell gesünder sind, zeigt eine Studie des Bielefelder Gesundheitswissenschaftlers Klaus Hurrelmann, die er an 2500 Jungen und Mädchen durchgeführt hat. Er konnte nachweisen, dass eine Art seelisches «Frühwarnsystem» Frauen in der Regel lebenstüchtiger, gesünder und anpassungsfähiger sein lässt als Männer. Schon im frühen Alter lernen Mädchen, auf die Signale ihres Körpers zu achten und diese nicht so leicht – wie die Jungen – zu verdrängen oder gar mit Aggressivität darauf zu reagieren.

Durch die leiblich-seelische Sensibilität treten dafür psychosomatische Krankheiten bei Frauen häufiger auf, was aber heute als positives Zeichen gewertet wird, weil dieses «Frühwarnsystem» vor größeren gesundheitlichen Einbrüchen schützt. Im Verhalten der Umwelt gegenüber lassen sich der Studie zufolge Jungen dreimal so oft wie Mädchen zu Angriffen auf Menschen und zu Sachbeschädigungen hinreißen. Interessant ist darüber hinaus, dass Frauen im Durchschnitt etwa sieben Jahre älter werden als Männer. Dieser Trend verstärkt sich. Die Forscher führen das höhere Alter bei Frauen auch auf deren

Mehrbelastung (!) zurück. Sie lernten, die Anstrengungen von Beruf und Privatleben miteinander zu verbinden und sich einen Ausgleich zu schaffen. Den Männern, die gerne Probleme verdrängen, fehlten oft Ausgleichsmöglichkeiten und andere Spielräume der Entfaltung. Zudem verbeißen sie sich häufig in den beruflichen Erfolg, also in Äußerlichkeiten.

Wir müssen davon ausgehen, dass die Seele der Frau durch die Tendenz zum Irdischen lebensnaher, lebenstüchtiger und sogar in sich differenzierter wird, die des Mannes dagegen durch die allgemein-abstrakte Tendenz in sich unstrukturierter bleibt. Archetypisch gesehen schläft im Unterbewussten des Mannes immer noch der «dumme Adam», während bei der Frau die «kluge Schlange» in den seelischen Untergründen lauert, die in gewissen Situationen losschlagen kann. Die Schlange ist in Mythologie und Märchen daher auch ein Symbol für die Erdenklugheit, die natürlich auch eine giftige Seite hat. Die Evolutionsgeschichte erschließt uns diese Grundtatsachen.

Durch die in Urzeiten erfolgte Trennung der Geschlechter geschieht die Befruchtung von außen. Dadurch werden aber auch leiblich gebundene Kräfte frei, die nun die Möglichkeit für eine höhere Art der «Befruchtung» durch den Geist bieten, der erst das individuelle, selbständige Denken ermöglicht. Gleichzeitig mit der Trennung in einzelne Geschlechter und der Bildung der unteren Konzeptionsorgane entstand somit das Gehirn als oberes «Empfängnisorgan» für das Geistige. Die Kraft, durch die der Mensch sich ein denkendes Gehirn geformt hat, ist also dieselbe, durch die sich in vergangenen Zeiten der noch doppelgeschlechtliche Mensch selbst befruchtet hat. Das Denken ist somit durch die Eingeschlechtlichkeit erkauft worden. Durch das entgegengesetzte Geschlecht wird uns eine organische Tätigkeit, die sich bisher einst auf den Menschen selbst gerichtet hatte, abgenommen und kann sich nun in höhere Produktivkräfte sublimieren beziehungsweise umbilden. Was im Leiblichen einseitig geworden ist, wird durch den Geist nun wieder vollständig und damit vollmenschlich gemacht.

Der Zusammenhang der Fortpflanzung, also der organischen Produktivkräfte mit den höheren Erkenntnisfähigkeiten ist aufschlussreich. Wir wissen aus den alten asiatischen aber auch europäischen Kulturen – zum Beispiel von bestimmten Mönchsorden –, wie man dort versucht hat, durch Umwandlung der Sexualkraft höhere Erkenntniskräfte zu erlangen. Fortpflanzungskräfte und höheres visionäres Denken gehören also zusammen. Man kann daher immer wieder erleben, wie das erotische Element das künstlerisch-produktive Schaffen anregt – der Zusammenhang des Verliebtseins mit poetischen Produktionen ist allgemein bekannt. Man kann aber auch – besonders an Künstlerbiografien – das Umgekehrte beobachten. Das Verlangen, sich mit dem getrennten Geschlecht, das heißt aber auch mit dem Geistigen durch Erkenntnis zu vereinigen, wird als «Liebe» bezeichnet. Deshalb sind der Erkenntnis- und der erotische Trieb auffallend aufeinander bezogen. Sie befinden sich stets in der Gefahr, miteinander vermischt und missbraucht zu werden. Der höhere Erkenntnistrieb und der «niedere» erotische Trieb sind Begleiterscheinungen des Wirkens der Seele in einem eingeschlechtlichen Leib.

Wie wir schon sahen, bedingen sich sinnliche und geistige Liebe. Die eine geht mehr nach außen, die andere, die geistige Form von Weisheit und Erkenntnis, mehr nach innen. Im

Leiblich-Seelischen erleben wir also immer eine gewisse Einseitigkeit. Erst in den höheren Seelenbereichen haben wir bei Mann und Frau wieder die «Doppelgeschlechtlichkeit»: Der Geist befruchtet die weibliche Seele des Mannes und macht sie «männlich-weiblich», auf die männliche Seele der Frau wirkt der Geist weiblich und macht sie «weiblich-männlich». Im höheren Sinn haben wir daher wieder eine Ganzheit, in der die Geschlechtsunterschiede trotz unterschiedlicher Nuancen aufgehoben sind. Gleichheit oder Gleichwertigkeit heißt also noch nicht Gleichartigkeit.

Sehen wir im Männlichen ein eher nach außen, auf das Irdische Bezogensein und im Weiblichen mehr die Introspektion beziehungsweise das himmlische Element, so können wir fragen, wie sich diese Tendenzen in den Geschlechtern auswirken. Der geistige Anteil des Mannes, seine Ideen, geraten leichter unter das Diktat der Machbarkeit und der äußeren «Wunschnatur», wie wir es besonders bei Forschern, Wissenschaftlern und Künstlern erleben. Das ewig Männliche zieht also «hinab», das ewig Weibliche «hinan». Das Geistige in der Frau ist dem Wesen nach dem Intuitiven und Himmlischen näher, das priesterliche oder seherische Element ist bei ihr natürlicher veranlagt.

Wie nun der männliche Geist die weibliche Seele des Mannes befruchten und zu einer «Geburt» führen kann, ist immer wieder bei schöpferischen Menschen nachzulesen. So hat Rilke oft von der weiblichen Seite seiner Seele gesprochen und darüber wie sie erst einmal von einer Idee befruchtet wird, diese langsam in ihm heranreift und dann als ein künstlerisches Produkt geboren wird. Was die Frau leiblich vollzieht, vollzog sich bei ihm in der «weiblichen» Seele. «Es ist so natürlich für mich, *Mädchen und Frauen zu verstehen;* das tiefste Erleben des Schaffenden ist weiblich –: denn es ist empfangendes und gebärendes Erleben. Der Dichter Obstfelder hat einmal, da er von dem Gesichte eines fremden Mannes sprach, geschrieben: ‹es war›, (wenn er zu reden begann) ‹als hätte eine Frau innen in ihm Platz genommen›; es scheint mir, als passte das auf jeden Dichter, der zu reden beginnt ...»[129]

Das Wahrnehmen der weiblichen Schattennatur im Mann ist also von großer Wichtigkeit. Auch seiner seelischen Doppelnatur, all der verdrängten Wünsche, Wunden, Ängste und Besessenheiten, die wir heute als «Neurosen» deklarieren, war sich Rilke wohl bewusst. Aus diesem Spannungselement, das nicht unbedingt immer befriedet werden muss beziehungsweise kann, erwuchsen manche seiner Werke.

Der damals bekannte Psychiater Emil Freiherr von Gebsattel wollte ihn durch eine Analyse, durch «das große Aufgeräumtwerden», wieder «gesund» machen. Nach einer gewissen Bedenkzeit antwortete Rilke ihm unter anderem: «Nämlich, ich bin über die ernstesten Erwägungen zu dem Ergebnis gekommen, dass ich mir den Ausweg der Analyse nicht erlauben darf, es sei denn, dass ich wirklich entschlossen wäre, jenseits von ihr, ein neues (möglicherweise unproduktives) Leben zu beginnen [...], so dass ich, strenggenommen, keinerlei Änderung wünschen kann, keinen Eingriff von außen, keine Erleichterung. [...] Vielleicht sind gewisse meiner neulich ausgesprochenen Bedenken sehr übertrieben; so viel, wie ich mich kenne, scheint mir sicher, dass, wenn man mir meine Teufel austriebe, auch meinen Engeln ein kleiner, ein ganz kleiner (sagen wir) Schrecken geschähe, – und – fühlen Sie – gerade darauf darf ich es auf keinen Preis ankommen lassen.»[130]

Auf der anderen Seite können wir beginnend mit den großen sozialen und kulturellen Umbrüchen des 19. und 20. Jahrhunderts, Frauen erleben, die durch soziale Einschränkungen ihre gesunde Weiblichkeit, ihre Mütterlichkeit und ihre ins konkrete Leben gerichteten «männlichen» Willenskräfte nicht ausleben durften und dadurch eine auf sich selbst gerichtete «pathologisierte Fantasie» zum Beispiel durch hysterische und andere seelische Krankheiten entwickelten, um auf diese Weise unbewusst gegen die lebensfeindlichen Zustände der Gesellschaft zu rebellieren. Denn gerade diese Formen von hysterisch-neurotischen Krankheiten werden meist ausschließlich durch die irdischen Verhältnisse bedingt.

Ein eindrucksvolles Beispiel solch «leiblichen Protestes» haben wir in Bertha Pappenheim (Anna O.) vor uns, einem der ersten Fälle der Psychoanalyse. Diese Krankengeschichte zeigt, wie sich die «männliche» Qualität der Frau durch die Zeitbedingungen gegen die soziale Ausweglosigkeit und Monotonie als Krankheit manifestierte, um dann durch die Bewusstmachung der Analyse und einen Sanatoriumsaufenthalt mit schöpferisch-künstlerischer Tätigkeit langsam zu ihrem Wesenskern zurückzufinden und sich schließlich mehr im Sozialen – zum Beispiel für die Frauenbewegung – einsetzen konnte. Ihre eigenen Leiden machten diese Frau erst empfänglich für die Leiden anderer und ihr Engagement für die Notlage ihrer Mitmenschen, also der Blick nach außen, hat sie wieder gesund werden lassen. Der Dienst an der Öffentlichkeit, die «soziale Mütterlichkeit», eine praktisch willensorientierte Tätigkeit für die gesellschaftlichen Nöte bestimmte fortan ihr Leben.[131]

Ohne in einen Schematismus über Mann und Frau zu verfallen, kann es lohnend sein, die Färbungen seelisch-geistiger Prozesse bei Mann und Frau tiefer zu verstehen, um nicht nur das Was, sondern auch das Wie zu begreifen.

Die Frage nach dem Männlichen und Weiblichen wird noch vertieft, wenn wir sie vor dem Hintergrund der wiederholten Erdenleben und des Schicksals zu begreifen suchen. Denn aufgrund unserer Geschlechtlichkeit wird uns, auch bedingt durch die gesellschaftlichen Gepflogenheiten, eine jeweils andere Schicksalsvoraussetzung gegeben. Was sind die tieferen Gründe, sich einen weiblichen Leib zu bilden, der für das Seelische durchlässiger und in sich weicher ist, oder einen wie den des Mannes, der erdenschweredichter und dadurch für Geistiges erst einmal «undurchlässiger» ist?

Durch die unterschiedliche Leibesbildung der verschiedenen Geschlechter bestehen auch für die Seele andere Eigenschaften in ihrer Entwicklung: Die Frau ist eher in der Lage, das, was wir die eigentlich innerseelischen Qualitäten nennen, nämlich das gefühlsmäßig Emotionale, zu entwickeln. Beim Mann dominieren von der Veranlagung her stärker die intellektuellen (was nicht mit Intelligenz verwechselt werden darf) und aufs äußerlich Materielle, also auf den Umkreis gerichteten Seelenkräfte, die ja, wie wir oben sahen, nicht unbedingt lebenspraktischer sein müssen. Auch ist bei ihm leicht eine Polarisierung in intellektuelle und triebmäßige Kräfte zu beobachten, die in ihm einen seelischen Widerspruch erzeugen kann. Bei der Frau ist von der Veranlagung her die Seelenlage geschlossener, einheitlicher und auch vertiefter. Dadurch ist sie in der Lage, tiefergehende psychische Erlebnisse zu haben, die somit stark auf die ganze physische Leiblichkeit einwirken. Daraus resultiert, wie wir heute wissen, auch die statistisch signifikant höhere Zahl psychosomatischer Krankheiten bei Frauen. Aus diesen tiefergreifenden Seelenkräften kann dann in dem folgenden Erdenleben ein festerer und stärkerer Leib gebildet werden: die männliche Konstitution.

Der Mann, der mit seiner seelischen Konstitution gezielter das Äußere, die Peripherie und das Allgemeine erfasst, ist dadurch in vieler Hinsicht seelisch gesehen «objektiver», rationaler, teils auch «oberflächlicher», was ja auch eine wichtige Seeleneigenschaft ist. Aus diesen weniger in die seelische Organisation eindringenden Kräften entsteht dann ein durchlässigerer, ein weiblicher Leib im nächsten Erdenleben. Individuelle Abweichungen sind natürlich immer vorhanden, auf die wir aber an dieser Stelle nicht weiter eingehen können.

Es ist auch eine Erfahrung, dass die Frau seelische oder geistige Inhalte in ihrer Bedeutung direkter erfassen kann und intuitiv um ihren praktischen Wert weiß. Vorträge mit spirituellen oder ganzheitsmedizinischen Inhalten werden zum größten Teil von Frauen besucht. Für Männer mit ihren «eingefrorenen Gehirnen» sind diese Dinge oft weltfremde Spinnereien oder okkulter Unsinn. Das Mannesgehirn ist ein durchaus schwieriges Instrument für biegsame Gedankengänge und muss erst herangebildet werden, um sich aus der inneren Steifheit zu befreien. Unter Leugnung seiner weiblichen Seite kann sich der Mann leicht seelisch verhärten und festfahren. Die Gefahr besteht also, wenn wir von der Schattennatur der Geschlechter sprechen, dass der Mann sich leicht auf etwas «versteift», die Frau sich dagegen verströmt oder gefühlsmäßig in sich «ersäuft», wenn sie ihren gesunden männlichen Anteil nicht entwickelt.

Auch Erziehung und kulturelle Einflüsse spielen in diesem Zusammenhang bei eventuellen Einseitigkeiten, Verbiegungen und Verschüttungen natürlich eine nicht unerhebliche Rolle.

Blicken wir noch einmal auf die konstitutionelle Schattennatur unserer Geschlechtlichkeit, so wird deutlich, dass wir keine «Mittelmenschen» sind, sondern einseitige Prägungen an uns tragen, an denen die polaren Weltenmächte, die wir als Luzifer und Ahriman bezeichneten, ihren wesentlichen Anteil haben. Sehen wir die Leiblichkeit auf der einen Seite mehr von den physischen Kräften an, von Leichte, Weichheit und kosmischer Anbindung, und andererseits von Schwere, Dichte, Erdbezogenheit, so ist evident, dass die luziferischen Kräfte die weibliche, die ahrimanischen mehr die männliche Leiblichkeit beherrschen. Wie schon dargestellt, können sich diese Vereinseitigungen im Geistigen aufheben, ohne dass wir auf die wunderbaren leiblich-seelischen Färbungen und damit Unterschiede verzichten müssen. Was auch heißt, dass erst die Stärke des individuellen Ich in der Lage ist, gewissen seelischen Einseitigkeiten in uns eine wohltuende Harmonie zu geben. Ist diese Ichkraft bei der Frau aber geschwächt, so müssen die luziferischen Elemente der Erdflüchtigkeit dominieren, wie wir sie auch in der Natur in den Licht- und Wärmeverhältnissen, die ja herausziehenden Charakter haben, studieren können. Die Frau wird dadurch zu visionärem und traumhaftem Erleben neigen und natürliche hellseherische Zustände entwickeln. Vielleicht ist dadurch auch zum Teil die im 19. und zu Beginn des 20. Jahrhunderts epidemisch auftretende Hysterie bei Frauen zu erklären.

Manchmal sind diese mit «dem Bauch gedachten» verschwommenen Begriffe und Zustände beziehungsweise Ahnungen für Männer schwer nachvollziehbar. Denn oft kann sich aus dem ahnenden Fühlen das klare Denken nur schwer herauslösen. Umgekehrt ist der Mann durch seine mehr irdische Bindung, die als ahrimanisch bezeichnet wird, bei Schwächung seines Ich immer in Gefahr, sein höheres Wesen und damit sich selbst zu verlieren, während die Frau durch ihre kosmische Bindung sich selten verliert. Man studiere unter diesem Gesichtspunkt einmal das Schicksal von Faust und Gretchen in Goethes *Faust*. In den Extremen polarisiert sich das Weibliche und Männliche in Erden*flucht* und Erden*sucht*.

Das Hineingerissenwerden in irdische Leidenschaften und Süchte tritt nach meiner Erfahrung bei Männern weit häufiger auf als bei Frauen. Wenn das Bewusstsein des Mannes zur Passivität herabgedämpft wird und sich nur die biologische Seite rührt, ist immer die Gefahr vorhanden, sich innerlich aufzugeben. Der Mann muss daher besonders achtgeben, dass er sich nicht gehen lässt. Er fällt dann tiefer als die Frau.

Wir kommen nun zu der eigentlichen Schattenproblematik der Geschlechter, die, falls sie keinen inneren oder äußeren Ausgleich findet, zu großen Problemen sowohl für den Betreffenden als auch für das soziale Umfeld führen kann. Dazu sei eine Stelle aus den pädagogischen Vorträgen Steiners genauer betrachtet, die auf manche Phänomene des Lebens ein Licht wirft. Eine umfassende Menschenerkenntnis ist notwendig, um die «Geschlechtertrennung» ab der Pubertät und den «Sündenfall», also die Eingeschlechtlichkeit und den Verlust des Kindheitsparadieses zu verstehen.

Es tritt nämlich ab dieser Zeit aus der Seele des jungen Menschen die generelle Kraft des Liebens für alles hervor, was ihn umgibt. Nur eine – aber sehr wesentliche – Nuance davon ist die Liebe zwischen den Geschlechtern. Durch diese spezifische Liebe kann sich erst das volle Menschsein auf der Erde verwirklichen.

Beim weiblichen Geschlecht nuanciert sich das Dasein in einer Weise, die aufgrund der leiblich-seelischen Konstitution außerirdischer, «himmlischer» fühlen und denken lässt. Das Gesamthafte, Bildhafte und die moralischen Werturteile spielen, wenn auch manchmal unbewusst, eine dominierende Rolle. Diese Dinge können natürlich alle von dem «männischen» Charakter unserer Zivilisation überlagert sein. Es werden aber schon heute Rufe laut, die zum Beispiel nach einer «weiblichen Medizin» verlangen, die die einseitig gewordene Technik und die lebensfeindlichen, «antibiotischen» Methoden überwindet.[132]

Rudolf Steiner bemerkt hierzu: «Und die Frauen haben eben ungeheuer viel Männisches angenommen und unterdrücken dadurch erst recht das spezifisch Frauenhafte. Daher macht auf Männer manche Strömung in der heutigen Frauenbewegung den Eindruck: das sind Programme, das sind Ideale, aber die unterscheiden sich im Grunde genommen ihrer inneren Substanz nach, nicht einmal ihrem Tone nach, nicht von den Idealen und Programmen der Männerbewegung. Gewiss, sie unterscheiden sich dadurch, dass man einmal die Forderungen für die Frauen, das andere Mal für die Männer aufstellt; aber ich meine jetzt, ihrer innerlichen Substanz nach unterscheiden sie sich eigentlich gar nicht.»[133]

Beim Mann ist dieses natürlich intuitive Wissen aber nicht mehr so ausgeprägt. Für ihn wird die Welt erst einmal zu einem Rätsel, das es zu erforschen gilt. Bestimmte Formen von Geheimniskrämerei, besonders bei Männerbünden zu beobachten, sind die Folge davon. Frauen sind fasziniert, wenn der geheimnisvolle Schweiger auftritt, dessen inneres «Rätsel» man lösen möchte und bei dem man Tiefgang vermutet. Oft entpuppt sich aber das geheimnisvolle Schweigen als Unverständnis und Hilflosigkeit sich und der Welt gegenüber, und die Enttäuschung ist groß, wenn man feststellen muss, dass dieser Tiefgang gar nicht besteht – er hatte eben einfach nichts zu sagen.

Untersucht man also geschlechtsspezifisch die Art und Weise der Liebe zwischen Mann und Frau, so können sich folgende archetypischen Grundlagen ergeben. «Die Liebe», so nochmals Rudolf Steiner, «ist eben etwas ganz anderes bei dem Mann und bei der Frau. Bei der Frau geht durchaus die Liebe von der Fantasie aus und ist immer damit verknüpft, ein Bild zu formen. Die Frau liebt – verzeihen Sie, wenn ich das sage – niemals bloß einfach den realen Mann, der dasteht im Leben; die Männer sind ja auch gar nicht so, dass man sie, wie sie heute sind, mit einer gesunden Fantasie lieben könnte, sondern es ist immer etwas mehr darinnen, es ist das Bild darinnen, das aus jener Welt heraus ist, die eine Gabe des Himmels ist.

Der Mann hingegen liebt mit Wunsch; die Liebe des Mannes trägt einen ausgesprochenen Wunschcharakter. Und dieser Unterschied muss gemacht werden, wie das auch mehr in ideellem, idealem oder realen Sinne zum Ausdruck kommt. Das höchste Ideal [beim Mann] kann noch ideale Wünsche enthalten; das instinktiv Sinnliche [bei der Frau] kann Produkt der Fantasie sein. Aber dieser radikale Unterschied ist zwischen Mannes- und Frauenliebe. Die Frauenliebe ist in Fantasie getaucht; die Mannesliebe ist in Wunsch getaucht. Dadurch bilden sie etwas, was im Leben in Harmonie tritt.»[134]

Das bedeutet natürlich nicht, dass Frauen etwa keine Wünsche haben oder Männer keine Fantasie, sondern der Ausgangspunkt für die seelischen und leiblichen Reaktionen ist entscheidend. Wird diese «Natur» aber nicht angesprochen oder vereinseitigt, so gibt es Verkümmerungen beziehungsweise gravierende Ungleichgewichte im Seelischen.

Manchmal lassen sich solche geschlechtsspezifischen Unterschiede an einfachen Beobachtungen «beweisen». Ein Lehrer aus der Schweiz erzählte mir einmal, dass während eines Klassenausflugs unter den 15-/16-jährigen Jungen und Mädchen heftig die Frage diskutiert wurde, ob die Liebe endlich oder unendlich sei. Es bildeten sich sofort zwei Lager. Die Jungen meinten, die Liebe werde mit dem Tod vergehen, die Mädchen verteidigten die Liebe dagegen als unendlich und über den Tod hinausgehend. Nach dem Ausflug am Abend waren einige Schüler «verschollen». Die besorgten Eltern fanden schließlich ihre Kinder in der Bahnhofshalle mit erhitzten Köpfen immer noch in der Diskussion, ob die Liebe endlich oder unendlich ist.

Legt man die archetypische Grundstruktur der «Fantasienatur» bei der Frau zugrunde, so erhebt sich die Frage, ob nicht das eigentliche Elend aus der zu einseitig gewordenen männlichen Kopfkultur mit ihrem Materialismus und Intellektualismus kommt, die das von Fantasie beflügelte Element immer mehr abtötet und das ganze Leben ernüchtert. Denn auch die ganzheitliche Fantasienatur muss sich in allen Lebensbereichen – etwa Kleidung, Wohnen, im Ideellen, im Erotischen et cetera – «austoben» dürfen.

Wird sie aber nicht gesund ins Leben verwurzelt und wird somit das Seelische nicht angesprochen, ist bei Frauen oft die Tendenz vorhanden, von der Erde wegzustreben, also erdflüchtig zu werden. Wir haben so den manchmal einseitigen Hang zu allen möglichen spirituellen Tendenzen, die kritiklos hingenommen werden. Die himmlische Natur wird überzeichnet und der einseitig gewordene Schatten dominiert. Dies geschieht dann um so leichter, wenn die eigene männlich-seelische Potenz verleugnet oder vom männlichen Partner keine gesunde irdisch-physische Wunsch- beziehungsweise Gegennatur entwickelt wird.

Andererseits hat das, was wir das durchschauende Element nennen können – nämlich in dem realen Mann immer schon den «idealen», also vollendeten Mann zu sehen – zwei Seiten. Die Frau kann den Mann fördern, wenn sie seine eigentliche, noch ungeborene höhere Natur oder auch seine geistige Mission erkannt hat und ihre männliche Willenskraft für ihn einsetzt, in Krisen durchhält, ihn trägt, wenn er abzustürzen droht und motiviert. Welcher Mann würde zum Beispiel 20 Jahre und mehr mit einem Trinker aushalten, immer in der Hoffnung, ihn doch noch zu bessern?

Auf der anderen Seite kann es auch seine Schattenseite haben, wenn diese «Veranlagung» der Frau nicht bewusst ist, wenn also die momentane Realität nicht akzeptiert wird und sie sich in der Fantasie immer etwas anderes ausmalt und dadurch in innere Opposition zur Realität gerät. Ich konnte bei Beziehungen öfter erleben, dass die Frau mit ihrer Kritik zwar prinzipiell Recht hatte, der noch «unvollkommene» Mann aber in einem «Erwartungskäfig» saß und noch nicht so weit war, ihrem Ideal zu entsprechen. Dadurch können bei Frauen leichter Unzufriedenheit und Nörgelsucht auftreten. Sie sollten sich dann klarmachen, dass Wunsch und Realität zweierlei sind, und dem Partner nur mit Geduld zu helfen ist. Denn erlösen kann man das «Schwein» in sich nur selbst, und Vorwürfe helfen nicht, sie führen im Gegenteil zu Widerständen und Verhärtungen. In diesem Zusammenhang ist es beziehungsvoll, dass ein rumänisches Märchen den Titel *Das verzauberte Schwein* trägt. Ein Motiv daraus ist, dass die jüngste Königstochter ein Schwein heiraten muss, das sich aber nachts (!) in einen hübschen Prinzen verwandelt. Es ist klar, dass sie diesen mehr bevorzugt als tagsüber das Schwein. Verführt von einer Hexe bindet sie eines Nachts einen Faden um seine Fesseln, um ihn in seiner menschlichen Gestalt festzuhalten. Er hätte aber nur noch drei Tage als Schwein leben müssen, dann wäre er aus sich selbst heraus erlöst worden. So musste er nun von der Königstochter wegziehen, und diese hatte viele Mühen und Prüfungen auf sich zu nehmen, um ihn wiederzufinden.

Die Erfahrung zeigt immer wieder, dass es wenig Sinn hat, einen Menschen dort zu fordern und zu drängen, wo er (noch) über keine Möglichkeiten verfügt. Man kann seine Einseitigkeit aber erlösen, wenn man erst einmal auf seine Wünsche eingeht und die Ideale nicht zu hoch hängt.

Umgekehrt existiert, wie wir schon sahen, beim Mann bis in seine höchsten Ideale hinein eine mehr auf das Irdische bezogene Wunschnatur. Wunsch heißt individuelles Begehren, auf ein Ziel hin zu leben und etwas auf den Punkt zu bringen. Man könnte bei der Erotik diese beiden Elemente, die Fantasie- und die Wunschnatur, die sich gegenseitig anregen, genauer in ihrem Zusammenspiel anschauen. Wie will man Fantasie entwickeln, wenn beim anderen kein Organ dafür vorhanden ist aber auch keine gesunde männliche Wunschnatur und umgekehrt? Jeder mag das auf sich bezogen betrachten und beurteilen. Die Schattennatur dieser einseitig gewordenen Wünsche sind beim Mann unter anderem ein seelisches Sich-Verbeißen, Abhängigkeiten, Süchte, Zwänge und Pedanterie.

Es ist bezeichnend, dass aus empirisch-medizinischen Untersuchungen hervorgeht, dass das weibliche Geschlecht weit mehr zu Erden*flucht* – Magersucht, Bulimie, Schlankheitswahn und so weiter – neigt, das männliche dagegen stärker zu Erden*sucht* – Abhängigkeit von Drogen, Sex, TV, Computer, Autos –, das heißt zu physischen Verstrickungen. Die Wunschnatur entspricht also einem gesunden Verirdichungsprozess, die Fantasiekraft einem gesunden Entkommen allzu verfestigender Tendenzen. Die Geschlechter können sich darin ergänzen, anregen und ausgleichen. Da wir aber alle Männliches und Weibliches in uns tragen, können wir unabhängig von äußeren Einflüssen in uns Fantasie- und Wunschnatur entwickeln – besser und schneller meist mithilfe des anderen Geschlechts – und somit die Gegensätze in uns versöhnen.

Immer wenn Fantasie und Wunsch eine «Ehe» in der Seele eingehen, entwickeln wir den *Künstler* in uns, der – ob als

Schaffender, ob Liebes-, Koch- oder Lebenskünstler – *beide* Welten, Ideal und Wirklichkeit, in sich vereinigen muss. Vielleicht ist das der Mensch der Zukunft, von dem auch Rilke visionär wusste: «Eines Tages (wofür jetzt, zumal in den nordischen Ländern, schon zuverlässige Zeichen sprechen und leuchten), eines Tages wird das Mädchen da sein und die Frau, deren Name nicht mehr nur einen Gegensatz zum Männlichen bedeuten wird, sondern etwas für sich, etwas, wobei man an keine Ergänzung und Grenze denkt, nur an Leben und Dasein –: der weibliche Mensch.»[135]

Wird aber die vereinseitigte Schattennatur des Mannes und der Frau dominierend, so können wir vor dem Hintergrund des Sündenfalles und der Geschlechtertrennung mit Fug und Recht von der «Urverfehlung» des Mannes und der Frau sprechen. Wolfram von Eschenbach hat das zeitübergreifend in seinem Epos *Parzival* dargestellt. In dem naiven, in die Welt stürmenden und nur seinen Interessen folgenden Parzival bekommen wir die einseitige männliche Blindheit, die physische Gewalt und den Trieb, der sich über alles Seelische hinwegsetzt, meisterhaft in seiner Schattennatur geschildert.

Umgekehrt erleben wir in dem Verhältnis von Sigune und Schionatulander die «Urverfehlung» der Frau dem Mann gegenüber. Es ist die todbringende Liebesverweigerung eines Mädchens, das seine Liebe so verinnerlicht hat, aus Scheu vor dem körperlichen Ausdruck den Geliebten in tiefe Not stürzt und sein sehnsüchtiges Verlangen nicht erfüllt. Das Idealbild der Liebe, die noch himmlisch erfahren wird, kann zu einer Abkehr von gesunder Sinnlichkeit führen. Dem Verfrühten steht das Verspätete in der Sinnlichkeit gegenüber. Beides kann zum Problem werden. Bernd Lampe behandelt den Konflikt ähnlich. «Während der Mann in seiner Jugend aus der Not des Verlustes der geistigen Welt eine Erfüllung seiner Verbindung mit einer Frau ahnt, versucht die Frau eine in ihrer Innerlichkeit noch gewahrte Nähe zur Göttlichkeit der Schöpfung zu hüten, die letztlich Ausdruck der in ihrem Organismus begründeten Verbundenheit mit den Werdeprozessen der geistigen Welt ist.»[136] Die griechische Mythologie hat diese Vereinseitigung bei Mann und Frau in dem dauerhaft erregten Satyr dargestellt, der die ewig vor ihm fliehende Nymphe verfolgt.

Einige wichtige psychologisch-menschenkundlichen Tatsachen seien an dieser Stelle zum vertieften Verständnis des Männlich-Weiblichen noch angeführt.

Ab der Pubertät entwickelt sich in immer bewussterer Weise die Liebe zur Welt. Bei dem weiblichen Geschlecht finden wir ein stärkeres Leben im Seelischen, eine noch konkretere Anbindung an den Kosmos und eine betontere seelische Differenzierung als beim Mann. Das Ich der Frau wird somit auch direkter von den Seelenkräften aufgesogen. Dadurch findet eine stärkere Identität mit der eignen Seele, das heißt auch mit den Gefühlen statt, die sich dadurch nach außen hin unmittelbarer zeigen und die Frau emotional stabiler aber auch mutiger machen. In der Pubertät, gelegentlich auch später, können aus diesen Gründen Charakterzüge auftreten, die zum Beispiel mit gewissen Formen von Eitelkeiten, wie Putzsucht und der «ästhetischen Katze» verbunden sind. Oft ist aus den starken Gefühlen der Weg ins kühle Denken nicht leicht zu finden.

Bei Knaben und Männern ist es umgekehrt. Da distanziert sich das Ich mehr vom Seelischen, wo Gefühle des Ungeschütztseins, der Hüllenlosigkeit, Verletzbarkeit und sogar die Tendenz eines inneren Rückzugsmanövers Platz greifen können, aber auch ein seelisches «Duckmäusertum», wenn es darum geht, sich der Welt zu zeigen. Besonders bei Jungen ist in der Pubertätszeit eine tiefe seelische Scham zu erleben, die sich hinter Rüpelhaftigkeit und Kraftmeierei verbirgt. Ich meine, dass man die Knabenseele in Zukunft in ihrer Zerbrechlichkeit und Verwundbarkeit noch besser verstehen sollte. Durch diese starke seelische Identifikation beim weiblichen einerseits und der Separation von den Gefühlen beim männlichen Geschlecht andererseits können Einseitigkeiten entstehen, die das ganze Leben bestehen bleiben, wenn sie nicht von einer wesensgemäßen Erziehung ausbalanciert werden. Wird das Gedankliche bei der Frau nicht entwickelt, droht die Gefahr, dass ein überschäumendes Gefühls- und Emotionsleben entsteht mit der Folge von hysterischen Tendenzen. Beim Mann müssen Gedanke und Gefühl sich annähern, um den inneren Bruch von Herz und Kopf und damit die Wunde, die durch die Entfernung der «Rippe» entstand, also ein Teil der Mitte, des Gemüts, zu schließen. Sonst dominiert die Kopfnatur zu stark, die alles Emotionale als «Gefühlsduselei» von sich weist, einen lebensfeindlichen Abstraktismus erzeugt, aber auch zu neurasthenisch-hypochondrischen Tendenzen neigt. Schon bei «hohem» Fieber von 38 °C ist der Mann dann «schwerkrank».

Mann und Frau bergen in sich Geheimnisse, die auf die eigentliche Menschwerdung hin angelegt sind. Die Trennung in verschiedene Geschlechter muss zu kritischem Nachdenken und den Willen zur Differenzierung anregen. Trotz aller Mühe, das andere Geschlecht zu verstehen, bleiben wir allzu oft in unserer Einseitigkeit verhaftet, es sei denn, wir könnten uns für kurze Zeit in das andere Geschlecht verwandeln. Heute sind die Grenzen manchmal schon fließend geworden. Können wir aber das innere Wesen eines Menschen ganz erfassen, auch wenn wir uns noch so sehr in ihn hineindenken und fühlen? Wir meinen, in seinen oder ihren Augen die Seele zu erleben und sehen doch nur in dem irisierenden Glanz des Augapfels das gespiegelte Bild von uns selbst. Die, die es gewagt haben, ganz in das andere Geschlecht hineinzuschlüpfen, sind von den Göttern bestraft worden. Einer von ihnen war der blinde Seher Teiresias. Als junger Hirte entdeckte er eines Tages zwei Schlangen bei der Paarung. Er tötete daraufhin das Weibchen und wurde im selben Augenblick in eine Frau verwandelt. So lebte er sieben Jahre als Frau und erfuhr die Liebe des Mannes. Nach diesen sieben Jahren erblickte er wieder ein sich paarendes Schlangenpaar. Er tötete das Männchen und wurde augenblicklich wieder in einen Mann zurückverwandelt. Zu dieser Zeit stritten sich gerade das Götterpaar Zeus und Hera um die Frage, ob das männliche oder das weibliche Geschlecht mehr von der Liebe hätte. Sie wählten zum Schiedsrichter Teiresias. «Nur den einen von zehn Teilen genießt der Mann», so war seine Antwort – «die restlichen neun erfüllt die Frau, sich in der Seele freuend.» Hera war ob dieses Geheimnisverrates wütend und bestrafte ihn mit Blindheit. Zeus dagegen verlieh ihm daraufhin die Gabe eines Sehers!

Die Begegnung und Auseinandersetzung mit dem anderen Geschlecht in Freude und Leid ist Weltenschicksal und kann nicht frei von Schuld und Sühne sein. Wir ringen heute unter anderem um die Frage, wie wir aus dem nur Gattungsmäßigen,

Geschlechtsgebundenen ins Allgemeinmenschliche, Individuelle gelangen können und lehnen mit Recht alle Typisierungen ab. Beziehungsfähigkeit im eigentlichen Sinn setzt immer mehr ein getrenntes, sich einigermaßen sicheres und bewusstes Selbst voraus, wenn die Bindung einem eigenständigen Gegenüber gelten soll. Erst unter dieser Bedingung können sich zwei Gleiche in ihrer ganzen geschlechtlichen und seelischen Verschiedenheit begegnen – mit allen Schwierigkeiten und Abgründen, die sich daraus ergeben.

«Der menschliche Zustand», so Goethe, «ist so hoch in Leiden und Freuden gesetzt, dass gar nicht berechnet werden kann, was ein Paar Gatten einander schuldig werden. Es ist eine unendliche Schuld, die nur durch die Ewigkeit abgetragen werden kann. Unbequem mag es manchmal sein, das glaub ich wohl, und das ist eben recht. Sind wir nicht auch mit dem Gewissen verheiratet, das wir oft gerne los sein möchten, weil es unbequemer ist, als uns je ein Mann oder eine Frau werden könnte?»[137]

Der Schatten der Völker

In der frühen Ära der Perestroika der achtziger Jahre, so wird berichtet, soll Gorbatschow zu Ronald Reagan einmal gesagt haben: «Ich werde etwas Schreckliches mit Ihnen machen; ich werde Ihnen Ihr Feindbild nehmen.» Tatsächlich hat Gorbatschow sein Versprechen eingehalten und uns den uns allen bekannten Schatten weggenommen. Wir befinden uns nun in unserer historischen Entwicklung in einer kritischen Situation. Der Kalte Krieg ist vorbei und die Implosion der Schattenanteile, die wir vorher auf unseren traditionellen Feind projizieren konnten, sind jetzt in uns selber.[138]

Jeremiah Abrams

Es ist heute nicht mehr selbstverständlich, von «Volksseele» oder gar vom «Volksgeist» zu sprechen, wenn man Volkszusammenhänge eingehender charakterisieren möchte.

Denn wie kann man es im Zeitalter der weltweiten wirtschaftlichen Globalisierung, der weltanschaulichen Individualisierung und vor allem der «political correctness» wagen, zu einer pauschalen Charakteristik eines Volkscharakters zu kommen? Die Wunden der jüngsten Vergangenheit sitzen tief und sind noch immer nicht geheilt. Jeder generellen Aussage über ein Volk haftet sofort der Geruch des Nationalismus oder gar Rassismus an. Schon der Versuch einer Charakterisierung und Differenzierung der Völker und ihrer leiblich-seelischen Konstitution und ihrer Eigenarten wird meist mit einer Be- oder gar Verurteilung gleichgesetzt. Damit wird aber einer unkritischen Vereinheitlichung und Urteilslosigkeit Vorschub geleistet.

Für unser Thema ist es wichtig zu erkennen, was für eine Rolle die verschiedenen Völker im Gesamtzusammenhang spielen, was ihre seelisch-geistige und politische Rolle jeweils sein kann, aber auch wo sich ihre Schattennatur äußert. Denn wie jeder Mensch seinen Engel und seinen Dämon hat, so hat auch jedes Volk seine geistige Führung – im Christentum als «Erzengel» bezeichnet – und den entsprechenden negativen Anteil, der ihm sein typisches Gepräge verleiht. Meistens schätzen wir ja das «Typische» an anderen Völkern, und erst in der Begegnung damit entdecken wir erstaunt unsere eigenen Vorzüge, aber auch Mängel und Einseitigkeiten.

Das folgende Kapitel ist aus Fragen und Wahrnehmungen entstanden, die sich durch die Begegnung mit einzelnen Repräsentanten bestimmter Völker und deren Mentalität und Gewohnheiten, aber auch deren künstlerischen Werken ergeben haben. Für eine differenzierte Völkerpsychologie ist hier nicht der Platz, weil der Blickwinkel auf den zeit- und nationenübergreifenden Aspekt der «Schattenbildung» bezogen sein soll.

Bei diesem Thema sollte man besonders als Deutscher Zurückhaltung üben, um nicht in den Verdacht von Überheblichkeit und Chauvinismus zu geraten. Meist ist aber leider das Gegenteil der Fall. Wegen der jüngeren Geschichte und der daraus resultierenden Schwierigkeit, sich mit seinem Volk und seiner Vergangenheit zu identifizieren, tauchen oft Minderwertigkeitsgefühle auf, vor allem wenn man auf einen selbstbewussten und auf sein Land stolzen Amerikaner, Franzosen oder Engländer trifft. Diese Sündenbockempfindung kann man in sich aber etwas normalisieren, wenn man über die Schatten näher Bescheid weiß, die auch in jedem anderen Volk der Erde anzutreffen sind.

Je mehr man über die oberflächliche Tagespolitik hinausschaut und archetypisch-geistige Qualitäten ins Auge fasst, desto mehr wächst auch das Interesse und das Verständnis für die hellen und dunklen Seiten des eigenen Volkes und anderer Völker. In dieser Beziehung haben alle Nationen aus Gründen, die uns die Geschichte lehrt, ihre eigene «Vergangenheit».

In der Begegnung mit den Repräsentanten einzelner Völker

entdeckt man zum Beispiel immer wieder, dass es unter ihnen Menschen gibt, die bis in Einzelheiten hinein gewissermaßen typische Vertreter ihrer Gemeinschaft sind, aber auch solche, die über ihren Volkscharakter hinauszuwachsen vermochten. Dadurch können manchmal Entfremdungen mit dem eigenen Volk entstehen, und es wird eine Art von Entwurzelung empfunden, die den Betreffenden zum Weltbürger oder aber zum «Heimatlosen» machen kann. Gerade die verschiedenen Untersuchungen über den Volkscharakter; seine Schatten und die «Schattengesellschaft», die negativ kriminelle Energie, die in jedem Volk in differenzierter Weise ruht, aber auch Beobachtungen auf ausgedehnteren Reisen haben diese Betrachtungen inspiriert.

Verbrechen lassen sich auch an bestimmten Gebrechen ablesen. Und wie eine Krankheit etwas über das Wesen des betreffenden Kranken aussagen kann, so zeigen Abweichungen von der Ordnung einer Gesellschaft und die Reaktion darauf, wo jeweils der wunde Punkt, die verletzbare Stelle eines Volkes liegt. Das Unvollkommene gehört zu jeder Gesellschaft, und in der Akzeptanz ihrer unvermeidlichen Gebrechen bewahrt sie ihr menschliches Maß.

Unterschiede und Gegensätze machen die Buntheit des Lebens aus. Oft lieben wir, was uns wesensfremd ist. Ähnlichkeiten mit anderen Völkern, die uns nicht bewusst sind – also unsere Schattennatur – irritieren uns, und wir können gerade wegen der Ähnlichkeiten Antipathien oder sogar Hass entwickeln. Unter diesem Gesichtspunkt wäre es interessant, das Verhältnis etwa von Deutschen und Juden, Franzosen und Belgiern, Österreichern und Schweizern zu untersuchen. – Eine alte Volksweisheit besagt: Wer sich erkannt sieht, beginnt zu lieben oder zu hassen.

Häufig ist man sich seines Volksdoppelgängers nicht bewusst, bis man ins Ausland kommt und vorher Selbstverständliches plötzlich in Frage gestellt wird. So ging es zum Beispiel der amerikanischen Analytikerin P. Berry, die in den sechziger Jahren einige Zeit am C. G. Jung-Institut in Zürich studierte und den Zusammenstoß zwischen amerikanischer und europäischer Kultur bis in Denkgewohnheiten, -muster, Kleidung und Sitten schmerzhaft erfahren musste. Ihr pragmatischer Verstand ließ sie an vielen europäischen Bräuchen erst einmal verzweifeln. Langsam legte sie ihre unbewusste amerikanische Natur ab, begann vorher selbstverständliche Dinge zu hinterfragen, kritisch darüber nachzudenken und Natürlich-Instinktives in und an sich zu kultivieren. Da ihr aus diesem Grund nichts mehr wie vorher selbstverständlich war, wuchs sie langsam über das anerzogene Typische hinaus, was zu einer Erhöhung ihres Selbst-Bewusstseins führte, ohne dass sie sich als Individualität verleugnete.

So sollte es auch unser Bestreben sein, durch Kenntnis des Fremden Liebe und Verständnis über die Erde hin auszubilden. Denn Liebe lässt sich nur dadurch entwickeln, dass man versucht, sich wirklich in die anderen Menschen und ihre Gewohnheiten hineinzufinden. Dazu ist es aber notwendig, dass man sie auch dort aufsucht, wo sie leben. Wie wirkt der Volksgeist zum Beispiel in der jeweiligen geografischen Umgebung, in der Konstitution, dem Klima? Wir wollen uns, so weit es geht, an die wichtige Regel halten zu charakterisieren und nicht zu moralisieren.

Es sind nicht nur die geografische Umgebung, die kulturellen Gewohnheiten, die geschichtliche Vergangenheit oder etwa die Ernährungsweise, welche die Völker prägen. Tiefer noch wirken Impulse, die mit dem Volksgeist zu tun haben und die bis in die Sprache, Physiognomie, Krankheitstendenzen, Kunstfertigkeiten und Musik dem Volk eine charakteristische Prägung geben. Ist man von diesen Kräften überzeugt, wächst auch das Interesse für die Details in einer Nation und deren Geschichte.

Wie wirkt zum Beispiel der Sprachgeist in den verschiedenen Regionen Deutschlands? Im Norden, in der Mitte und im Süden? Im kopfigen Dialekt eines Hamburgers, in der mehr gemüthaft singenden Sprache eines Rheinländers oder im guttural stoffwechselbetonten Dialekt eines Bayern? Wie anders ist die leibliche Konstitution und der Sprachklang in Amerika, wo er tief und fest im Kehlkopf sitzt, im Gegensatz zu Asien, wo die Leiblichkeit ein Leben lang etwas jugendlich Leichtes behält und die Sprache hell und spielerisch wirkt? Wie links und rechts, oben und unten in der eigenen Leiblichkeit verschieden funktionieren, so haben auch die Völker des Ostens, Westens, Nordens und Südens ihre bestimmten Aufgaben.

Das Charakteristische eines Volkes wird uns meist in Form humorvoller Episoden oder eines Witzes näher gerückt. Ist es wirklicher Humor und nicht nur Ironie oder Zynismus, so hat er – wie wir später noch sehen werden – eine wichtige Aufgabe. Er macht Verborgenes bewusst, und er hält den Spiegel vor – liebevoll, freilassend und nicht verletzend. Er muss übertreiben, um zu verdeutlichen.

Meine erste völkerpsychologische Lektion erhielt ich vor vielen Jahren bei einem Aufenthalt in England in Form einer Geschichte, die den fundamentalen Unterschied der Völker und ihres Umgangs mit der Wirklichkeit charakterisieren sollte: Die Vereinten Nationen hatten einen weltweiten Wettbewerb ausgeschrieben, ein Buch über den Elefanten zu schreiben. Je nach Volkscharakter bekam das Buch nun unterschiedliche Titel:

– in England:	*Praktische Anweisung zur Elefantenjagd*
– in den USA:	*Wie man mit einem Elefanten Geschäfte macht*
– in Frankreich:	*L'elephant et ses amours*
– in der UdSSR:	*Karl Marx, die Entwicklung des Sozialismus und die Elefanten*
– in Norwegen:	*Norwegen und die Norweger*
– in Schweden:	*Der Elefant und weitere 99 Smörbröd-Rezepte*
– in der Schweiz:	*Wie man einen Elefanten sauber hält*
– in Deutschland:	*Der Geist des Elefanten. Band 1*

Als ich diese Episode an einem Neujahrsabend in der Schweiz einem anwesenden Italiener erzählte, musste ich mich bei ihm entschuldigen, da ich den italienischen Titel vergessen hatte. Doch er meinte nur, dass er sagen könne, wie demnach die italienische Ausgabe heißen müßte: *Wie man einen Elefanten verkauft, ohne ihn zu besitzen.*

Schon aus der Art des Humors ließe sich eine umfassende Völkerpsychologie entwickeln. Warum sagt man den Engländern den berühmten trockenen Humor nach, der sogar noch in aussichtslosen Situationen funktioniert, den Deutschen dagegen Humorlosigkeit und fehlende Lockerheit? Humor heißt auch, über sich zu stehen und über sich selbst lachen zu können. «Um Paradoxien zu akzeptieren», bemerkt Dietrich Schwanitz, «braucht man Humor. Er ist das Gegenteil von Fanatismus. Der berühmte englische Humor ist deshalb nicht bloß eine liebenswerte Neigung zu Marotten, eine sozusagen folkloristische Kuriosität – er prägt vielmehr die Mentalität der Demokratie. [...] Nicht umsonst wurde Humor deshalb in England als Wellenbrecher für Moralvirtuosen und Fanatiker erfunden; und deshalb gilt dort der Mangel an Humor als typisch sowohl für antidemokratische Fanatiker als auch für Deutsche.»[139] Aber wir wissen, dass alles zwei Seiten hat. Sturen Bierernst wird man zweifellos negativ beurteilen; nicht aber Ernsthaftigkeit und die Zuverlässigkeit, wenn es darum geht, Ziele zu verfolgen. So enthält der Hang zum Perfekten eine positive Kraft, die aber in Wahn umschlagen kann, wenn sie nicht im Gleichgewicht gehalten wird. Wir sehen, die Suche nach der Mittestellung zwischen Extremen ist allen Bewusstseinsträgern aufgetragen. Sie variieren aber innerhalb der Völker. Es wird vielen Menschen im eigenen Land und bei Reisen in fremden Ländern wohl ähnlich gehen. Man freut sich über das eine und ist über anderes verärgert. Wie oft schon war man im Ausland von der lockeren Atmosphäre auf den Straßen begeistert, während man sich gleichzeitig über die Schlampigkeit im Zugverkehr geärgert hat. Zurück in der Heimat, ist es dann gerade umgekehrt.

Schauen wir uns gewisse Unterschiede einmal von einem übergeordneten Gesichtspunkt aus an und beginnen mit der Differenzierung der geografisch westlichen Völker (England und die USA), dann der Völker der Mitte beziehungsweise Mitteleuropas und schließlich diejenigen Osteuropas und des ferneren Ostens.

Gehen wir von bestimmten seelischen Entwicklungsqualitäten aus, die sich in menschheitsgeschichtlichen Abschnitten auf jeweils symptomatische Weise ausgebildet haben, befinden wir uns heute im Zeitalter der sogenannten «Bewusstseinsseele». Das heißt, es ist heute notwendig, dass das Ich lernt, sich der Welt gegenüber «auf beide Füße» zu stellen, was wir als Hang zur Individualisierung und Naturbefreiung erleben. Alles muss nun durch eigene Erkenntnis erworben werden. Was den Westen angeht, der diese Entwicklung mit allen positiven und negativen Vorzeichen anführt und vorantreibt, so gelten Vererbung und Tradition nur noch bedingt.

Auch die Schattenseiten dieses Prozesses sind bekannt: die Isolierung und Vereinsamung, das Herausfallen aus den Naturgegebenheiten und damit die Abnahme des gesunden Menschenverstandes. Wir wissen jedoch, dass es kein Zurück, sondern nur ein Vorwärts gibt. Menschen, die aus diesen leidvollen Erfahrungen im Westen zu geistigen Erkenntnissen vorgestoßen sind, haben dem eher gruppenhaft Traditionsgebundenem östlicher Länder eines voraus. Sie verfügen über diese Erkenntnisse als bewusstes, selbst erworbenes Eigentum und sind daher nicht mehr so leicht durch jede Gesellschaftsströmung manipulierbar.

Die Völker des Westens, besonders Amerikaner und Engländer, entwickeln die Bewusstseinsseele mehr instinktiv, also angeboren. Daher kommt die natürliche Fähigkeit der Angelsachsen, das Individuell-Persönliche bis in manche Spleens zu entwickeln, die Privatsphäre wie ein Heiligtum zu verteidigen, der trockene, nüchtern pragmatische Sinn für das Machbare, kurz: das Praktische. Die Welt wird direkt und ohne ideologische Umschweife erfasst, gleichzeitig aber auch mit einem Instinkt für das Soziale, dem Gegenüber, zu dem man einen direkten Zugang findet. Man vergleiche Menschenbegegnungen im Supermarkt, Zug oder Flugzeug in Amerika, Großbritannien oder Deutschland. In angelsächsischen Ländern hat man, egal ob in Ämtern, im Geschäft, ob man an der Bushaltestelle steht oder einem Polizisten begegnet, das Gefühl, als Individualität mit einem gewissen lockeren Humor respektiert zu werden. Ich kenne die Einwände und Vorurteile, die besagen, dass die Amerikaner oberflächlich und naiv seien. Für einen Reisenden, der das Land für ein paar Wochen besucht, spielt das keine Rolle, denn man sucht auf Ämtern oder im Flugzeug nicht ewige Freundschaften, sondern nette, hilfsbereite Menschen. Erst ist einmal Neugierde und Kontakt gefragt und nicht, wie es hierzulande häufig passiert, Misstrauen, Ablehnung und Desinteresse. Im deutschen Zug: «Wissen Sie, wie spät es ist?» Antwort: «Ja, das weiß ich.»

Aus der instinktiven Entwicklung der Bewusstseinsseele fühlt man als westlicher Mensch ein gewisses Überlegenheitsgefühl, das Empfinden, etwas Besonderes zu sein, was natürlich auch immer die Gefahr von Selbstsucht in sich birgt und sich im Politischen leicht zum «Weltpolizistentum» aufspielt. Man will sein eigenes Wesen und seine Lebensart weltweit verbreiten, wie wir es heute symptomatisch an der amerikanisch-englischen Weltkultur, ihrer Sprache, Produkte und ihrem Demokratieverständnis erleben. Diese Fähigkeit zeigt sich im

Diplomatischen, dem Umgang mit anderen Völkern, der Führung von Kriegen und in der ganzen Geschichte der Kolonien beziehungsweise des Imperialismus. Nicht umsonst prangte einmal auf einem deutschen Wochenmagazin die Schlagzeile: «USA. Die Herren der Welt.»[140]

Das amerikanische Streben, die Welt in eine «McWorld» mit «Fast Food» umzufunktionieren, die Tendenz, Freiheit mit demokratischen Märkten zu verwechseln und der Trend, die Welt mit einer gigantischen Unterhaltungsindustrie zu überschwemmen, liegen auf einer anderen Ebene. Aus der instinktiven Entwicklung der Bewusstseinsseele, die der Welt als Einzelwesen sachlich gegenübertritt, entwickelt sich leichter ein pragmatischer Sinn für das Einzelne, das Individuelle einer Sache. Ein Engländer, mit dem ich einmal über Philosophie diskutierte, war über Imanuel Kant konsterniert, der auf über vierhundert Seiten beweisen wolle, dass man eigentlich nichts erkennen kann – warum dann dieser Aufwand? Das bewahrt den Angelsachsen weitgehend vor Schematismus, Ideologie und abstrakter Theorienbildung. Daher ist zum Beispiel die englische Justiz auch keine Justiz der Normen, sondern eine des Präzedenzfalles.

Die politische Größe der westlichen Völker beruht also auf einem gewissen Machtinstinkt, nicht auf Prinzipien. Jedenfalls hat man dort das Gefühl, immer auf der Seite des Guten zu stehen, und es ist die eigene Anschauung von Freiheit und Demokratie, die man als Heilslehre über die ganze Welt verbreiten möchte. In England ist das soziale Hauptbindemittel nicht die staatliche Norm, sondern die gesellschaftlichen Gepflogenheiten. Der Engländer will aber nicht anders sein als die anderen.

Er kann äußerlich frei bleiben, weil er innerlich an den Typus gebunden bleibt und wird somit zur «Typenindividualität», die etwas Eigenes vertritt, aber nicht antisozial wirkt.

Vertritt der angelsächsische Mensch bis in die Politik hinein mehr den «vergeistigten Instinkt», so das Romanentum – zum Beispiel Franzosen und Italiener – die rational-intellektuelle, «dekorative» Form der Bewusstseinsseele. Das kann manchmal bis zur Gefallsucht führen, wenn mit längst vergangener «gloire» Politik gestaltet wird und statische Elemente eine große Rolle spielen. Der Verstand als Herr des Lebens – das ist der immanente Gestus des Franzosentums, und daraus kann, wenn er mit alter «gloire et honneur» gekoppelt wird, eine gewisse Geltungssucht und intellektueller Dünkel entstehen. Aber natürlich auch die liebevolle Pflege für Vergangenes.

Beim Deutschen dagegen ist, wie wir noch sehen werden, die Tendenz vorherrschend, die sprichwörtliche britische Erdenfestigkeit zu verlassen und durch abstrakte Theorienbildung und Selbstzweifel mit der irdischen Realität in Konflikt zu geraten.

Rudolf Steiner hat vor den Arbeitern am ersten Goetheanumbau diese fundamentalen Unterschiede des Wirklichkeitsbezugs in einer Episode zum Besten gegeben, indem er fragte, was die verschiedenen Nationen machen, wenn sie zum Beispiel in Afrika ein bestimmtes Tier studieren wollen? Der Engländer mache eine Reise dorthin (wie es ja auch der berühmte Charles Darwin mit seiner Weltreise getan hat), um das Tier da, wo es lebt und unter den konkreten Naturbedingungen zu studieren. Der Franzose trüge das Tier von der Wüste fort in den Zoologischen Garten. Er studiert es in einer von ihm selbst gemachten künstlichen Umgebung. Aber der Deutsche, was tut der? Der kümmert sich überhaupt nicht um das Tier und darum, wie es ausschaut, sondern setzt sich in seine Studierstube und fängt an, darüber nachzudenken. Also interessiert er sich mehr für das, was in seinem Kopfe ist. Dann denkt er sich genügend lange etwas aus. Und nachdem er ausgiebig nachgedacht hat, sagt er etwas. Aber das stimmt meist nicht mit der Wirklichkeit überein.

Englands Insellage mit dem Hang zur Isolation und Individualisierung, hat aber auch seine seelische Schattennatur. Neben den seelischen Qualitäten für Praktisches und Individuell-Privates, der Achtung der anderen Person, was zum Teil auch den Erfolg in den Kolonien ausmachte, haben wir auch deutlich erzkonservative, also sehr vergangenheitsbezogene Elemente wie Paraden, Parolen und Perücken. So verwechsle man auch nicht die freizügige Gesinnung in manchen Filmen mit der Wirklichkeit in diesem Land, wo noch sehr starke puritanische Impulse in der Gesellschaft vorherrschen. Der Konservatismus besagt, dass das, was gut war auch so bleiben soll. Das Gute – und damit das Glück – wird daher oft mit dem Nützlichen gleichgesetzt, wozu sich dann auch noch der Hang zum Materiellen gesellt. Vor dem Hintergrund einer solchen Disposition verliert das Geistige aber fast zwangsnotwendig seinen Eigenwert. Der Erfolg und der praktische Nutzen zählen. Statt Auseinandersetzungen mit bestimmten Ideen und Gesinnungen wie in Deutschland hat man Interessenkonflikte, was wir bis in das Politische studieren können. «Er [der Engländer] ist Realist, und das bedeutet: Er ist der Knecht der Wirklichkeit und nicht ihr Überwinder. Bleiern und nüchtern, kommt der englische Geist nicht von der Erde los.»[141] Er zielt somit auf Weltbeherrschung und nicht wie der russische auf Welterlösung. Durch den Hang zur Vergangenheit finden wir aber auch die Kräfte, die die Vereinzelung dieser Fähigkeiten wohltuend bremsen: die alten Rittertugenden des «fair play» und des Gentleman-Ideals. Ohne die Hemmungen, die ihm die Adelsgesinnung auferlegt, wäre der Engländer warscheinlich unerträglich. Streift man dies von ihm ab – so behaupten böse Zungen – bleibt der Amerikaner übrig. «Der einseitig gewordene, krasse Amerikanismus ist Angelsachsentum ohne Gentleman-Ideal.»[142]

Vergegenwärtigt man sich nun diese Entwicklung im Politischen und Ökonomisch-Ökologischen von der geistigen Schattenseite aus – wir schließen dabei die neueren Entwicklungen wie die aus dem Nützlichkeitsdenken stammende Genmanipulation ein –, so ist der negative Doppelgänger dieser Entwicklung Zerstörung, Tod und Krankheit. Die ganze Welt kämpft eigentlich mit ihren Umweltproblemen und der zerstörerischen Technik, dem sozialen Egoismus und der Geldsucht gegen diese zerstörerisch-krankmachenden Folgen in Mensch und Natur. Aber man muss erkennen, dass dies auch die notwendigen Konsequenzen einer zu starken Anhindung an den weltanschaulichen Materialismus und an eine gewinnorientierte Wirtschaft sind. Die Folge ist die politische und wirtschaftliche Gewalt, des weltweit sich verbreitenden ahrimanisch inspirierten «American way of life», der seinem Wesen nach oberflächlich sein muss. Lenken wir den Blick aber nicht nur auf Amerikaner und Briten, sondern auch auf uns selbst und unsere unmittelbaren Nachbarn.

Eine phänomänologisch-symptomatologische Betrachtung

der europäischen Völker in ihrer spezifischen Seelenhaftigkeit lässt einige klärende Schlüsse zu. So lässt sich wahrnehmen, dass das italienische Element mit seiner Beziehung zu Landschaft und Kunst eher die nach außen orientierte Empfindungsseele, sogar bis in die Sprache und Gestik hinein, entwickelt. Das französische Volk dagegen bildet die mehr intellektualisierte Verstandesseele aus, die wir besonders in der «Aufklärung» studieren können. Sie erst hat dem Britentum die Bewusstseinsseele gegeben, die mit dem konkreten Erfassen der Wirklichkeit zu tun hat. Und wir finden sie in der modernen Naturwissenschaft, der Industrialisierung und bestimmten politischen Einrichtungen (zum Beispiel Gewaltenteilung und Parlamentarismus).

Bei den mitteleuropäischen Völkern und besonders bei den Deutschen – hierbei ist der Sprachraum gemeint – ist das anders. Die Besonderheiten der Mitte sind der Ausgleich von Gegensätzen und Offenheit nach allen Seiten, was manche als «charakterlos» empfinden. Sie ist fast notwendigerweise ein labiler Vermittler und somit Brücke zwischen Ost und West. Eigentlich kann sich die Mitte – so wie auch das Herz im Menschen – nicht abschließen, sondern muss das Fremde aufnehmen und ausgleichen. Es steht somit im dauernden Werden zwischen Vergangenem, Erstarrenwollendem und Zukünftigem – also noch vor der eigentlichen Aufgabe mit allen daraus resultierenden Unsicherheiten und Ängsten.

Während die Westvölker immer in der Gefahr stehen, sich von der übrigen Welt abzuschotten[143] und im Konservatismus zu erstarren, haben die deutschsprachigen Völker durch die lange, intensive und teils leidvolle Begegnung mit den östlichen Völkern, besonders dem Slawentum, etwas, das es in Zukunft noch weiter zu entwickeln gilt. Es ist die Vorbereitung für eine weibliche Weltkultur, die mit Offenbarung, Intuition, Schönheit und Lebenserhaltung verknüpft ist und in welcher der Geist über das individuelle Ich durch die Intuition wirkt. Je weiter wir nach Osten in die russische, chinesische und indische Kultur kommen, erleben wir diesen starken weiblichen Einschlag und das Geheimnis ihrer Unverwüstbarkeit. Männlich ist der Wille zur Macht, die Überordnung der Rechtsidee über die Liebesidee, des Handelns über das Schauen, des Verstandes über das Gefühl. Weibliche Kultur bedeutet Hingabe, Ehrfurcht, Demut, Geduld. Kritik und Rationalismus sind männlich. Weiblichkeit steht für Intuition, Empfänglichkeit für Eingebungen, Glaube. Männlich ist die Individuation, das Prinzip der Teilung, die Mechanik. Weiblich dagegen das Prinzip der Ganzheit, das Organische. Immer haben «männliche» Kulturen beziehungsweise Zeitalter eine kurze, die «weiblichen» eine lange Geschichte. Die prometheischen Kulturen wie die westlichen, die den Himmel herausfordern, tragen stets auch das Prinzip von Krankheit und Tod in sich.

Nur müssen diese zukünftig schöpferischen Kräfte des Ich vom Bewusstsein her von jedem selbst aktiv erzogen und geschaffen, das heißt kultiviert werden. Die zukünftige Seelenentwicklung bei den Deutschen ist nicht wie bei den Briten angeborener Instinkt, sondern muss als individuelle Ichfähigkeit in jedem Einzelnen durch Erziehung und Selbsterziehung erst herangebildet werden. Dazu ist Intellektualität und aktiv-schöpferische Bewusstseinstätigkeit erforderlich. So ist es das werdende Element, auf dem der deutsche Volksgeist ruht. Bleibt diese Veranlagung Instinkt beziehungsweise ein dumpfes Massengeschehen, kann dies der Welt Angst einflößen. «Der Engländer», so Rudolf Steiner, «ist etwas, der Deutsche kann nur etwas werden.»

So wird deutlich, dass der Deutsche nie ein «Typus» sein kann, sondern er braucht, will er Deutscher im eigentlichen Sinne werden, individuelle Gedankentätigkeit und Intellekt. Unsere Dichter und Denker haben dies eindrucksvoll der Welt vorgelebt. Die Fähigkeit, mit Gedanken die Welt zu durchleuchten, sie in Dichtung, Musik, ja Kunst zu verwandeln, wird jedoch von Pragmatikern oft als zu theoretisch und unpraktisch, eben als Schein empfunden, der nicht ganz erdenfest ist und in mystische Höhen abgleiten kann.

Es ist also gerade diese Fähigkeit des Deutschen, nicht völlig in der Realität aufzugehen und sich auch einmal in Träume und Ideale flüchten zu können, was die Welt als «Unwahrhaftigkeit» kritisiert. Dass das deutsche Pendant zur französischen «Marianne», dem englischen «John Bull» und dem amerikanischen «Uncle Sam» der verschlafene «Michel mit der Nachtmütze» ist, unterstreicht diesen Wesenszug. Michel – Michael; fast stellt die Näherung eine Karikatur auf den Erzengel dar, dem Verwalter der Gedankenkraft im Kosmos. Wird diese nicht selbst erzeugt oder sogar, wie im Dritten Reich geschehen, verboten, so wird sie eben zum verschlafenen Michel. Heinrich Heine hat das hellsichtig und mit poetischer Ironie wahrgenommen.

Franzosen und Russen gehört das Land,
Das Meer gehört den Briten,
Wir aber besitzen im Luftreich des Traums
Die Herrschaft unbestritten.

Hier üben wir die Hegemonie,
Hier sind wir unzerstückelt;
Die andern Völker haben sich
Auf platter Erde entwickelt. –[144]

Prosaischer hat es Goethe ausgedrückt: «Während aber die Deutschen sich mit Auflösung philosophischer Probleme quälen, lachen uns die Engländer mit ihrem großen praktischen Verstand aus und gewinnen die Welt.»[145]

Mit solcher Veranlagung steht der Deutsche immer mit einem Fuß in dieser und mit dem anderen in einer Traumwelt. Kaum jemand hat das besser erkannt als die Nationalsozialistische Propaganda. «Niemand ist von Natur aus so unpolitisch [...] wie der Deutsche. Solange diese Zurückhaltung aufrichtig geübt wird, ist dagegen nichts einzuwenden, besonders wenn man sich an die bedeutenden musikalischen, dichterischen und philosophischen Leistungen erinnert, welche Deutschland dieser politischen Zurückhaltung zu verdanken hat. Selbst heute zieht es der normale Deutsche vor sowenig wie möglich etwas mit Politik zu tun zu haben. ‹Ein garstig Lied! Pfui! Ein politisch Lied!› sagt er. Er zieht es vor, die Politik denen zu überlassen, die sich erbieten, sich in seinem Namen um sie zu kümmern: Kaisern und Führern.»[146]

Dadurch bekommt der Deutsche auch einen deutlich apolitischeren Wesenszug. Schaut man auf unsere Vergangenheit zurück – und auf die momentane Situation –, so kann man, von Ausnahmen abgesehen, auf die politischen Leistungen eigentlich nicht sehr stolz sein – auch mit dem politischen Instinkt sieht es nicht besser aus. Auf herausragende Individualitäten aber, mit ihrem ungeheuren Potenzial an Schöpferkraft in Kunst, Kultur und Technik, lässt sich dagegen durchaus verweisen.

Liest man Analysen über den deutschen Volksgeist, so richtet sich die Kritik folgerichtig auch nicht gegen die Genialen, sondern gegen den deutschen *Typus* und das, was dieser weltweit verdirbt. Von einzelnen Begabungen kann das nicht aufgewogen werden. Es gibt keine große Kulturnation, die ihre Weltgeltung so sehr den Ausnahmen verdankt, die nicht nur vom Durchschnitt, sondern vom nationalen Typus abweichen, und es gibt kein Volk, das sich gegen seine besten Geister so ruchlos benimmt oder benommen hat, wie das deutsche. So konnte der Europäer Goethe sagen: «Ich habe oft einen bittern Schmerz empfunden bei dem Gedanken an das deutsche Volk, das so achtbar im Einzelnen und so miserabel im Ganzen ist.»[147]

Durch diese Mitte, dem Herzen Europas, diesem Dazwischen zwischen Himmel und Erde, Ideal und Wirklichkeit, aus diesen «schwankenden Gedanken» entsteht der Schatten des Deutschtums mit allen positiven und negativen Vorzeichen: der *Zweifel*. Der Bringer der Zweiheit, der Zweifel, hat natürlich für die Entwicklung des menschlichen Ich ein Doppelantlitz. Die positive Seite ist das permanente Hinterfragen, die Fähigkeit, die Dinge immer wieder von verschiedenen Seiten anzuschauen, ein rastloses Sich-Bemühen und

Suchen und nicht die Erstarrung in Selbstzufriedenheit oder Dogmen. Wir könnten es auch den faustischen Drang des Deutschen nennen. Daher sind die Gedanken von Dialektik und Polarität besonders in Deutschland philosophisch ausgebildet worden. Auch von meinen Seminaren und Vorträgen im englischsprachigen Ausland kann ich diese spezifische Fähigkeit bestätigen, durch Textvergleiche Widersprüche aufzusuchen, Dinge einmal von der spirituellen, dann von der materiellen und schließlich von der phänomenologischen Seite zu betrachten. Wo sich der deutsche Zuhörer an bedeutenden Ideen berauscht, holt der Angelsachse wohltuend das Ganze ins Praktische herunter. Da jedes Volk seine spezifische geistige Mission hat, kann man sich daher fragen, was für eine Mission das Deutschtum mit dieser besonderen Veranlagung besitzt? «In England und Frankreich», so Christoph Lindenberg, «werden bedeutende Entdeckungen gemacht, durch die große Fragen aufgeworfen werden. Eine solche Frage verbindet sich zum Beispiel mit der Entwicklung der Arten. Für deutsche Denker wird diese Entdeckung zum moralischen und philosophischen Problem; für sie geht es nicht darum, das Faktische zu konstatieren, sondern Sinn und Bedeutung dieser Tatsache für die menschliche Lebensanschauung zu ergründen. – In England und Frankreich werden die Menschenrechte postuliert. Deutsche Denker trachten danach, den Gedanken der Freiheit zu begründen und mit Inhalt zu füllen, für den deutschen Staatsmann stellt sich die Aufgabe, die Menschenrechte auch im sozialen und wirtschaftlichen Bereich zu realisieren.»[148] So kann durch lebendiges Denken eine Vermittlung zwischen verschiedenen Gesichtspunkten entstehen, die oft konträr sind, aber nur die zwei Seiten der Wirklichkeit ausmachen.

Karikaturen dieses «Zweifels» sind die Kritiksucht, «Beckmesserei», auch der Selbstzweifel den wir bis in die politischen Verhältnisse in Deutschland studieren können, die Unfruchtbarkeit des Streitens, Rechthaberei und Intoleranz. Aber das ist schon die andere Seite des gesunden Zweifels – der *eigentliche* Schatten –, nämlich das Festhalten an einseitigen Wahrheiten und Ideologisieren, was der deutschen Natur im Innersten widerspricht. So kann man im gewissen Sinn von der «tragischen Verurteilung» der Deutschen sprechen, dass sie sich gegen ihre eigenen Anlagen abstumpfen, wenn sie bei einer einseitigen Wahrheit verweilen. Aus dieser Tatsache wird auch deutlich, wie antideutsch zum Beispiel der Nationalsozialismus war. Diese Empfindung auszubilden, ist nicht einfach, aber für die Erkenntnis segenstiftend. Auch das Gegenteil ist richtig, und nur durch die Zusammenschau verschiedener Seiten – besonders in der Menschenbeurteilung – ist es möglich, die Wirklichkeit zu sehen und zunächst unüberbrückbare Gegensätze zu versöhnen. Im deutschen Sprachraum wird durch diese Erkenntnistätigkeit eine zukünftige Ichkultur gebildet, die noch äußerst labil und mit Identifikationsschwierigkeiten behaftet ist, aber das universelle und nicht das persönlich-völkische Element entwickeln wird.

Dringt man noch tiefer in diese Wesenszüge ein, dem Zweifel, dem Schwanken, der Zerrissenheit – die in Russland noch extremer ausgebildet sind –, dem Kampf zwischen Ideal und Wirklichkeit, der uns auch so anfällig für bestimmte Ideologien macht beziehungsweise gemacht hat, so entdeckt man eine Schattennatur im deutschen Wesen, die man als *Urangst* bezeichnen kann und die aus diesem unsicheren Seelenterrain stammt. Das ist der Grund, dass viele Menschen anfangen, gegen den eigenen Volksgeist zu arbeiten, indem sie das unsichere Terrain abzusichern, zu befestigen und alles mit deutscher Gründlichkeit zu organisieren, perfektionieren und damit zu zementieren versuchen, damit nichts Zufälliges und Unvorhergesehenes passieren kann. Es entwickelt sich dann eine «Kultur des Sitzfleisches. Hier ruht des Deutschen beste Kraft.»[149]

Aus dieser Urangst vor Zufälligem und Unvorhersehbarem resultieren auch die typisch deutschen Methoden. Die Normierungssucht, der Hang zum Schematismus und die wuchernde, alles lähmende Bürokratie, die das gesamte Leben absichert und alle gesunde Spontaneität zum Ersterben bringt. Ausländer bemängeln oft, dass bei uns sogar das Vergnügen organisiert wird. Anstatt sich universell auszubilden, verfällt man dann in ein gefährliches Sach- beziehungsweise Teilmenschentum und hält sich aus innerer Schwäche für etwas Besonderes. Für diesen Wesenszug ist der Deutsche im Ausland nicht sehr beliebt.

Entwickelt sich das individuelle Ich nicht zu Offenheit und Toleranz, verkümmert es in bierseliger Vereinsmeierei, Stammesdünkel und Hochmut und zerfällt seinem Wesen gemäß in zwei Extreme, in Sentimentalität und Brutalität. Bei psychologischen Untersuchungen ehemaliger KZ-Ärzte ist man auf das Phänomen der «Verdoppelung» beziehungsweise Spaltung gestoßen. Die duale Persönlichkeit hat keine Beziehung mehr zueinander, das heißt man massakriert mit dem einen Ich-Anteil tagsüber Juden und weint abends mit dem anderen bei sentimentaler Geigenmusik oder wenn das Haustier erkrankt ist.

Daher spricht man in diesem Zusammenhang auch von dem negativen Anteil des Ich als «Geist-Parasit» oder auch vom «Tötungs»- beziehungsweise «KZ-Ich».[150] Diese «Jekyll und Hyde Mentalität» ist von Sebastian Haffner meisterhaft dargestellt worden.[151] Aus ihr ist auch verständlich, warum es nach der «[...] Exstirpation des deutschen Geistes zugunsten des ‹deutschen Reiches›»[152] dazu kommen konnte, dass ein «keuchender Karottenfresser» [Haffner] und sein dämonisches Gefolge die Macht ergreifen und Deutschland mit ihrem Hass, Machtgier und zynischem Nihilismus nachhaltig innerlich wie äußerlich zerstören konnten.

Lassen wir uns in diesem Zusammenhang nochmals den Spiegel von einem Ausländer vorhalten. «Deutschland sendet – im Gegensatz zu Frankreich, Italien und England – alljährlich riesige Schwärme wissbegieriger Kleinbürger in fremde Länder; die dort durch anmaßendes und linkisches Auftreten, durch gesellschaftliche Unsicherheit, unpassende Kleidung und andere Mängel den Spott der Einheimischen erregen. Aus diesen Einzelerfahrungen geht das abfällige, in seiner Verallgemeinerung abirrende Urteil über eine ganze Nation hervor. Ebenso verhängnisvoll ist der Menschenschlag, dem der Ausländer zuerst und zumeist in die Hände fällt, wenn er deutschen Boden betritt. Es ist der Typus des schnauzenden Feldwebels, der nach Abschluss seiner Militärzeit zivile Stellen bekleidet. Und zwar gerade die Stellen, mit denen der Fremde in Berührung kommt! Ihm begegnet der Schnauzer als Zollbeamter an der Grenze, als Schaffner im Zug [obwohl sich in den letzten Jahren im Service manches gebessert hat], als Fahrdienstleiter auf dem Bahnhof, als Polizist auf der Straße, als Schreiber auf dem Passbüro, als Kontrolleur in der Straßenbahn, als Pförtner und Diener bei den Behörden.»[153] Aus diesem Grund muss es gerade in Deutschland eine vordringliche Aufgabe sein, den Sachfanatismus und die Entseeltheit zu überwinden beziehungsweise nicht aufkommen zu lassen. Ein menschlicher Automat zu werden und den Staat in ein Zuchthaus der Pflicht zu verwandeln, der mit den Gesetzen immer mehr den Geist unpolitisch und die Politik geistlos macht, gehört zu den möglichen Schattenseiten, die die Zukunft nicht belasten sollten.

Es ist verständlich, dass aus dieser inneren Labilität, der politischen Schutzlosigkeit – England ist rings vom schützenden Meer umgeben – und aus der permanenten Selbstwerdeanstrengung ein spezifisches Bedürfnis nach Sicherheit und Abgrenzung entsteht. Dadurch kann der Eindruck entstehen, dass das Deutsche als Negation des Fremden und nicht als Bejahung des eigenen Wesens verstanden wird. Vielleicht resultiert aus dieser Unsicherheit auch der Drang nach Kompensation durch Dünkel, Humorlosigkeit, Grobheit und Anmaßung. Man studiere die Feriengewohnheiten unserer Landsleute, die nach durchzechten Nächten schon morgens um sieben Uhr *ihre* Strandkörbe belegen und sich in *ihren* festungsgleichen Sandburgen gegen die Welt abschotten.

Gerade der Vergleich mit unseren germanischen Nachbarn, den Engländern, hat Denker und Dichter immer wieder gereizt. Zu Eckermann hat sich Goethe einmal ausführlich über die Europäer; speziell die Deutschen und Briten, geäußert. Ich finde seine Bemerkungen von der Diktion und Beobachtung her immer noch so treffend und aktuell, dass ich das Gespräch vom 12. März 1828 trotz einiger Längen in den entscheidenden Abschnitten zitieren möchte.

«‹Es geht uns alten Europäern übrigens mehr oder weniger allen herzlich schlecht; unsere Zustände sind viel zu künstlich und kompliziert, unsere Nahrung und Lebensweise ist ohne rechte Natur; und unser geselliger Verkehr ohne eigentliche Liebe und Wohlwollen. – Jedermann ist fein und höflich, aber niemand hat den Mut, gemütlich und wahr zu sein, sodass ein redlicher Mensch mit natürlicher Meinung und Gesinnung einen recht bösen Stand hat. Man sollte oft wünschen, auf einer der Südsee-Inseln als sogenannter Wilder geboren zu sein, um nur einmal das menschliche Dasein ohne falschen Beigeschmack, durchaus rein zu genießen.›

[…]

‹Es ist ein eigenes Ding›, erwiderte Goethe, ‹liegt es in der Abstammung, liegt es im Boden, liegt es in der freien Verfassung, liegt es in der gesunden Erziehung – genug, die Engländer überhaupt scheinen vor vielen anderen etwas voraus zu haben. – Wir sehen hier in Weimar ja nur ein Minimum von ihnen, und wahrscheinlich keineswegs die besten; aber was sind das alles für tüchtige, hübsche Leute! Und so jung und siebzehnjährig sie hier auch ankommen, so fühlen sie sich doch in dieser deutschen Fremde keineswegs fremd und verlegen; vielmehr ist ihr Auftreten und ihr Benehmen in der Gesellschaft so voller Zuversicht und so bequem, als wären sie überall die Herren und als gehöre die Welt überall ihnen. Das ist es denn auch, was unsern Weibern gefällt und wodurch sie in den Herzen unsern jungen Dämchen so viele Verwüstungen anrichten. Als deutscher Hausvater, dem die Ruhe der Seinigen lieb ist, empfinde ich oft ein kleines Grauen, wenn meine Schwiegertochter mir die erwartete baldige Ankunft irgendeines neuen Insulaners ankündigt. Ich sehe im Geiste immer schon die Tränen, die ihm dereinst bei seinem Abgange fließen werden. – Es sind gefährliche junge Leute; aber freilich, dass sie gefährlich sind, das ist eben ihre Tugend.›

‹Ich möchte jedoch nicht behaupten›, versetzte ich, ‹dass unsere weimarischen jungen Engländer gescheuter, geistreicher, unterrichteter und von Herzen vortrefflicher wären als andere Leute auch.›

‹In solchen Dingen, mein Bester›, erwiderte Goethe, ‹liegt's nicht. Es liegt auch nicht in der Geburt und im Reichtum. Sondern es liegt darin, dass sie eben die Courage haben, das zu sein, wozu die Natur sie gemacht hat. Es ist an ihnen nichts verbildet und verbogen, es sind an ihnen keine Halbheiten und Schiefheiten; sondern, wie sie auch sind, es sind immer durchaus komplette Menschen. Auch komplette Narren mitunter, das gebe ich von Herzen zu; allein es ist doch was und hat doch auf dem Weg der Natur immer einiges Gewicht.

Das Glück der persönlichen Freiheit, das Bewusstsein des englischen Namens und welche Bedeutung ihm bei anderen Nationen beiwohnt, kommt schon den Kindern zugute, so dass sie sowohl in der Familie als in den Unterrichtsanstalten mit weit größerer Achtung behandelt werden und einer weit glücklichfreieren Entwicklung genießen als bei uns Deutschen.

Ich brauche nur in unserm lieben Weimar zum Fenster hinauszusehen, um gewahr zu werden, wie es bei uns steht. Als neulich der Schnee lag und meine Nachbarskinder ihre kleinen Schlitten auf der Straße probieren wollten, sogleich war ein Polizeidiener nahe, und sah die armen Dingerchen fliehen, so schnell sie konnten. Jetzt, wo die Frühlingssonne sie aus den Häusern lockt und sie mit ihresgleichen vor ihren Türen gerne ein Spielchen machen, sehe ich sie immer geniert, als wären sie nicht sicher und als fürchteten sie das Herannahen irgendeines polizeilichen Machthabers. Es darf kein Bube mit der Peitsche knallen, oder singen, oder rufen, sogleich ist die Polizei da, es ihm zu verbieten. Es geht bei uns alles dahin, die liebe Jugend frühzeitig zahm zu machen und alle Natur, alle Originalität und alle Wildheit auszutreiben, sodass am Ende nichts übrig bleibt als der Philister.

Sie wissen, es vergeht bei mir kaum ein Tag, wo ich nicht von durchreisenden Fremden besucht werde. Wenn ich aber sagen sollte, dass ich an den persönlichen Erscheinungen, besonders junger deutscher Gelehrten aus einer gewissen nordöstlichen Richtung, große Freude hätte, so müsste ich lügen. – Kurzsichtig, blaß, mit eingefallener Brust, jung ohne Jugend: das ist das Bild der meisten, wie sie sich mir darstellen. Und wie ich mit ihnen mich in ein Gespräch einlasse, habe ich sogleich zu bemerken, dass ihnen dasjenige, woran unsereiner Freude hat, nichtig und trivial erscheint, dass sie ganz in der Idee stecken und nur die höchsten Probleme der Spekulation sie zu interessieren geeignet sind. Von gesunden Sinnen und Freude am Sinnlichen ist bei ihnen keine Spur, alles Jugendgefühl und alle Jugendlust ist bei ihnen ausgetrieben, und zwar unwiederbringlich; denn wenn einer in seinem zwanzigsten Jahre nicht jung ist, wie soll er es in seinem vierzigsten sein!›

Goethe seufzte und schwieg.

Ich dachte an die glückliche Zeit des vorigen Jahrhunderts,

in welche Goethes Jugend fiel; es trat mir die Sommerluft von Seesenheim vor die Seele, und ich erinnerte ihn an die Verse:

Nachmittage saßen wir
Junges Volk im Kühlen.

‹Ach›, seufzte Goethe, ‹das waren freilich schöne Zeiten! – Doch wir wollen sie uns aus dem Sinn schlagen, damit uns die grauen Nebeltage der Gegenwart nicht ganz unerträglich werden.›

‹Es täte not›, sagte ich, ‹dass ein zweiter Erlöser käme, um den Ernst, das Unbehagen und den ungeheuren Druck der jetzigen Zustände uns abzunehmen.›

‹Käme er›, antwortete Goethe, ‹man würde ihn zum zweiten Male kreuzigen. Doch wir brauchten keineswegs ein so Großes. Könnte man nur den Deutschen, nach dem Vorbilde der Engländer, weniger Philosophie und mehr Tatkraft, weniger Theorie und mehr Praxis beibringen, so würde uns schon ein gutes Stück Erlösung zuteil werden, ohne dass wir auf das Erscheinen der persönlichen Hoheit eines zweiten Christus zu warten brauchten. Sehr viel könnte geschehen von unten, vom Volke, durch Schulen und häusliche Erziehung, sehr viel von oben durch die Herrscher und ihre Nächsten.

So z. B. kann ich nicht billigen, dass man von den studierenden künftigen Staatsdienern gar zu viele theoretischen Kenntnisse verlangt, wodurch die jungen Leute vor der Zeit geistig wie körperlich ruiniert werden. Treten sie nun hierauf in den praktischen Dienst, so besitzen sie zwar einen ungeheuren Vorrat an philosophischen und gelehrten Dingen, allein er kann in dem beschränktem Kreise ihres Berufes gar nicht zur Anwendung kommen und muss daher als unnütz wieder vergessen werden. Dagegen aber, was sie am meisten bedurften, haben sie eingebüßt: es fehlt ihnen die nötige geistige wie körperliche Energie, die bei einem tüchtigen Auftreten im praktischen Verkehr ganz unerlässlich ist.

Und dann, bedarf es denn im Leben eines Staatsdieners, in Behandlung der Menschen, nicht auch der Liebe und des Wohlwollens? – Und wie soll einer gegen andere Wohlwollen empfinden und ausüben, wenn es ihm selbst nicht wohl ist?

Es ist aber den Leuten allen herzlich schlecht! Der dritte Teil der an den Schreibtisch gefesselten Gelehrten und Staatsdiener ist körperlich anbrüchig und dem Dämon der Hypochondrie verfallen. Hier täte es not, von oben her einzuwirken, um wenigstens künftige Generationen vor ähnlichem Verderben zu schützen.

‹Wir wollen indes›, fügte Goethe lächelnd hinzu, ‹hoffen und erwarten, wie es etwa in einem Jahrhundert mit uns Deutschen aussieht, und ob wir es sodann dahin werden gebracht haben, nicht mehr abstrakte Gelehrte und Philosophen, sondern Menschen zu sein.›»[154]

Haben wir, um mit Begriffen aus Goethes Märchen zu sprechen, im Westen die «Gewalt», in der Mitte den «Schein» beziehungsweise die «Erscheinung», so sind es im Osten «Weisheit» und «Offenbarung», die wir durch eigene geistige Tätigkeit erst erwerben müssen oder die uns auch zuteil werden kann. Etwas Zukünftiges – also noch Ungeborenes – liegt in den slawischen Völkern, zu denen Mitteleuropa für sein eigenes geistiges Überleben Zugang finden muss. Es ist das Element, das die Intellektualität in Mystik vertieft, also Seelenerfahrung und Intellektualität nicht trennt und den Menschen mehr zum Seher oder Dichter befähigt als zum Politiker. Man blicke in diesem Zusammenhang auf die Liebe der Russen zu ihren Dichtern wie Pasternak, Tolstoi, Dostojewski oder die Philosophie von Solowjew. Immer ist das seherische Element vorhanden wie im *Antichrist*, in Dostojewskis *Der Großinquisitor*, aber auch bei Anton Tchechow. Die slawische Kultur wird von oben inspiriert, sie wird also eine Offenbarungskultur werden. Nach einem Vortrag in Moskau sagte mir die russische Dolmetscherin einmal: «Wir wissen alle diese Dinge auch; aber auf eine andere Weise.» Diese qualititiv andere Bewusstseinshaltung drückt sich dadurch aus, dass der Russe das Politische als Fremdelement empfindet und seinem Charakter nicht angemessen. Er ist nicht wie der Deutsche apolitisch, er ist «antipolitisch».

In seinen Erinnerungen hat der sowjetische Politologe Arbatow als Insider die politischen Karrieren der Sowjetführer dargestellt, die er persönlich kannte – von Stalin über Breschnew bis Jelzin. Das Leben und Wirken dieser Führer, von wenigen Ausnahmen abgesehen, liest sich wie eine spannende Geschichte ihres gesundheitlichen Zerfalls und der daraus resultierenden «organisierten Verantwortungslosigkeit». Ähnlich Steiner: «Wenn der Russe aus seinem Charakter heraus politisch werden soll, so wird er lieber krank, denn innerhalb des russischen Volkstums bedeutet ‹politisch› werden krank werden, bedeutet zerstörende Kräfte in sich aufnehmen. [...] Er kann überwältigt werden von solchen Politikern, wie etwa diejenigen waren, die am Ausgangspunkt dieser kriegerischen Katastrophe [des Ersten Weltkriegs] standen. Aber die wirken nicht als Russen, sondern die wirken als etwas ganz anderes.»[155] Es mag vielleicht kein Zufall sein, dass man immer körperlich wie seelisch schwerkranke Menschen vor Augen hat, sobald man an die meisten russischen Führer denkt.

Der Schatten der slawischen Völker ist also gebildet aus den Erwartungen auf Zukünftiges und mit einer großen Duldsamkeit und Tragkraft versehen; vielleicht wie bei einem Kind, das noch von oben geführt wird und zu Grausamkeit und gleichzeitig zu größter Hingabe fähig ist.

Wie sieht nun die Beziehung dieser Völker zu ihrem Doppelgänger aus? Wir erleben bis heute eine starke Bindung des slawischen Menschen an die Religion. Auch das Verständnis des Bösen, des Antichristen, ist in keinem Land so groß wie in Russland. Weiter kann man sich fragen, wie das Fremde, das bedrohend Andere, in den verschiedenen Völkern erlebt wird. Dazu gibt es eine interessante Charakterisierung: Der «andere» bedeutet beim Italiener immer der Fremde, beim Franzosen der Barbar, beim Briten der Konkurrent, beim Deutschen der Feind und beim Russen der Ketzer.

Die slawische Dualität ist also nicht mit der deutsch-germanischen zu vergleichen. Dort haben wir in der Seele die Spaltung in Luzifer und Ahriman, die Auseinandersetzung zwischen Licht und Finsternis, aus der keimhaft etwas Neues geboren wird. Es ist das innere Ringen, von entgegengesetzten Polaritäten: dasjenige, was dauernd zu schwärmerischer; falscher Mystik und weltferner Theorie hindrängt, also nach dem Unwirklichen, Bodenlosen, nach dem Nebulösen, was wir als luziferisch bezeichnen; und dasjenige was uns zum trockenen Philister macht, uns an der Erde kleben lässt, der Geist der Schwere: Ahriman. Noch ist die Menschheit in diesem Kampf befangen und versucht einen Ausgleich zu schaffen, ein heilendes Drittes, das diese Kräftewirkungen erst einmal durchschauen und im Gleichgewicht halten kann.

Der Schatten beziehungsweise der Doppelgänger ist beim russischen Menschen etwas anderes, Zukünftiges. Es ist nicht der zwiespältige Mensch Mitteleuropas, hin- und hergerissen zwischen Schwärmerei und plattem Materialismus, sondern ein zukünftiger zweiter, ein höherer Mensch, der die niedrige Doppelgängernatur dauernd in sich bekämpft und überwindet. Es ist gewissermaßen der Schatten, der durch eine höhere Offenbarung entsteht.

Wie Jesus von Nazareth als Mensch das Geistige, den Christus, in sich aufgenommen hat und somit nach Solowjew zwei Willenszentren, ein irdisches und ein kosmisches, besitzt oder, wie wir auch sagen können, ein irdisches Bewusstsein und ein höheres Selbst, ein Geistselbst, so ist die slawische Kultur veranlagt, trotz allem Chaos und langer Unterdrückung in der Vergangenheit, diese zweite höhere Natur die jetzt schon keimhaft in den Menschen ruht, zu entwickeln. Dadurch ist es auch verständlich, dass Rudolf Steiner von den Russen einmal als «Christusvolk» sprach.

Vielleicht wird evident, warum so viele Gegenkräfte diese Zukunftsimpulse unterdrücken beziehungsweise unterdrückt haben. Was bedeuten unter diesem Blickwinkel für Mitteleuropa die Diktaturen von Stalin und Hitler? Auch ist gegenwärtig die Frage zu stellen, ob nach dem Zusammenbruch des Kommunismus neue Widerstände im Osten auftauchen. Weil Impulse geistiger Natur sich schwer durchsetzen können, ist die Gefahr vorhanden, dass der ganze Osten ein Ausbeutungsobjekt für den Westen und zu einem «Warenhaus» wird, in dem die Menschen zu Konsumenten und Heloten degradiert werden. Jedenfalls können die geisteswissenschaftlichen Tatsachen helfen, über den politischen Alltag hinauszublicken und einmal die tiefere Aufgabe des Ostens zu begreifen. Jeder, der sich auf die russische Landschaft, die Kultur, Literatur und Menschenbegegnungen eingelassen hat, wird diesen verborgenen Zauber des fließend Weiblichen erleben und eine Sehnsucht nach dem Osten im Herzen spüren.

Wenn ich meine Reisen nach Amerika mit denen nach Russland oder in die Ukraine vergleiche, so habe ich fast immer die gleiche Empfindung. Von Amerika komme ich überwältigt von der ungeheuren Landschaft nach Hause, vom Osten immer beeindruckt von den Menschenbegegnungen.

«Du Doppelgänger! Du bleicher Geselle!»[156]

Es gibt zwei Erscheinungen, die zu den seltsamsten der ganzen Kulturgeschichte gehören: Die Verhasstheit der Juden und der Deutschen. Zwei Völker, die zum Geistesbesitz der Menschheit stärker als andere beigetragen und das Antlitz der Menschenkultur in entscheidenden Zügen bestimmt haben, sind Gegenstand eines fast allgemeinen nachhaltigen Hasses, obwohl ihre geistigen oder sittlichen Vorzüge weder geleugnet werden noch geleugnet werden können. Das ist etwas ganz Ungewöhnliches und lässt sich mit ein paar Schlagworten nicht erklären. Die Gründe müssen vielmehr sehr tief liegen, sodass der Versuch, sie aufzudecken, nicht an der Oberfläche bleiben darf.[157]

Walter Schubart

Aus den bisherigen, eher psychologischen Betrachtungen über Schatten und Doppelgänger ist gewiss deutlich geworden, dass man bei äußerlich ausgetragenen Gegensätzen, die sich in Antipathie, Hass und Ablehnung manifestieren, immer auch die inneren Gemeinsamkeiten einbeziehen muss, die als unbewusste Schattenanteile erst zu diesen Reaktionen führen.

Wir haben dies als eine Art Paradoxon beschrieben. Gegner sind sich in gewisser Beziehung meistens ähnlicher als manche Freunde. Unter diesem Gesichtspunkt ist es erhellend – auch wenn hier natürlich nicht von «Gegnern» im eigentlichen Sinne die Rede ist –, einmal das innerlich verbindende Element zwischen Deutschen und Juden anzuschauen. Äußere politisch-geschichtliche Übereinstimmungen gibt es genügend. Darüber nachzudenken, wie diese zwei Völker schicksalsmäßig in der jüngsten Vergangenheit unselig ineinander verstrickt wurden, ist sehr aufschlussreich. Hat sich Deutschland nicht wie *William Wilson* durch die Verfolgung und Vertreibung der Juden seiner besten geistigen Anteile beraubt? Man vergleiche die heutige Gesellschaft und das kulturell-intellektuelle Leben in Deutschland mit dem vor 1933. Ein geistiger Substanzverlust unermesslichen Ausmaßes in Kunst, Wissenschaft und Kultur – auch in der früheren Sowjetunion – hat mit dem «Auszug» der Juden, die wichtige Kulturträger waren, stattgefunden.

Jörg von Uthmann greift diesen Aspekt auf. «Der Niedergang des deutschen Intellektuellen vom ‹Schalk, der reizt und wirkt› zum dogmengläubigen Erweckungsprediger, dessen Intellekt sich vor allem dadurch auszeichnet, dass man ihn auch ohne Zuhilfenahme des gesunden Menschenverstandes benutzen kann – auch er ist eine Frucht der nationalsozialistischen Rassenhygiene.»[158]

Was aber ist es, was die beiden Völker so miteinander verbindet? Die fieberhafte Geschäftstüchtigkeit, die beide unbeliebt gemacht hat, die Verehrung des gedruckten Wortes, die beide zum Volk des Buches und zu dem der Dichter und Denker gemacht hat? Oder ist es der tiefe Glaube an das Absolute, die einmalige Verbindung von Taktlosigkeit und Empfindlichkeit, von Anmaßung und Minderwertigkeitsgefühlen, von Auserwähltheitsdünkel und Unterwürfigkeit?

Eines ist sicher: Aus dem fehlenden, zerrütteten Nationalgefühl und aus dem Fehlen eines geschlossenen Nationalverbandes, entwickelte sich in beiden Völkern kein gesundes nationales Empfinden, sondern der fatale Zug, sich eine Rolle als Völkerheiland zuzuschreiben und als eine Art auserwähltes Volk zu betrachten. Dieses permanente Suchen und Kämpfen um eine Volksidentität und die innere Spaltung in missionarischen Größenwahn und selbstzerfleischenden Kleinmut, das Schwanken zwischen übersteigertem Selbstgefühl und tiefer Niedergeschlagenheit, ist nach übereinstimmenden Analysen[159] einer der gemeinsamen Charakterzüge beider Völker. Thomas Mann hat sich hierzu einmal so geäußert: «Der Hang zur Selbstkritik, der bis zum Selbstekel, zur Selbstverfluchung ging, ist kerndeutsch, und ewig unbegreiflich wird bleiben, wie ein so zur Selbsterkenntnis angelegtes Volk zugleich den Gedanken der Weltherrschaft fassen konnte.»[160]

Völker, die dazu ausersehen sind, statt eines engherzigen Nationalismus und einer «Reichsidee» einen mehr menschheitsübergreifenden Universalismus auszubilden, wie es dem deutschen und jüdischen Volk gemäß ist, verstoßen zutiefst gegen ihre Volksaufgabe, wenn sie genau das Gegenteil davon tun und müssen mit weitreichenden Problemen in der Welt rechnen. Diese gemeinsame Problematik beider Völker hat Sebastian Haffner in seiner Analyse über das damalige Nazi-Deutschland meisterhaft beschrieben. Sie hat bis heute nichts von ihrer Aktualität verloren: «Das Deutsche Reich von 1871 war nicht wie die Großmächte des Westens das Resultat eines langen und folgerichtigen historischen Entwicklungsprozesses. Nachdem 1500 Jahre lang für verschiedene Formen und Ziele gekämpft worden war, stellte es eher eine plötzliche, überraschende Abweichung dar. Historisch betrachtet, erweckt das Deutsche Reich einen etwas merkwürdigen, zwiespältigen Eindruck. In dieser Hinsicht ähneln die Bemühungen seiner Gründer denen der heutigen Zionisten, die für die Juden nach einer zweitausendjährigen einzigartigen Geschichte, in der sie als eine staatenlose Zivilisation und Gemeinschaft existierten, wieder einen Staat im Nahen Osten gründen wollen. Für die Deutschen war es sehr charakteristisch, dass sie nach der Entwicklung einer eigenständigen Kultur im Unterschied zu ihren westlichen Nachbarn nie nach nationaler Einheit und nationalem Zusammenhalt, sondern immer nur nach *Universalität* strebten. Und als ihr Versuch gescheitert war, das Heilige Römische Reich wiederzubeleben, verlagerten sie – ähnlich wie die Juden – den Schwerpunkt ihrer nationalen Existenz auf die Erlangung einer geistigen Universalität, die, weil sie sich auf die ganze Welt bezog, unbewusst zu einer nationalen Besonderheit wurde. Die politische Basis, auf die die geistige Welt der Deutschen errichtet wurde, bildete ein Haufen anspruchsloser Kleinstaaten.

Die kleinsten von ihnen waren vom kulturellen Stand aus betrachtet die größten, zum Beispiel das von Herzog Karl August regierte Land Sachsen-Weimar-Eisenach. Und um zu verstehen, was für eine Würde und Selbstsicherheit jener politische Verzicht zusammen mit der geistigen Weltherrschaft den Deutschen verlieh, müssen wir uns jene ruhige Gelassenheit und innere Distanz ins Gedächtnis rufen, mit der Goethe Napoleon gegenübertrat, so wie ein Souverän einem anderen Souverän begegnete. Es waren machtlose kleine Staaten, welche die großen Leistungen des deutschen Geistes förderten – von denen heute das verrohte, ungeistige, undeutsche, räuberische ‹Dritte Reich› das Recht herleitet, die Würde aller dieser hochzivilisierten kleinen Länder mit Füßen zu treten.»[161]

Die Rückseite dieser Weltherrschaftsmedaille ist aber der Nestzerstörungs- oder der Todestrieb, wie wir ihn im Dritten Reich besonders gut studieren konnten. Auch das deutsche Volk ist ja – auf andere Weise als das jüdische – auf die Schlachtbank geführt und zum Teil in alle Welt zerstreut worden. Sollte es auch da Übereinstimmungen zwischen dem deutschen und jüdischen Schicksal geben? Goethe hat das einmal so formuliert: «Verpflanzt und zerstreut wie die Juden in alle Welt müssen die Deutschen werden, um die Masse des Guten ganz und zum Heile der Nationen zu entwickeln, die in ihnen liegt.»[162]

Wiederum muss gefragt werden, ob es überhaupt die Bestimmung des deutschen und jüdischen Volkes ist, eine nationale Einheit zu bilden, oder ob es nicht in ihrem Volksschicksal liegt, als einzelne etwas zu entwickeln, um es der Menschheit zur Verfügung zu stellen – eine Aufgabe, die nur segensreich ist, wenn sie sich jeglichen Hochmutes erwehrt. Wird das Nationalgefühl aber wie im Nationalsozialismus oder im Zionismus übersteigert, so wird der Schattenanteil übermächtig und führt zu negativen Reaktionen bei anderen Völkern, wie wir das heute auch an Israel sehen können. Die deutsch-jüdische Wahlverwandtschaft, die sich zum Beispiel in der Übereinstimmung der Kernsätze des Dritten Reiches und den Grundlagen jüdischer Politik, in den sogenannten «Protokollen der Weisen von Zion» zeigt, von denen Hitler nach eigenen Worten sehr viel gelernt hat und die sich wie eine Zukunftsvision des Dritten Reiches lesen, zeigt sich auch in folgender grotesken Weise. Dem Danziger Senatspräsidenten Hermann Rauschning hat Hitler einmal gesagt: «Ist Ihnen nicht aufgefallen, dass der Jude in allem und jedem das genaue Gegenteil des Deutschen ist und ihm doch wieder so verwandt, wie es nur zwei Brüder sein können? Es kann nicht zwei auserwählte Völker geben. Wir sind das Volk Gottes. Besagt das nicht alles?»[163] Hitler war so erregt, das er das Gespräch mit verzerrtem Gesicht und knackenden Fingern abbrach.

Das fortschrittlich-christliche Prinzip in der Menschheitsentwicklung ist das Prinzip, das mit der individuellen Entwicklung und damit mit Geisterkenntnis und universellen Liebe zu tun hat. Alles Zurückfallen in blutmäßig-nationale Gesinnungen, in Rassedogmen gehört einer vergangenen Menschheitsstufe an. Jedes Volk hat, wie wir sahen, eine spezifische Aufgabe in der Entwicklung seelischer Fähigkeiten. Das erste Volk, das in der Vielgestaltigkeit der Naturgötter die Erkenntnis des einen Gottes, den Monotheismus und damit verbunden das Ich-Bin, das Jahwe-Prinzip, entwickeln musste, ist das jüdische Volk gewesen. Diesen Gott nicht als ein äußeres Bild, sondern ganz im Innersten der Seele mit dem Verstand zu begreifen, war die spezifisch jüdische Mission. Dass damit auch der menschliche Egoismus in höchstem Grade verdichtet wurde, weil man das Geistige nur in der eigenen Person sieht und dadurch auch ein gewisser Volksegoismus und Überlegenheitsgefühl entstand, ist verständlich. Man kann sich vorstellen, dass durch diese fundamentale Unterscheidung, verstärkt noch durch die spezifischen neuen Fähigkeiten und Tüchtigkeiten, bei anderen Völkern Abneigung und Antipathie entstehen musste. Das wiederum bedingt Hass, Abgrenzung, Zusammenhalt, Konservierung des Alten und Ghettoisierung.

Dadurch entsteht aber eine Art Verhärtungstendenz im Volkskörper, eine der Schattenseiten der Ich-Entwicklung beziehungsweise des Egoprinzips. Die Ich-Entwicklung, wie sie speziell in Mitteleuropa vorbereitet werden muss, ist jedoch Vorbereitung zur Aufnahme des Christusprinzips und damit über alle Rassen und Blutsbande erhaben. Fällt das Ich hingegen in nationalstaatlich-reaktionäre Gesinnung zurück, so verfehlt es seine Menschheitsaufgabe und muss tiefer fallen als andere Völker, die in der Seelenentwicklung andere Aufgaben haben. Dieses Zurückfallen ins Völkische können wir zu Recht als das größte Unglück des 20. Jahrhunderts bezeichnen. Was sich im Ersten Weltkrieg so unselig auszuwirken begann, das nationalstaatliche Prinzip, steigerte sich im Dritten Reich zu ungeahnter Höhe.

Beide Völker, sowohl das jüdische wie das deutsche, die das Ich-Prinzip zur Aufnahme des Menschheits-Ichs, des spirituellen Christusverständnisses entwickeln mussten beziehungsweise müssen und es damit der gesamten Menschheit zur Verfügung stellen sollen, verfehlen ihre Aufgabe, wenn sie sich in nationalen Egoismen von anderen Völkern physisch wie geistig abkapseln. Man kann nach den vorangestellten Überlegungen gewiss sagen, dass der deutschsprachige Raum, so wie das jüdische Volk den *physischen* Leib des Christus aufgenommen hat, das *geistige* Christusverständnis intellektuell aufnehmen und durchdringen soll, wie das zum Beispiel in der Anthroposophie versucht wird beziehungsweise geschah.

Insofern hat Goethe recht, wenn er von der «Zerstreuung» spricht, denn nicht als amorphe Masse, sondern nur als Einzelner, aus der Freiheit des Ich heraus können diese Impulse wie ein geistiges Ferment – und nicht als kirchliches Dogma – in anderen Völkern wirken. Das beweist die deutsch-jüdische Vergangenheit. Das Jüdische, durch den einzelnen Juden entwickelt hat wie ein feinster Wirkstoff in den verschiedensten Völkern, besonders in Mitteleuropa gewirkt und ihm dadurch zu einer führenden Rolle auf fast allen Lebensgebieten verholfen.

Im gewissen Sinne begann das «jüdische Schicksal» für die Deutschen mit dem Jahre 1914, als sich ein weltweiter Zorn und Vernichtungswille gegen die Kriegstreiber zu organisieren begann.

Man muss fragen, wie es kam, dass die schon vorher schwelende Missstimmung in so kurzer Zeit zu offenem Hass emporloderte, der sich noch immer nicht überall wieder beruhigt hat und gewisse Völker dazu veranlasst, sich bis heute dem deutschen Volk gegenüber als «Bewährungshelfer» hervorzutun?

Verkennen andere Nationen an uns vielleicht ein bestimmtes Menschenbild? Verständlicher mag dagegen erscheinen, dass man im Juden – meist unbewusst – immer noch den Nachfahren der Christusmörder sieht, den Judas, den Verräter Unerlösten, der, wie die Legende vom nie sterben könnenden, unerlösten Ahasver zeigt, durch die Menschheitsgeschichte geistert, weil er immer noch auf den erlösenden Messias wartet.

Konzentrieren wir uns wieder auf den existierenden «Deutschenhass». Aus der Abneigung der anderen entsteht leicht eine seelische Fehlreaktion und nicht die Frage nach der Ursache von Aversionen. Diese wird dann oft mit Hochmut, dem Gefühl, etwas Besseres oder dem Gedanken, Opfer eines Neides zu sein, mit noch mehr Abkapselung, Sich-unverstanden-Fühlen, oder überzogener nationaler Identität beantwortet. Durch die spezifische Aufgabe eines Volkes erwächst ihm auch eine ebensolche Verantwortung. Gegen die rücksichtslose und vielleicht skrupellose Überwindung des christlich betonten Allgemeinmenschlichen zugunsten des egoistisch Nationalen, Prometheischen, Heroischen oder auch gegen den persönlichen und nationalen Hochmut, gegen die Missachtung der Freiheit durch Ausschaltung der Seele im Sachmenschentum, dagegen «richtet sich der Deutschenhass. Es ist ein verschleierter Hass Europas gegen sich selbst. Die Erben der gotischen (christlichen) Ideale hassen (im Deutschen) den rücksichtslosesten Überwinder dieses Ideals.»[164] Damit ist derjenige Menschentypus gemeint, der seine Ichentwicklung und spezifische

Fähigkeit nicht für; sondern gegen die Menschheitsentwicklung gebraucht, und in dem immer noch die unverwandelten, nicht verchristlichten Teutonen- und Nibelungenkräfte emporzukommen drohen und ihn unberechenbar machen. Wir denken an den noch unchristlichen Siegfried im Vergleich zu dem durchchristeten Helden Parzival, Beispiele, die Richard Wagner treffend in seinen Werken gestaltet hat.

So kann man den Hass und Vernichtungswillen der Deutschen gegen die Juden von verschiedenen Ebenen aus ansehen, etwa vom Standpunkt der Scham, selbst von Juden abzustammen, also von einer «minderwertigen» Rasse, weil man sich somit minderwertig fühlt – wie zum Beispiel Hitler und Heydrich. So hat Karl Marx, der Jude war, aus seinem verleugneten Judentum und seiner permanenten Geldnot ein weltbeherrschendes böses Prinzip gemacht: das Kapital und die Verbindung von Judentum und materiellem Wohlstand. «Das Geld ist der eifrige Gott Israels, vor welchem kein anderer Gott bestehen darf. Das Geld erniedrigt alle Götter des Menschen – und verwandelt sie in eine Ware. [...] Es hat daher die ganze Welt, die Menschenwelt wie die Natur, ihres eigentümlichen Wertes beraubt. Das Geld ist das dem Menschen entfremdete Wesen seiner Arbeit und seines Daseins, und dies fremde Wesen beherrscht ihn, und er betet es an. Der Gott der Juden hat sich verweltlicht, er ist zum Weltgott geworden.»[165]

Ein anderes Symptom ist das Neidphänomen. Man sieht in dem anderen, was man eigentlich selbst vollbringen müsste und versucht sein personifiziertes schlechtes Gewissen, wie William Wilson, zu vernichten. Man kann seine eigene negative Seelenseite nicht anerkennen und projiziert sie in ein Feindbild.

Das Wort «Nationalsozialismus» stammt von dem Frühzionisten Moses Hess, der einen spezifischen jüdischen Sozialismus herbeisehnte, den Hitler später mit umgekehrten Vorzeichen zu verwirklichen suchte. Von dem Gestapo-Chef Rudolf Diels sind dazu folgende Bemerkungen überliefert: «Die Vorstellung, dass Sozialismus und Nationalismus zusammengehören und im Grunde die zwei Seiten der gleichen Medaille darstellen, entspringt einer der wichtigsten Konzeptionen der sozialistischen Bewegung innerhalb des Zionismus.»[166] Es ist eine Groteske der Weltgeschichte, dass die Nationalsozialisten am Anfang, als sie die Juden noch nicht ausrotten, sondern «nur» vertreiben wollten, höhere SS-Führer nach Palästina sandten, um sich um Auswanderungsmöglichkeiten für deutsche Juden zu erkundigen.

Der Bericht über diese Unternehmen, der auch gegen die Engländer im Nahen Osten gerichtet war, hat Goebbels so begeistert, dass er eine Gedenkmünze prägen ließ, die auf der einen Seite den Davidstern und auf der anderen das Hakenkreuz zeigt! Jedenfalls hatte der Nationalsozialismus alle Gründe, den nationalen Zionismus, der einen eigenen Staat anstrebte, tatkräftig zu unterstützen, «um jährlich eine zu bestimmende Zahl deutscher Juden nach Palästina oder überhaupt über die Grenze zu befördern».[167] Was weiter geschah, ist bekannt – eine der gewaltigsten Tragödien der Weltgeschichte.

Doppelgängerprobleme können aber nicht durch Schuldzuweisung oder Verdrängung gelöst werden. Erst einmal muss man sich auf die Wahrheitssuche begeben.

Immer noch ist die Frage im jüdischen Volk aktuell, ob Auswandern in den eigenen Staat und dadurch Isolation oder Assimilation in andere Völker die bevorzugte Lösung darstellt. Man sollte daher nicht nur Ersteres betrachten, sondern auch den Assimilationswillen vieler Juden, wenn die Länder ihnen ein Heimatrecht gewähren.

Der von mir hochgeschätzte deutsch-jüdische Schriftsteller Jakob Wassermann, hat in seiner kleinen Autobiografie[168] geschildert, was ihm damals in Deutschland widerfuhr, als er einerseits ein jüdisches Schicksal in *Die Juden von Zirndorf* beschrieb und andererseits die deutsche Tragödie *Kaspar Hauser oder die Trägheit des Herzens*. Er machte sich dadurch in beiden Lagern Feinde. Der deutschen Öffentlichkeit stellte er die alte und immer neue Frage, die ein Jude in Deutschland stellen muss: «Warum schlagt ihr die Hand, die für euch zeugt?«

Kehren wir abschließend noch einmal zu dem «Blut-und-Boden-Mythos» zurück, der in seiner sinnentleerten Einseitigkeit sowohl für das deutsche aber auch das jüdische Volk eine so verhängnisvolle Rolle gespielt hat und noch spielt.

Die Wechselbeziehung zwischen Ich-Konstitution und Landschaft

Wie alle Wahrheiten lassen sich der Einfluss des Bodens, der Landschaft, des geografischen Raums auch zu Halbwahrheiten und Karikaturen machen.

Aus der alten kabbalistischen Weisheit des jüdischen Lebensbaumes, des sogenannten Sephiroth-Baumes, wissen wir, dass der zehnte und letzte Ast, der «Malkuth« – das Feld, das Reich – derjenige ist, der mit den Kräften der Erde und ihrer

Wirkung auf den gesamten Menschen zu tun hat. Diese Kräfte und ihre Wirkungen auf Leib und Seele im Individuellen wie auf den gesamten Volkskörper immer mehr zu verstehen, wird eine Zukunftsaufgabe sein. Letztlich ist es die Frage, wie Geist und Materie zusammen wirken oder wie wir den Abgrund, der sich zwischen unserem Inneren und dem Äußeren auftut, überbrücken können? Was geht zum Beispiel materiell in unserem Kopf vor, wenn wir denken? Was in unserem Blut, wenn wir schlafen, was in unseren Organen, wenn wir bestimmte Gefühle entwickeln?

Das imaginative Denken der Geisteswissenschaft kann diese Kluft überbrücken. So kann man selbstverständlich auch einmal die Frage stellen, über welche physische Brücke der Volksgeist in die einzelnen Völker eingreift und auf sie einwirkt. Jeder Mensch, der sich für eine vertiefte Völkerpsychologie interessiert, wird daher aus den folgenden Ausführungen möglicherweise gewisse Bestätigungen oder Anregungen zu weiteren Beobachtungen finden.

Will man die Völker der italienischen und der spanischen Halbinsel besser verstehen, so muss man die Einflüsse studieren, die als geistige Kräfte besonders durch die Luft, also die Atmung wirken und Sprache, Temperament, Lebenstempo, Gewohnheiten, Tanz, Gesang, Ernährung bestimmen. Luft, Sanguinik empfindendes Gemüt und eine gewisse Leichtigkeit des Seins verweisen auf einen Zusammenhang.

Bei den Franzosen haben wir schon ein erdfesteres Element: das Flüssig-Wässrige. Über diese Brücke wirkt der Volksgeist in die Seelen und Leiber hinein. Wer einmal bis in die medizinische Literatur verfolgt hat, was für eine Rolle das Flüssigkeitsorgan Leber und der Käse – als geronnene Milch – und der Wein für das Wohlbefinden der Franzosen spielt, kann das verstehen. «Die Franzosen trinken vielfach ihren Volkscharakter mit ihren Weinen, aber auch noch mit anderem, was in dem Organismus als flüssiges Element figuriert.»[169]

Gehen wir zu den Einwohnern Britanniens, so finden wir besonders das Materiell-Feste als Brücke des Geistes zu den Menschen. Es ist einerseits der Boden, der auf die Menschen einwirkt und die Beziehung zur Ernährung – was man erst einmal gar nicht glauben will –, die dem Engländer schon morgens eine solide Grundierung gibt: Eier und Speck. Steiner hat es einmal als eine «nicht bloß bissige Wahrheit» bezeichnet, dass radikal ausgedrückt «indem der Engländer sein Beefsteak isst, wirkt der Erzengel an ihm».[170] Das soll nicht im chauvinistischen Sinne gedeutet werden und bezieht sich nur auf den Menschen, insofern er einem gemeinsamen Volkskörper angehört.

Auch gibt es dazu in der populärwissenschaftlichen Literatur Hinweise: «Die übrige Welt erkennt durchaus die Köstlichkeit eines ausgiebigen English breakfast an (ein Frühstück, zu dem Schinkenspeck, Eier, Grilltomaten, Pilze, Kartoffeln, Bücklinge und so weiter gereicht werden). Französische Meisterköche beglückwünschen die Engländer stillschweigend zu ihrem Roastbeef, das es in der ganzen Welt gibt.»[171] Während die Spaghetti ihrem Wesen nach etwas Italienisch-Luftiges und wohltuend Chaotisches ausströmen, haben die Kartoffel und die Pilze als Erdenbewohner etwas Schweres, Lehmig-Dumpfes. Ich will an dieser Stelle nicht verleugnen, dass es in England eine Kultur gibt, die die Erdenschwere aufhebt, die Seele lockert und luftiger macht: das «Diplomatengetränk» Tee als asiatisches Antidot gegen zu starke irdische Verfestigungstendenzen.

In Amerika sind, wie wir schon gesehen haben, besonders die aus dem Erdboden hinausstrahlenden magnetischen und elektrischen Kräfte wirksam. Es ist interessant, bei den Amerikanern besonders der dritten, vierten und folgenden Generation den sich verändernden leiblichen Habitus in der Gesichtsformung und in den Hand- und Fußbildungen zu untersuchen. Es müssen sich Formen ergeben, die besonders mit den Schwerekräften der Erde zu tun haben, das heißt stärkere Leiber; größere Hände und Füße und stärkere Unterkiefer. Nach meiner Beobachtung sind gerade in Amerika die Extreme zwischen übermäßig dick und übermäßig dünn besonders markant ausgebildet.

In Mitteleuropa, im deutschen Sprachraum, ist es wiederum ein völlig anderes Element, durch das der Volksgeist besonders eingreifen kann; es sind dies die verschiedenen Wärmedifferenzierungen. Nach eigenen Erfahrungen und im Gespräch mit in tropischen Ländern lebenden Deutschen stellte sich immer wieder heraus, dass sie alle besonders eines vermissten: neben dem deutschen Wald – und dem Brot – den Wechsel der Jahreszeiten, also die Wärmedifferenzen zwischen innen und außen im Laufe des Jahres. Damit verbunden die speziellen seelischen Erlebnisse, die Gerüche, das Farbenspiel, die Naturstimmungen im Frühjahr und im Winter.

Wärme ist aber halb geistig, halb physisch; ihr physisches Organäquivalent ist das Herz beziehungsweise das Gemüt. Gemüt ist ein einmaliges Wort im Deutschen und nicht in andere Sprachen zu übersetzen. Ist es einem «gemütlich», so ist eine Übereinstimmung zwischen innen und außen gegeben – es wird einem seelisch warm. Begeisterung, Idealismus, die Spiritualisierung des Gedankens und die Mystik – das alles hat mit dem Element Wärme zu tun.

Betrachte ich mich als Redner im Ausland aus der Distanz, so muss ich sagen, dass es mir unbewusst stets ein besonderes Anliegen gewesen ist, in meinen Vorträgen möglichst viel über die Bedeutung der Wärme in den unterschiedlichsten Erscheinungsformen zu sprechen; als Fußbad, als Vollbad mit bestimmten Kräutern, als Bekleidung, als Ernährung, als Seelenstimmung, als soziale Aufgabe beziehungsweise Wärmehülle und in den Jahreszeiten mit ihren Festen.

Bedenkt man, dass der amerikanische Morgen meistens um sieben Uhr mit einem kalten Orangensaft anfängt – man im Auto und im Restaurant wegen der Klimaanlagen auch im Sommer dauernd friert –, in Asien dagegen mit einer warmen Suppe der Tag beginnt, so kann man die Bedeutung der Wärme als Trägerin des Ich ermessen.

Beim Russen existiert dagegen etwas sehr Eigenartiges, das mit dem Licht zu tun hat. Nicht das Sonnenlicht ist es, das vom Kosmos herunterscheint, sondern das Licht, das in die Erde und Pflanzen erst einmal hineingesaugt wird und vom Boden aus wieder zurückstrahlt. Licht und Erleuchtung sind wesensverwandt. Blume und Licht (swet = Licht, zwetok = Blume) sind im Russischen miteinander sprachverwandt. Nirgendwo auf der Welt habe ich soviel Menschen mit Blumen gesehen wie in Russland, und nirgendwo sonst habe ich eine solche Helligkeit in den Wäldern erlebt, die sicher auch mit den Millionen Birken und ihrer weiß strahlenden Rinde zusammenhängt. Überhaupt ist die Beziehung des Russen zum Boden einmalig.

Während man in Amerika eine signifikante Bodenflüchtigkeit hat – die Menschen ziehen ständig um –, ist der Russe bodenständig. Siedelt man einen Russen um oder muss er sogar ins Exil gehen, ist das so, als ob man eine Pflanze aus dem Boden reißt. In früheren Zeiten hat der russische Heimkehrer daher erst den Boden geküsst, bevor er seine Familie umarmt hat.

Licht ist das geistigste Element, in dem lebensspendende Kräfte wirken. Es muss sich mit der Wärme zum Segen der Welt zusammenfinden. Wärme ist der materielle Ausdruck von Liebe, und Licht der von Erkenntnis. Zwei Elemente, derer die Menschheit bedarf.

Wir sahen, dass es der «russische Mensch» sein wird, der dieses höhere Licht, das Geistselbst, als Gegengewicht gegen den westlich orientierten materialistischen Impuls bilden muss. Dem einseitigen irdisch-kalten Nervenimpuls muss der richtige kosmisch-warme Blutimpuls entgegengesetzt werden. Das Männliche braucht ein weibliches Pendant – und das kommt vom Osten! Aus diesem Grund war, ähnlich wie für Deutschland der Nationalsozialismus, für Russland der Bolschewismus ein zerstörerisches, fremdes Element für den Volksgeist. Allerdings haben die Menschen dort mit der ihnen zur Verfügung stehenden religiösen Inbrunst den westlichen Materialismus statt des Spirituellen in beängstigendem Maße aufgegriffen.

Das Verständnis und damit die Mission einzelner Volksseelen, ihres konkreten Lebensraumes und die geografische Beschaffenheit des Bodens war auch Gegenstand einer Betrachtung von Walter Johannes Stein: «Jedes Volk hat sein Geheimnis, das es als Temperament in sich trägt. Eine ganz andere Wesenheit zeigt uns der melancholische Russe als der melancholisch-sanguinische Deutsche oder der phlegmatische Engländer. Und um das zu entwickeln, brauchen diese Völker den entsprechenden geologischen Untergrund. Diese Zusammenhänge sind noch wenig erforscht. Aber man studiere einmal die Einwirkungen des Kalks, die eine so ganz andere ist als die des Granits. Schwaben, als ein Teil Deutschlands, hat eine ganz andere Bevölkerung, die ganz anders ist als die übrige deutsche Bevölkerung. Der Schwabe ist schwerfällig, sagen manche. Andere sagen, er ist religiös. Wieder andere sagen, er hat Sinn für Gemüt und Humor. Alle diese Charakteristika sind richtig. Viele große religiöse oder mystische Bewegungen sind in Schwaben geboren. Aber auch ein solides, sehr angesehenes Wirtschaften.»[172]

Goethe als Prototyp des modernen Menschen

Inwiefern sind Gedanken, sind spirituelle Mächte reale Kräfte, die durch die Zeit hindurchwirken und in den verschiedensten Zeiten angemessen diesen Epochen wieder hervortreten? [...] Goethe empfand noch in seiner Zeit aus seinem Spirituellen heraus die Ohnmacht, das große Mysterium darzustellen, weil er wusste, man möchte sagen, auch aus noch unbewusstem Wirken, dass die tiefsten Gefühle des Seelenlebens herausgeholt werden müssen, wenn man das Heiligste für die Seele erstreben und vor die Seele hinstellen soll. (...)

Was ist damals in Goethes Seele zum Ausdruck gekommen? Es ist zum Ausdruck gekommen, dass, wenn in der neueren Kultur sich die Seele innerhalb ihrer selbst richtig erfasst, diese neuere Kultur in die Seele ein Heiligstes, ein Hehrstes hineinlegt, das Goethe fühlen musste. Was seiner Zeit noch nicht gegeben war; um dieses Heiligste darzustellen, muss aber kommen.[173]

Rudolf Steiner

Goethe war nicht nur ein bedeutender Dichter und Naturwissenschaftler, sondern auch ein exzellenter Kenner der menschlichen Seele und ihrer Abgründe. Das «Dämonische» in ihm und anderen faszinierte ihn und stieß ihn gleichzeitig ab, denn er hatte ein ahnendes Gefühl von den Kräften, die aus unbekannten Tiefen der Seele aufsteigend das Leben des Menschen und der Menschheit sowohl positiv beeinflussen als auch zerstören können.

Er besaß ein intuitives Wissen von seinem eigenen «daimon», seinem höheren Selbst, das ihn so wunderbar zeitlose Kunstwerke schaffen und universelle Lebensweisheiten sagen ließ, dass ganz Europa – auch noch so verfeindete Gruppen – ihn im Sinne einer übergreifenden Orientierung anerkennen konnten. War er aber nur der vom Schicksal begnadete Olympier, der vorbildhaft Leben und Werk verbinden und ohne innere und äußere Brüche darleben konnte? Oder war es nur seine Wunschnatur, die nach Einheit und Harmonie zwischen ihm, seiner Welt und Zeit strebte?

Betrachtet man sein Leben genauer, so ist er als Persönlichkeit – ähnlich wie Richard Wagner, Nietzsche, Thomas Mann und viele andere bedeutenden Naturen – auch ein Kind des 19. Jahrhunderts mit all den seelischen Abgründen, Zerrissenheiten, Zweifeln und Doppelbödigkeiten. Viele Goethe-Biografien spiegeln diese Doppelgängernatur wider und pendeln zwischen unkritischer Verehrung und dem subtilen Herumwühlen im Menschlich-Allzumenschlichen, seinen Beziehungen zu Frauen, seinem Sohn, Schwester, seinem Sekretär Dr. Riemer, was alles man vom Ergebnis her mit seinem Werk kaum in Einklang bringen kann. Berücksichtigt man aber, dass in jedem Menschen zwei Naturen, ein innerer und ein äußerer Mensch, existieren, so wird man in Goethe gerade heute einen verständnisvollen Weggenossen finden. Sein eigenes seelisches Ringen, sein Umgang mit Tod, Verzweiflung, Depression, Angst et cetera, seine Auffassung von Gesundheit und Krankheit im Leiblichen wie Seelischen, seine therapeutischen Ansichten und so weiter sind bestens dokumentiert und werden auch in der gegenwärtigen Medizin ernst genommen.[174] Doch wer war Goethes «daimon», sein eigentlich inspirierender Genius? Liest man in seinem Briefwechsel und seine letzten Gespräche mit Eckermann (1823–32), so ist auffällig, wie oft Gedanken über das «Dämonische» geäußert werden und wie er selbst das Wirken bestimmter «unbekannter und unheimlicher» Kräfte bei sich und anderen beobachtet hat.

«‹Das Dämonische›, sagte er [Goethe], ‹ist dasjenige, was durch Verstand und Vernunft nicht aufzulösen ist. In meiner Natur liegt es nicht, aber ich bin ihm unterworfen.›

‹Napoleon›, sagte ich [Eckermann], ‹scheint dämonischer Art gewesen zu sein.›

‹Er war es durchaus›, sagte Goethe, ‹im höchsten Grade, so dass kaum ein anderer ihm zu vergleichen ist. Auch der verstorbene Großherzog [Carl August] war eine dämonische Natur, voll unbegrenzter Tatkraft und Unruhe, sodass sein eigenes Reich ihm zu klein war, und das größte ihm zu klein gewesen wäre. Dämonische Wesen solcher Art rechneten die Griechen unter die Halbgötter.›

‹Erscheint nicht auch›, sagte ich, ‹das Dämonische in den Begebenheiten?›

‹Ganz besonders›, sagte Goethe, ‹und zwar in allen, die wir durch Verstand und Vernunft nicht aufzulösen vermögen. Überhaupt manifestiert es sich auf die verschiedenste Weise in der ganzen Natur in der unsichtbaren wie in der sichtbaren. Manche Geschöpfe sind ganz dämonischer Art, in manchen sind Teile von ihm wirksam.›

‹Hat nicht auch›, sagte ich, ‹der Mephistopheles dämonische Züge?›

‹Nein›, sagte Goethe, ‹der Mephistopheles ist ein viel zu negatives Wesen; das Dämonische aber äußert sich in einer durchaus positiven Tatkraft. [...]›

Ich war sehr erfreut über all diese Bezeichnungen, wodurch es mir nun deutlicher wurde, was Goethe sich unter dem Begriff des Dämonischen dachte.»[175] Vor seinen Augen standen historische Gestalten wie Raffael, Napoleon, Lord Byron, Egmont und andere bedeutende Künstler und Staatsmänner, in denen er das übersinnliche Wirken, die «positive Tatkraft» als dämonische Kraft wahrnahm. Zu Eckermann äußerte er: Was sind nun die treibenden Kräfte, die die Menschen zu Ideen und Taten inspirieren, die Jahrhunderte und Jahrtausende bestimmen?

«Jede Produktivität *höchster Art*, jedes bedeutende Aperçu, jede Erfindung, jeder große Gedanke, der Früchte bringt und Folge hat, steht in Niemandes Gewalt und ist über aller irdischen Macht erhaben. Dergleichen hat der Mensch als unverhoffte

Geschenke von oben, als reine Kinder Gottes, zu betrachten, die er mit freudigem Dank zu empfangen und zu verehren hat. Es ist dem Dämonischen verwandt, das übermächtig mit ihm tut, wie es beliebt, und dem er sich bewusst hingibt, während er glaubt, er handele aus eigenem Antriebe. In solchen Fällen ist der Mensch oftmals als ein Werkzeug einer höheren Weltregierung zu betrachten, als ein würdig befundenes Gefäß zur Aufnahme eines göttlichen Einflusses. – Ich sage dies, indem ich erwäge, wie oft ein einziger Gedanke ganzen Jahrhunderten eine andere Gestalt gab, und wie einzelne Menschen, durch das, was von ihnen ausging, ihrem Zeitalter ein Gepräge aufdrückten, das noch in nachfolgenden Geschlechtern kenntlich blieb und wohltätig fort wirkte»[176]

Auf Eckermanns Frage, die auch die unsrige sein könnte, «‹In die Idee vom Göttlichen›, sagte ich [Eckermann] versuchend ‹scheint die wirkende Kraft, die wir das Dämonische nennen, nicht einzugehen›», nämlich ob das «Dämonische» göttlichen oder teuflischen Ursprungs sei, antwortete er aus einer der damaligen Zeit angemessenen Erkenntnis: «‹Liebes Kind,› sagte Goethe, ‹was wissen wir denn von der Idee des Göttlichen, und was wollen denn unsere engen Begriffe vom höchsten Wesen sagen! Wollte ich es, gleich einem Türken, mit hundert Namen nennen, so würde ich doch noch zu kurz kommen und im Vergleich so grenzenloser Eigenschaften noch nichts gesagt haben.›»[177]

Bei seinem Freund und Gönner, dem Großherzog Carl August, hat Goethe jedoch einige Eigenschaften beobachtet, die wir gewissermaßen als Archetypen des negativ und positiv wirkenden Dämonischen ansehen können:

- Das Instinktmäßige, also jenseits aller Rationalität wirkende;
- Die magische Anziehung, die solche «besessenen» Personen auf andere Menschen ausüben, die dadurch sogar ihren eigenen Willen verlieren können;
- Die gegen alle rationalen Gründe glückliche Hand, der Anfangserfolg, der die anderen Menschen erst einmal von aller gesunden Skepsis befreit und schlagartig überzeugt;
- Die banale Person, die am Schluss übrigbleibt, wenn das Dämonische, das einen wie gelähmt hat, sie verlässt. Das ist sowohl bei Hitler, wie bei Stalin, Mao und vielen anderen bekannt, die zu ihrer Zeit bejubelt wurden.

«Beim verstorbenen Großherzog war es in dem Grade, dass niemand ihm widerstehen konnte. Er übte auf die Menschen eine Anziehung durch seine ruhige Gegenwart, ohne dass er sich eben gütig und freundlich zu erweisen brauchte. Alles, was ich auf seinen Rat unternahm, glückte mir, so dass ich in Fällen, wo mein Verstand und meine Vernunft nicht hinreichte, ihn nur zu fragen brauchte, was zu tun sei, wo er es denn instinktmäßig aussprach und ich immer im Voraus eines guten Erfolges gewiss sein konnte.

Ihm wäre zu gönnen gewesen, dass er sich meiner Ideen und höheren Bestrebungen hätte bemächtigen können; denn wenn ihn der dämonische Geist verließ und nur das Menschliche zurückblieb, so wusste er mit sich nichts anzufangen, und er war übel daran.»[178]

Die Unterscheidung, die Goethe zwischen sich und dem Herzog vornimmt, erlaubt einen interessanten Einblick. Einerseits das Ergriffensein, das im Einklang mit der Instinktnatur unbewusst das Richtige tut, solange der «daimon» inspirierend wirkt, und andererseits die persönlichen Ideen und «höheren Einsichten», die der Mensch seiner eigenen geistigen Tätigkeit verdankt und die ihn nicht verlassen, sondern sich mit seinem bewussten Ich verbinden und bleiben.

Goethe hat in *Dichtung und Wahrheit* geschildert, wie er schon in frühester Jugend versucht, sich dem «Übersinnlichen» zu nähern, und in den «Zwischenräumen» der eigenen Seele und der Welt Elemente entdeckt, die «ungeheuerlich und unfasslich» sind. Er glaubte, sowohl in der belebten als auch unbelebten Natur Kräfte zu sehen, die sich in Widersprüchen manifestieren und unter keinem gängigen Begriff zu fassen sind.

«Es war nicht göttlich, denn es schien unvernünftig, nicht menschlich, denn es hatte keinen Verstand, nicht teuflisch, denn es war wohltätig, nicht englisch,[179] denn es ließ oft Schadenfreude merken. Es glich dem Zufall, denn es bewies keine Folge; es ähnelte der Vorsehung, denn es deutete auf Zusammenhang. Alles was uns begrenzt schien für dasselbe durchdringbar; es schien mit den notwendigen Elementen unseres Daseins willkürlich zu schalten, es zog die Zeit zusammen und dehnte den Raum aus. Nur im Unmöglichen schien es sich zu gefallen und das Mögliche mit Verachtung von sich zu stoßen. Dieses Wesen, das zwischen alle übrigen hineinzutreten, sie zu sondern, sie zu verbinden schien, nannte ich dämonisch, nach dem Beispiel der Alten und derer die etwas Ähnliches gewahrt hatten.»[180]

Es gibt also Situationen, in denen sich dieses «Dämonische» mehr oder weniger des Menschen bemächtigt ohne von den eigenen moralischen und intellektuellen Befähigungen beherrscht werden zu können. Das gewöhnliche Ich ist wie ausgeschaltet, und die fremde Macht, die Besitz ergreift, ist nicht mehr menschlicher Einsicht und Kontrolle fähig. Höhere, objektive Kräfte aus dem Schicksal und geschichtlichen Werdegang müssen nun wirken – «das Universum selbst» –, um überhaupt noch eine Korrektur zu ermöglichen. Man kann bei nicht wenigen Menschheitsführern erkennen, wo die Geschichte eingreifen musste, kann es aber auch im Kleinen sehen, wenn Menschen wie getrieben von einer «Mission» fast manisch bestimmte Taten zu vollbringen suchen. Blind geworden, logischen Einwänden auch bester Freunde nicht mehr zugänglich, scheitern sie dann an objektiven Welt- und Menschheitsgesetzen, um wieder zur «Vernunft» zu kommen. Wobei sie dann meistens die «böse Welt» verantwortlich machen, die ihre «guten Impulse» nicht verstanden und unterstützt hat.

Goethe hat diesen Prozess und die psychischen Voraussetzungen dazu, genau beschrieben. Es sind dazu keine menschlichen Qualitäten wie besondere Intelligenz, Tugenden oder sogar Herzensgüte notwendig – im Gegenteil. Das Dämonische braucht eine gewisse Leere.

«Am furchtbarsten aber erscheint dieses Dämonische, wenn es in irgendeinem Menschen überwiegend hervortritt. Während meines Lebensganges habe ich mehrere teils in der Nähe, teils in der Ferne beobachten können. Es sind nicht immer die vorzüglichsten Menschen, weder an Geist noch an Talenten, selten durch Herzensgüte sich empfehlend, aber eine ungeheure Kraft geht von ihnen aus, und sie üben eine unglaubliche Gewalt über alle Geschöpfe, ja sogar über die Elemente, und wer kann sagen, wie weit sich eine solche Wirkung erstrecken wird? Alle vereinten sittlichen Kräfte vermögen nichts gegen sie; vergebens, dass der hellere Teil der Menschen sie als Betrogene oder als Betrüger verdächtig machen will, die Masse wird von ihnen angezogen. Selten oder nie finden sich Gleichzeitige ihres Gleichen, und sie sind durch nichts zu überwinden, als durch das Universum selbst, mit dem sie den Kampf begonnen ...»[181]

Es gehört in diesem Zusammenhang zu den wichtigen Erkenntnisaufgaben der Gegenwart und Zukunft, sich gerade dort eine sichere Urteilsgrundlage zu verschaffen, wo Ent-Ichungen zugunsten von dämonischem Wirken auftauchen, die Menschen durch allerlei Magie erst einmal gefesselt und verführt werden und wo schließlich, wie wir aus der eigenen Geschichte wissen, nur die «Banalität des Bösen» übrigbleibt.

Welche «dämonische Seite» wirkte positiv durch Goethe, derer er sich selbst nicht ganz bewusst war, was er, bezeugt durch viele Gespräche, mit einer gewissen Skepsis betrachtete, wenn es um die eigene Person ging? Das führt zu einer Fragestellung, die Rudolf Steiner im Blick auf Goethes Biografie, so formuliert hat: «Wie kommt es, dass plötzlich im menschlichen Leben Gedanken auftreten wie aus eigener Seele entspringend, die in fern davon liegenden Zeiten da waren und nun wieder auftreten?»[182] Ohne die Ideen von Reinkarnation und Karma mit einzubeziehen, ist eine Antwort darauf nicht möglich.

Es existiert in diesem Kontext eine bemerkenswerte Abhandlung, die als «höchst Bedeutsames im deutschen Geistesleben» erschienen ist, die Schrift *Faust und Moses* des Germanisten

Konrad Burdach. In ihr werden die engen Beziehungen, das Wiederauferstehen der Mosesgestalt in der literarischen Faustfigur genauestens erläutert. Goethe hat sich, wie wir wissen, intensiv mit dem Vorderen Orient, Israel, den alttestamentarischen Figuren und auch mit Moses beschäftigt, sich sogar mit ihm identifiziert. «Von den Nibelungen habe ich seiner Zeit so viel zu mir genommen, als mir frommte. Mögen sie jetzt und künftig hin einem jeden auch das Seine bedeuten, für den Augenblick kann ich mich nicht damit befassen. Übrigens komme ich mir bei Gelegenheit des zurückkehrenden Heftes abermals wie der Leichnam Mosis vor, um welchen sich die Dämonen streiten.»[183]

Dieses Auftauchen mosaischer Impulse in der Gegenwart und die innere Verwandtschaft Goethes zu Moses ist bemerkenswert, besonders, wenn man an seine naturwissenschaftlichen Anschauungen denkt. Ohne auf die komplizierte Verflechtung von Faust und Moses einzugehen, seien doch einige Überlegungen zu Goethes und Moses' «daimon» angestellt, als ein Mysterium, das sich von Erdenleben zu Erdenleben offenbart.

Beiden gemeinsam ist, dass sie, aus alten Anschauungen herstammend, etwas Neues bis hin in die Sprachbildung und gesamte Menschheitsentwicklung geschaffen haben. Gerade dieses Phänomen hat den berühmten Goetheforscher Herman Grimm zu einem offenbarenden Vergleich greifen lassen: «Goethe hat im geistigen Leben Deutschlands gewirkt wie eine gewaltige Naturerscheinung im Physischen gewirkt hätte. Unsere Steinkohlenlager erzählen von Zeiten tropischer Wärme, wo Palmen bei uns wuchsen. [...] In ungeheuren Zeiträumen vollzogen sich auf dem deutschen Boden, der in seinem heutigen Zustande so sehr den Anschein des ewig Unveränderlichen trägt, kapitale Umwälzungen. Der Vergleich also lässt sich ziehen, dass Goethe auf die geistige Atmosphäre Deutschlands gewirkt habe etwa wie ein tellurisches Ereignis, das unsere klimatische Wärme um so und soviel Grade im Durchschnitte erhöhte. [...] Goethe hat unsere Sprache und Literatur geschaffen.»[184]

Ähnlich wie Moses die Aufgabe hatte, die sich neu bildenden intellektuellen Fähigkeiten mit dem alten Hellsehen zu verbinden, so ist es Goethe durch intensives Beobachten und Vergleichen in der Natur gelungen, an den äußeren Gegenständen und Phänomenen die geistigen Urbilder zu entdecken, aus denen sich Pflanze, Tier und Mensch sowie das Mineralreich gebildet haben. An der Natur gewonnenes «Hellsehen» kann sich auf diese Weise mit dem «allerheiligsten Mittelpunkte», dem Ich, durch schöpferisches Denken bewusst verbinden.

«Wenn die menschliche Seele fühlt, dass sie in dem Ich so in dem Weben und Leben des Geistigen steht, wie die Völker einst gefühlt haben, dass sie mit ihrem Wesen in den geistigen Weltenkräften stehen, dann fühlt die Seele, was sich dem Moses zuerst durch hellseherisches Erkennen offenbarte und was als der Weltengrund beachtet werden sollte, von dem die Völker durch Moses den Impuls bekamen, und den man mit dem Verstande, der die Erscheinungen der Welt kombiniert, begreifen kann als das, was als eine Einheitlichkeit der Welt zugrunde liegt.»[185] Dieses Bewusstsein eines einheitlich wirkenden Weltengeistes, von dem der Mensch nicht getrennt ist, durchzieht auch das Werk Goethes.

Wie Moses im brennenden Dornbusch die Jahwe-Wesenheit,

dieses Ich-Bin erlebt hat, so hat Goethe die alldurchziehende Göttlichkeit in der Natur erlebt, die sich durch Polarität und Metamorphose äußert und wissenschaftlich nachvollziehbar beschrieben. Durch Moses führte die Entdeckung des Ich-Bin später zur Aufnahme des Christusimpulses, der jeder individuellen Seele einen neuen, spirituellen Inhalt zu geben vermag; durch Goethes Weltsicht kann die Seele wieder soviel an Lebendigkeit in sich rege machen, dass sie den Boden für die Geistigkeit der Welt hergibt.

Man kann aber ebenso empfinden, dass Moses und Goethe in ihrer Mission doch auch polar sind. Moses entwickelte aus dem verdämmernden alten Hellsehen, das dem Menschen von außen gegeben war, eine neue, innere Ich-Fähigkeit, ein individuelles Ich-Erlebnis, Goethe knüpft an die abdämmernden toten Gedanken der Naturwissenschaft an und entwickelt eine neue spirituelle Betrachtung der Natur, indem er den Blick nach außen wendet und dadurch wieder zu einem gesunden Menschen- und Weltverständnis kommt. Mit diesem neuen Bewusstsein, das an alte Fähigkeiten anknüpft und sie somit nach innen und außen erneuert, stehen Moses und Goethe vor der Menschheit. Sie sind Begründer einer neuen, intellektuell-gedanklichen Weltanschauung, «die durchaus noch nicht abgelaufen erscheint, die den Menschen erst wieder lehren wird, die Lebenspraxis in Einklang mit den Naturverhältnissen zu bringen».[186]

Wie eine gewaltige Imagination, die beide verbindet, steht der Durchzug durch das Rote Meer vor uns. Moses konnte die Israeliten so sicher durch das Rote Meer führen, weil sich in ihm in einmaliger Art die Kenntnisse des alten, dekadent gewordenen «ägyptischen Hellsehens» mit denen der Naturzusammenhänge, die auf Beobachtung und Denken aufbauen, vereinigten. Bei den Ägyptern waren die alten Naturinstinkte verfallen und das neue Tatsachenbewusstsein noch nicht entwickelt. Ihr Bewusstsein war zu dieser Zeit nicht mehr maßgebend, und so waren sie ratlos, verwirrt und verfielen dem Unglück. Moses aber, der Bringer des neuen Ich-Bin, konnte seinen eigenen Seeleninhalt mit klaren Welteninhalten füllen und wurde so zum Lebenspraktiker und Retter seines Volkes.

Können wir nicht seit Goethes Zeit eine ähnliche Entwicklung in der Naturwissenschaft beobachten? Auch sie steht ratlos vor den lebendigen Naturtatsachen, ist in weiten Bereichen lebensfremd, zerstörerisch und blind und kann die Menschheit mit ihrer einseitigen Weltsicht nur in den Fluten des Chaos ertränken, wenn nicht ein neuer «Moses» kommt, der die geistigen Urgesetze der Welt entdeckt und die Menschen sicher ans andere Ufer, das heißt in die Zukunft führt. Dieses neue Bewusstsein ist mit dem Goetheanismus und seiner Weiterführung in der anthroposophischen Geisteswissenschaft gegeben.

«Durch die Mission des Moses war die Menschheit bis dahin geführt worden, wo sie einsehen konnte, dass der die Welt durchwebende und durchlebende Weltgeist sich am deutlichsten, am menschlichsten fühlen lässt im Ich-Bin, im innersten Mittelpunkt der menschlichen Seele, dass aber erst das Ich-Bin sich mit einem Gehalte anfüllen muss, der nun wieder die Welt umfassen kann, so dass das arme Wort Ich-Bin reichsten Inhalt erhalten kann.»[187] An eine Verbindung mit der Moses-Individualität ist Goethe zwar nur unbewusst herangekommen, in seinen Anschauungen und Werken können wir sie aber nachempfinden. Wie ein Schatten aus vergangenen Erdenleben haben wir geistige Anteile in unserer Seele, die den Menschen in Vorzeiten noch bewusst waren und die der Herrschaft der Seele entfallen sind; sogenannte «tote Einschlüsse» (Steiner), die im Unterbewusstsein ruhen. Man kann daher sagen, dass man es in der Menschheitsgeschichte mit drei Entfremdungen zu tun hat: der Entfremdung von der göttlichen Welt, der Natur und heute immer umfassender vom eigenen Selbst. Mit den üblichen intellektuellen Anschauungen kommt man aber nicht an diese tieferen Kräfte heran. Als individuelle und kollektive Archetypen können sie den Nährboden bilden für zerstörerische Einflüsse zum Beispiel magischer Art, wie das im Faschismus, Kommunismus, Nationalsozialismus aber beispielsweise auch in der modernen Werbung geschieht.

Zweifel und Disharmonie des heutigen Menschen sind Ausdruck einer Spaltung, die aus dem vergessenen geistig-übersinnlichen Anteil und dem an der Zeit gebildeten äußeren Verstand besteht, aus dem «falschen und wahren Ich». An Goethes Biografie lässt sich diese Spaltung deutlich ablesen, in dem sein innerer Mensch in dauerndem Kampf mit den damaligen kulturellen Gegebenheiten lag und dadurch Depressionen, Selbstmordabsichten, Rückzugsmanöver und andere Schwierigkeiten nicht ausbleiben konnten.

Zwei Naturen lebten in Goethe; eine als hochsinnige, große Seele, durch die er in seinen Werken bedeutende Geheimnisse geoffenbart hat, die wie aus einer versunkenen Innenwelt kamen, und die andere, die ihn quälend und mit Gewissensbissen erfüllend als menschlich-allzumenschlich erscheinen lässt. Der eigentliche Kampfplatz dieser beiden Menschen ist aber das Gemüt, in dem jener Abgrund, die Amfortaswunde, bewusst wird. Wir haben das an anderer Stelle als die Doppelgängerkräfte und den Schicksalsschatten genauer beschrieben. Beides tritt bei Goethe deutlich hervor und macht ihn zu einem Menschen unseres Jahrhunderts.

Ist eine Heilung dieser Wunde möglich? Sie ist es, wenn der Mensch sich mit klarem spirituellen Wissen erfüllt. Dann kann er an die verschütteten Inhalte seiner Seele heran und sich auch vor unbewussten, ihn manipulierenden Einflüssen schützen. Insofern zeichnet sich Goethe in seiner «Doppelnatur» als moderner Mensch aus, der ein Leben lang um die Integrierung dieser toten, vergessenen Einschlüsse gerungen und gelitten hat.

Ob er sich wohl verstanden gefühlt hat, er, der einsame Olympier, der auf einem «inneren Isolierstuhl» saß und durch sein Werk der toten Natur Seele und Geist zurückgab? Wie mag er die Spannung zwischen seinem inneren Wesen und der Welt wohl ertragen haben? Eckermann überliefert einige Äußerungen, die erkennen lassen, dass er sich auf eine reale Begegnung mit dem Gestörten, dem Kranken, dem Reich der Schatten nicht einlassen mochte; wohl wissend, auf welcher Ebene der «Doppelnatur» sich ein solches Erlebnis abspielen würde.

«Die Welt ist so voller Schwachköpfe und Narren, dass man nicht nötig hat, sie im Tollhause zu suchen. Hierbei fällt mir ein, dass der verstorbene Großherzog, der meinen Widerwillen gegen Tollhäuser kannte, mich durch List und Überraschung einst in ein solches einführen wollte. Ich roch aber den Braten noch zeitig genug und sagte ihm, dass ich keineswegs ein Bedürfnis verspüre, auch noch diejenigen Narren zu sehen, die man einsperre, vielmehr schon an denen vollkommen genug habe, die frei umhergehen. Ich bin sehr bereit, sagte ich, Eurer Hoheit, wenn es sein muss in die Hölle zu folgen, aber nur nicht in die Tollhäuser.»[188]

Zur Alltagspsychologie des Bösen

Nicht das böse Handeln ist der eigentliche oder primäre Defekt des Bösen, sondern die Weigerung, sein Vorhandensein überhaupt zuzugeben.[189]

M. Scott Peck

Es wird im Folgenden die Aufgabe sein, dasjenige, was als sogenanntes «Böses» beziehungsweise als Schattennatur seit Ende des 15. Jahrhunderts und mit dem Beginn der Bewusstseinsentwicklung durch die Naturwissenschaft immer stärker in der menschlichen Seele bemerkbar geworden ist, genauer zu betrachten und einige dieser alltäglichen «Kröten» ans Tageslicht zu holen. Ungünstige Faktoren aus der Umwelt, Erziehung, Vererbung – auch Drogen – können dazu beitragen, dass die schlummernden Neigungen durch die spezifischen» Verhältnisse» äußerlich sichtbar werden und zu schlechten Handlungen, ja Verbrechen führen. Wer in bestimmten Situationen erlebt hat, was für zerstörerische Kräfte und sonderbare Neigungen man selbst in sich trägt, weiß, wovon die Rede ist.

Auch destruktive Kräfte sind geistiger Natur. Sie stehen jedoch in einer gewissen Opposition, das heißt in einem Widerspruch zu den konstruktiven Kräften. Nimmt der Mensch sie ohne weiter darüber nachzudenken und ohne moralisches Gewissen auf und lässt er sie, mit seinem Egoismus vermischt, ungehindert wirken, so werden sie in seinen Gedanken und Handlungen zu einseitigen, zerstörerischen Karikaturen dieser geistigen Impulse. Es ist daher ein Charakteristikum jedes genialen Verbrechens, dass sich in ihm die Verdrehung oder Vereinseitigung einer bestimmtem positiven Eigenschaft bemerkbar macht. So sind Einbrecher «Planungsgenies», Fälscher

«Meisterkopierer», Rauschgifthändler exzellente «Kaufleute» und so weiter.

Primär sind die «bösen» Kräfte also nicht dazu da, um solche Handlungen zu initiieren, sondern vielmehr um durch Hindernisse und Einseitigkeiten den Menschen schmerzhaft zu einem selbständigen Bewusstsein und individuellen Entscheidungen zu verhelfen. Ähnlich verhält es sich mit den Kräften des Todes; auch sie sind ja nicht allein dazu da, um den Menschen und die Natur sterben zu lassen. Wird Materie vernichtet, kann wieder neues Leben erblühen und Geistiges frei werden. Erst das Bewusstsein von der Endlichkeit des Daseins ruft bei den Menschen jene Kräfte wach, die besonders in Philosophie, Kunst und Wissenschaft ihren schöpferischen Ausdruck finden. Warum sollte es mit dem «Bösen» anders sein? Diesen Zusammenhang zu durchschauen, kann zu Aktivitäten führen, die als moralische und damit «gute» Taten dem Menschheitsfortschritt dienen können. Und daher ist es notwendig, etwas mehr über die verborgenen Kräfte des Zeitgeistes zu wissen, denn ihr Wirken muss zum Bewusstseinsinhalt werden. Ihn müssen wir verstehen lernen – in seinen fortschrittlichen und retardierenden Kräften. Es wurde ja bereits wiederholt darauf hingewiesen, dass die Empfindungen von Gespaltenheit und das Fühlen einer zweiten Natur in uns Zeiterscheinung darstellen, die mehr oder weniger deutlich bei vielen Zeitgenossen auftreten. Dies kann sogar durch bestimmte äußere Einflüsse dahin führen, dass man sich als mehrere Persönlichkeiten erlebt. Solche Erfahrungen hängen unter anderem damit zusammen, dass wir uns mit unserer seelischen Wesenheit immer mehr von unserem Leib loslösen, also nicht mehr so tief im Körper verankert sind. Bestimmte leibliche und seelische Einseitigkeiten sind die Folge davon.

Auch Drogen, bestimmte seelische Übungen und Atemtechniken können diese Trennungserlebnisse relativ schnell herbeiführen; und besonders die Pädagogik muss hierauf in Zukunft achten, weil solche Phänomene schon bei Kindern – bei Erwachsenen wird manches unter dem Einfluss der überwältigenden Außenwelt abgestumpft – beobachtet werden können; zum Beispiel in extremen Paniksituationen, im Fieber aber auch auf ganz natürliche Art. Dann sind Aussagen wie diese zu hören: «Ich habe dort ein Wesen gesehen, dass mir dieses oder jenes gesagt hat, was ich machen soll», oder es werden auch bedrohliche Erscheinungen wahrgenommen zum Beispiel eine dunkle Person, die neben einem steht.

Zum Verständnis dieses komplexen Sachverhaltes wollen wir eine Thematik aus der Mythologie und Dichtung aufgreifen, nämlich die von Ödipus und Faust, die auf die vergangenen und gegenwärtigen Kulturverhältnisse ein klärendes Licht werfen kann und mit dem sich in der Menschheitsgeschichte wandelnden Doppelgänger zu tun hat. Zwei Grunderfahrungen, die einerseits den vergangenen griechisch-lateinischen Geschichtsraum und andererseits die moderne Bewusstseinsseelenepoche bestimmt haben, sind hierfür heranzuziehen. Dazu müssen wir in ihren tiefergreifenden Wirkungen die seelischen und kulturellen Einflüsse dessen, was wir an anderer Stelle als «luziferisch» und «ahrimanisch» bezeichnet haben, einbeziehen. Erstere dominieren die griechisch-lateinische Zeit, die der Kunst, Philosophie, Schönheit, der Tempel und der Göttererlebnisse. Ahrimanisch durchzogen ist dagegen die Epoche, die mit Beginn der Entdeckungsreisen, der Naturwissenschaft, Technik, also mit der Entgötterung der Welt bewusstseinsbestimmend wird und damit unsere Zeit charakterisiert. Das Luziferische hängt ja, wie wir schon sahen, mit bestimmten Emotionen und Gefühlserlebnissen, mit einem eher bildhaften Traumbewusstsein zusammen und auch mit dem leiblichen Pendant unseres Gefühls- und Emotionslebens: der Atmung und dem warmen Blut. Die ahrimanischen Qualitäten finden wir dagegen in der Schärfe der Sinnesbeobachtung, im kühlen, strukturierten Intellekt, im klaren Denken, das als leibliche Grundlage das Sinnes-, Gehirn- und Nervensystem hat. Dass der heutige Mensch auch noch eine luziferische Natur in seinem Unterbewusstsein trägt, werden wir später noch sehen.

Wird man von Gefühlen, Leidenschaften und Emotionen überflutet, beeinträchtigt dies besonders Atmung und Blutkreislauf. Man kann das als seelisches Gepresst- beziehungsweise Gedrücktwerden bezeichnen, was sich bis in den Traum als Alpdruck äußert und von den Kräften abhängig ist, die als luziferische auf die Welt einwirken. Wir können auch von einer spezifischen Art des «Würgens» sprechen, das besonders als Halsdruck oder als Brustbeklemmung auftritt – und das sich so verfeinern kann, dass es zu einer Art seelischen Würgens wird, wenn wir vor unlösbaren Situationen stehen, nicht in der Lage sind, eine Frage im Examen zu beantworten, uns in einer ausweglosen Situation «das Wasser bis zum Halse» steht oder wir in einem partnerschaftlichen Konflikt den Eindruck haben, eine Schlange würge uns, was im schlimmsten Fall tatsächlich bis zu physischen Halserkrankungen, Atemnot oder sogar Schilddrüsenvergrößerungen führt. Steiner nannte Zweifel und Angst einmal eine Art «verfeinertes Alpdrücken». Bei allen Arten von Atemunregelmäßigkeiten, durch die der Bezug zur Umwelt gestört ist, muss diese luziferische Komponente mit einbezogen werden.

Generell ist festzustellen, dass die griechische seelisch-leibliche Konstitution so veranlagt war, dass sie weniger fest in sich steckte, sondern noch über den Leib hinaus mit der Welt verbunden war. Dadurch war das Selbsterlebnis noch Welterlebnis und umgekehrt. Dieses «Aufgeblähtsein» über sich hinaus, dieses Spüren der Welt, führte aber in der griechischen Spätzeit, in der Geistiges kaum noch unmittelbar zu erleben war und somit die großen Rätsel des Daseins nicht mehr gelöst werden konnten, zu einer immer größeren inneren Not und Unsicherheit. Vor den ungelösten Lebensfragen, die man nicht mehr wie früher beantworten konnte, glaubte man kapitulieren zu müssen. Diese Bedrängung durch die Welträtsel hat der Grieche imaginativ als Begegnung mit der rätselhaften Sphinx bezeichnet, ein bildhafter Ausdruck für die luziferischen Kräfte, die sich von außen in sein unbewusstes Blut- und Atmungsleben einnisteten. Die Sphinx besteht aus einem Menschenhaupt, der übrige Leib ist aus drei Tieren zusammengesetzt: Adler, Löwe und Stier. Das Tierische mit seiner alten kosmischen Weisheit, inspiriert das instinktive Denken. Dieses wird dann «luziferisch», also noch nicht frei und individuell. Die Sphinx wurde somit zur Zweifel- und Fragepeinigerin, bevor sich das eigene selbstbewusste Denken bilden konnte. Dieser Umschlag vom Erleben einer mystisch-verschwommenen, rätselhaft-bedrohlichen Welt in ein genaues, an der Sinneswelt erprobtes sachliches Denken, das die Geheimnisse aufdecken kann, ist als Übergang vom Spätmittelalter in das beginnende Bewusstseinsseelenzeitalter von Umberto Eco in *Der Name der Rose* meisterhaft geschildert worden.

Es ist interessant, dass Hölle auf Hebräisch «scheol» heißt, was soviel bedeutet wie «Frage, die keine Antwort kennt». Der heutige Mensch, der in einer Welt voller Fragen steht, für die er keine Lösung mehr findet, erlebt gewissermaßen die Hölle auf Erden. So glaubten schon die alten Hebräer, dass es die Dämonen sind, die die Antworten verhindern und großen Spaß daran haben, wenn die Fragen ewig ohne Antwort bleiben. Deshalb verführen sie dazu, durch immer raffiniertere Analysen neue Fragen aufzuwerfen und freuen sich, wenn der Mensch an den ungelösten Fragen verzweifelt.

Von dem griechischen Wesenszug, über sich selbst hinauszustreben, der vielleicht noch bei Goethe, Hölderlin oder Nietzsche erlebbar war, ist heute wenig übriggeblieben. Vielleicht nur noch in Krankheitsbildern wie der Hysterie, bei der wir dieses seelische Aufgeblähtsein in einseitig-krankhafter Form wahrnehmen können, das wie eine alte luziferisch-verführerische Kraft sich gegen alles nüchtern-strukturierte und objektive Denken wehrt und sich nicht gesund von der Umwelt abgrenzen kann. Ist es in diesem Zusammenhang nicht interessant, dass Steiner die Allergie einmal als «organisch gewordene Hysterie» bezeichnet hat, eine Krankheit, bei der es sich ja auch um eine Abgrenzungsproblematik handelt? Wo erlebt man heute noch Menschen, die an einer Fragepein leiden und verzweifeln? Luzifer «kocht» höchstens im Blut als übersteigerte Selbstliebe, Eitelkeit und Ehrgeiz. Bevor Rätsel und Fragen in der

Jugend überhaupt aufzukeimen beginnen, hat sie schon eine vorschnelle rationale Antwort für ewig einzementiert.

Es nahte sich aber in der griechischen Kultur ein Zeitpunkt, an dem jene alten Blutskräfte und damit die luziferische Herrschaft langsam abdämmerten und der Mensch den eigenen Verstand auszubilden begann. So war er imstande, das Rätsel der Sphinx zu lösen. Diesen Übergang hat der Grieche in der Gestalt des der Sphinx begegnenden Ödipus dargestellt. Durch die Beantwortung der Frage «Was geht morgens auf vier Füßen, mittags auf zwei und abends auf drei?» – nämlich der Mensch, der am Morgen des Lebens auf allen Vieren krabbelt, auf der Höhe seines Lebens auf beiden Füßen steht und im Alter einen Stock gebraucht – stürzt die Sphinx mit allen ihren Weltgeheimnissen in den Abgrund, das heißt in das Unterbewusste, wo sie weiterhin als mächtige Kraft in den seelischen Tiefen lauert.

Seit dieser Zeit wandern die vorher im Blut wirkenden und damit mehr gruppenhaft orientierten Bewusstseinskräfte in das Nervensystem des Kopfes. Dadurch steht der Mensch zwar seelisch-intellektuell auf eigenen Füßen, seine leiblichen Füße aber, die mit den Erdenkräften verbunden waren, müssen nun ihre Lebenskräfte für den Kopf, für das selbstbewusste Denken, opfern. Ödipus ist der Hinkende, der «Schwellfuß», dem man beide Füße durchstochen hat. Die Verhärtung und Schwächung der Füße und Beine als Folge der zunehmenden Intellektualisierung ist keine bloße Metapher, sondern eine physiologische Realität. Die zunehmende Bedeutung der Fußreflextherapie, der Fußbäder; des Gehens als Maßnahme gegen zu starke Kopfigkeit, ist daraus ableitbar.

Der Mythos ist in seinen Bildern von zwingender und atemberaubender Exaktheit, was die seelische Entwicklung der Menschheit anbelangt. Indem Ödipus den Vater tötet und mit der eigenen Mutter in verbotener Ehe zwei Söhne und zwei Töchter zeugt, wird er endgültig von allen Blutsbanden befreit und zum Heimatlosen, erlebt aber auch den Fluch des Blutes.

Die oben erwähnte Frage der Sphinx nach dem Menschen der Zukunft beinhaltet das Bewusstsein, das sich auf seine eigenen Füße, auf sich selbst stellen lernt. Aber das intellektuelle Bewusstsein währt nur vom Morgen bis zum Abend, ist also unser Tagesbewusstsein, das die Nacht verloren hat. Dieses Geheimnis nimmt die Sphinx mit in unser Unterbewusstsein. Es ist die alte Geisterkenntnis der Welt. Ödipus sticht sich mit eigener Hand die Augen aus, nachdem seine ungewollte Freveltat offenbar wurde, und vollzieht damit leiblich, was seelisch längst schon vorhanden war. Das Tagesbewusstsein verliert die geistige Schau, den Zugang zu den Rätseln der Welt, weil die «Nachtaugen» nicht mehr vorhanden sind. Diese hat der Mensch nun aus der Kraft seines Bewusstseins und nicht mit künstlichen Methoden wie fragwürdigen «Einweihungen» aus seinem Unterbewusstsein, seinem Blut, seinen Organen zu entbinden. Dazu muss die klare Intellektualität benutzt und ins Geistige transformiert werden. Was früher in einer Seele von außen natur- und instinktgegeben vorhanden war, muss nun aus eigener Kraft von innen entwickelt werden, sonst ist man nicht Mensch der Bewusstseinsseelenepoche.

Wie Ödipus auf der Schwelle des alten, abdämmernden blutbedingten Zeitalters die sachliche Natur des individuellen Denkens entwickelt hat, so finden wir für die Jetztzeit den modernen, das heißt aber «umgekehrten» Ödipus, den nach Welterkenntnis strebenden Faust – «Habe nun, ach! Juristerei und Medizin und leider auch Theologie durchaus studiert» –, der am Ende einer abstrakt-blutleeren, intellektuellen Entwicklung eine tiefe Sehnsucht nach Mystik, Welterkenntnis und Emotionalität ausbildet. Gleichzeitig muss er aber auch durch Wirtshäuser, Drogen, Hexenküchen und Liebesabenteuer gehen, um, durch persönliche Erfahrung gereift, seine Fähigkeiten der Welt und den Menschen zur Verfügung zu stellen. Er muss diese Welt in ihrer Geistigkeit und Schönheit durchleben, zwar als *Irrender*, aber als *Strebender* kann er erlöst werden. Er will somit den Luzifer wieder in sich hineinbitten. Als moderner Mensch trifft er nun innerlich auf einen Begleiter, auf eine «ahrimanische Sphinx», die ihn nicht mehr rätselhaft und aufgeplustert von außen bedrängt, sondern sich als sein eigener, innerseelisch wirkender Doppelgänger erweist – der an sich selbst gefesselte, blutleere, gemütsarme, gefühllose, spöttische, äußerst intellektuelle und materialistische Mephisto.

Durch die überhandnehmende Intellektualität erleidet das Seelische einen Verhärtungs- und Austrocknungsprozess, einen Schwund der Lebenskräfte, die im Kopf zu Gedankenleichnamen werden. Deshalb hat diese Kraft, die auch mit dem Teufel identifiziert wird, Bocksfüße, also Verhornungserscheinungen. Es ist der ahrimanische Doppelgänger, der in der Seele des modernen westlichen Menschen lebt. Er kann nicht mehr an die lebendigen Blutskräfte heran und deshalb muss Faust, weil sich der Teufel auch sie zu eigen machen möchte, den Vertrag mit seinem eigenen Blut unterschreiben.

Die mephistophelisch inspirierte Gedanklichkeit äußert sich

heute tatsächlich in einer seelischen Blutleere, mit allen Folgen. Sie zeigen sich im physischen Wärmeverlust wie Vertrocknung, Sklerotisierung, Verhärtungen im Leiblichen, im nüchterntrockenen Verstand aber auch in der Abnahme von Begeisterungsfähigkeit, dem viel zu frühen seelischen Altwerden, dem Zynismus und Desinteresse. Diese Kräfte tragen wir wie einen zweiten Menschen, einen ahrimanischen Doppelgänger in uns, der sich unter anderem in dem natürlichen «Zwang» äußert, materialistisch zu denken und auch darin, in seine eigenen Gedanken eingesponnen oder darin «verzaubert» zu sein. Wir können von einem realen «Vorurteilsdoppelgänger» sprechen, der in jedem Menschen heute zu finden ist. Betrachtet man sich selbst unter diesem Gesichtspunkt, muss man dem gewiss zustimmen, denn meistens verhält es sich durch die Dominanz dieses Doppelgängers so, dass wir bereits ein Urteil fällen, bevor wir eine Sache oder einen Menschen überhaupt wahrgenommen haben. Es sollte aber umgekehrt sein, da man sonst nicht zu einem wahrheitsgemäßen Urteil findet. Aus der Verliebtheit und Verstrickung in die eigenen Vorurteile, Standpunkte und Lieblingsmeinungen wird auch das Korrektiv, das einzig und allein aus der richtigen Wahrnehmung und der daraus resultierenden Vorstellung kommt, immer schwieriger. Diese Tatsachen sollten heute vor allem in der Pädagogik und Volkspädagogik berücksichtigt werden. Deshalb ist auch Goethes Faust, wenn man die tieferen psychologischen Kräfte der heutigen Zeit durchschauen will, ein «Einweihungsbuch» für die sich entwickelnde Bewusstseinsseele mit all ihren Abirrungsmöglichkeiten. Wir finden die luziferischen Motive, Rätsel oder schwierige Aufgaben lösen zu müssen, und das ahrimanische

Motiv der Verzauberung, des Gebanntseins aber auch in vielen Märchen und Sagen wieder.

Der moderne Mensch muss – anders als der Grieche, der seine Ich-Natur der Außenwelt gegenüber stärken musste und dadurch allmählich der Welt verlustig ging – wieder eine seelische Beziehung zur Weisheit in der Welt suchen. Das bedeutet, über sich hinauszuwachsen. Er soll nicht besinnungslos ins Blut und damit in die Emotionen stürzen als Ausgleich gegen das abstrakt-seelenlose Denken, sondern er muss das selbstbewusste Denken zu spiritualisieren versuchen, damit es an der Geistigkeit der Welt wieder Anschluss findet. Die Voraussetzung der gesunden Ichbildung ist die ahrimanische Strukturierung des Denkens, da haben diese Kräfte ihre Berechtigung. Wir dürfen den Todesprozess nur nicht nach außen in die Welt verlagern. In ihr muss vielmehr wieder die Natur des Luzifer wahrnehmbar werden, der das Reich der Weisheit und der Schönheit verwaltet.

Durch gesunde Sinnlichkeit, künstlerisches Empfinden und Schaffen, durch eine Erweiterung des Bewusstseins, durch Weltoffenheit, Weltinteresse, durch «Weitherzigkeit» und Überwindung der festen Standpunkte, Dogmen, der Borniertheit, des unseligen Philistertums und der Diktatur der Mittelmäßigkeit,[190] kann das Tote verlebendigt werden und der Doppelgänger in uns ein gesundes Gegengewicht erhalten. Unser heute eingesponnenes Ich ist und bleibt Teil des umfassenden Welten-Ich und muss zu diesem eigenständig zurückfinden.

Dies kann geschehen, indem aus Selbsterkenntnis wieder Welterkenntnis wird. Das ist die wahre Antwort auf die Frage, wie Seelentod und die zerstörerische Selbstfesselung überwunden werden können. Luzifer peinigte den griechischen Menschen mit unlösbaren Fragen, die ahrimanischen Kräfte heute peinigen uns mit vorschnellen Antworten, billigen Lösungen und Vorurteilen. Dieser «Antwortpein» der heutigen Zeit muss schon in früher Jugend und damit in der Pädagogik entgegengetreten werden. Wir sollten wieder wie Parzival, lernen, die richtigen Fragen an die Welt und an das Schicksal zu stellen, dann können wir den Gral, das heißt die Kenntnis der geistigen Welt erwerben. Wer nicht mehr sucht und fragt, verliert allmählich sein Menschentum. Deshalb sagten ja auch die griechischen Philosophen, dass alles Erkennen mit Staunen und Fragen anfängt. Die tieferen Rätsel können wir nur mit einem neuen Blick in die Welt lösen, der uns unseren geistigen Ursprung bewusst macht. Antwort heißt im Hebräischen «Teschuwa», was soviel wie «Rückkehr» bedeutet. Man kehrt als verlorener Sohn gewandelt und gereifter zurück, als der man ausgezogen ist. So wird der, der ein «Baal Teschuwa», ein Heimkehrer ist, höher eingeschätzt als selbst der Hohepriester und alle Heiligen.[191]

Auf der anderen Seite sind es heute übermächtige Einflüsse von außen, die seelische Verkümmerungen erzeugen, gesunde Entwicklungen einseitig beschleunigen oder verlangsamen, den Seelenboden vieler Menschen korrumpieren und Sehnsüchte ins Unwesentliche abzulenken versuchen. Dieses immer mehr zu durchschauen, ist eine spezifische Aufgabe zur Lösung des Rätsels des «Bösen».

Während sich in älteren Epochen der Menschheit die Widersacherkräfte noch die Waage hielten oder zumindest noch als eindeutig getrennte «Instanzen» wahrnehmbar waren, herrscht heute eine immer deutlicher wahrnehmbare Verknäuelung und Durchmischung dieser einseitigen Impulse vor. Teils maskiert auftretend entstehen Gefühle und Ziele, in denen die eine Voraussetzung bereits Grundlage der nächsten ist. Dieses Wertesystem spielt sich selbst in die Hände. So fordert zum Beispiel eine abstrakte Intellektualität eine immer raffiniertere Sexualität. Diese Knäuel zu entwirren, ist schwierig. Die Gefahr besteht, dass durch eine Verbindung zweier entgegengesetzter Kräfte eine Steigerung in ein drittes, sich im Bösen steigerndes Element entsteht, wie wir im Folgenden noch sehen werden.

Dennoch ist es wichtig, erst einmal gewissenhaft die verschiedenen Aspekte des «Bösen» voneinander zu unterscheiden. Wir wollen uns daher aus der Alltagspsychologie Symptome vergegenwärtigen, mit denen wir es täglich zu tun haben. Eine Frage, die man sich dabei immer wieder stellen kann, ist die, wie es im Seelischen zu Abspaltungen, zu Egoismen, zu Neid, Machtstreben, Eifersucht und Destruktivität kommt. Sie entwickeln oft einen unseligen Automatismus, den man mit gesunder Logik nicht verstehen kann, obwohl andere Teile einer Person ganz «nonnal» und zugänglich sind. Warum verkümmert eine bestimmte Individualität immer mehr zum «Rumpf-Selbst», zum «KZ-Ich» und wird von «Geist-Parasiten» befallen? Offensichtlich können die erwähnten negativen Kräfte nur in ein «Haus» eindringen, in denen der Herr, also das Ich, nicht mehr die Verfügungsgewalt besitzt.

Einen der Hauptgründe dieses Ich-Entwertungsprozesses kann man in der Erziehung und in den mannigfaltigen negativen Zivilisationseinflüssen sehen, die schon früh die kindlichen Seelen affizieren und verbiegen. Der Mensch unserer Zeit kann nicht mehr ungehindert Vollmensch werden beziehungsweise seine intellektuelle und seelisch-moralische Reife erlangen. Dies ist auch in der heutigen Psychologie hinreichend bekannt. Wir können es «Hüllenverkrüppelung», das «Nicht-zu-Ende-geboren-Sein», die «Fragmentierung des Ich» oder das «Jüngerwerden der Menschheit» nennen. Immer treffen wir auf ähnliche Aspekte. Wenn man dem sich entwickelnden Menschen nicht die Möglichkeit gibt, sein Leben lang etwas aus sich heraus zu entwickeln, das heißt zur Reife zu bringen, scheint es offenbar so zu sein, dass Teile seiner Persönlichkeit verkümmern und er dann später versucht, mit fragwürdigen Methoden Versäumtes nachzuholen oder gleichsam aus sich herauszuquetschen.

«Die Geisteswissenschaft», so Rudolf Steiner, «muss den Impuls geben, um das zu erlösen, was in unserem Leibe oder in unserem Schicksal verzaubert liegt. Dazu ist unsere heutige Erziehung lange noch nicht einmal herangedrungen, geschweige denn vorgedrungen. Das wird man einsehen müssen, dass in frühester Jugend in den Menschen ein Impuls gelegt werden muss, damit der Mensch verstehen lerne, älter zu werden. Die Menschen verstehen heute nicht, alt zu werden [...] Jeder hat heute schon einen Standpunkt in der allerfrühesten Lebensjugend. Es ist den Menschen vollständig unbekannt, dass erwartungsvoll die Hoffnung lebt, das Leben berge Geheimnisse, die sich nach und nach offenbaren.»[192]

Wir haben schon in den vorangehenden Kapiteln dargestellt, dass – als Signum des Bewusstseinsseelenzeitalters – die Geisterkenntnis wieder die Kultur inspirieren muss und nicht instinktiv durch die Hintertür kommen darf. Betrachtet man unter diesem Gesichtspunkt gewisse Zeitsymptome, so muss man feststellen, dass durch die einseitigen Kultureinflüsse und durch die Erziehung nicht mehr der Boden für eine gesunde seelisch-geistige Entwicklung bereitet wird. Der Kopf wird zu einseitig ahrimanisch, das heißt durch Standpunkte und Definitionen sklerotisiert und deswegen zu früh alt gemacht. Das Gefühlsleben dagegen wird pubertär unreif gehalten und emotional beziehungsweise sentimental aufgeplustert, das heißt luziferisiert. Dadurch bekommen Denken und Fühlen keinen Anschluss mehr aneinander und werden sogar zu «Feinden».

Nun ist es aber so, dass im Leib und in den Schicksalsereignissen und -begegnungen «verzaubert» geistige Impulse leben, die als eine Art «Erbgut» aus der geistigen Welt aus der «Gefangenschaft» befreit und ins Bewusstsein gehoben werden müssen. Die Menschen spüren diese Kräfte heute in sich rumoren und nehmen sie als unbewusste Sehnsüchte wahr. Werden sie aber nicht bewusst entwickelt, verfällt der Mensch der alten Sphinx und versucht sie zum Beispiel mit Drogen aus der organischen Leiblichkeit herauszuholen, was zwar seine Innenwahrnehmung bereichert, aber nicht zu einer Erweiterung seines Bewusstseins führt. Diese Kräfte werden dann zu geistigen Karikaturen und für negative Impulse benutzt. Hierzu wäre sicher noch vieles zu sagen, besonders wenn man den Geist- und Bildhunger in Betracht zieht, der hinter Medien- oder Drogenkonsum aber auch hinter gewissen Sektenideologien zum Vorschein kommt.

Solche luziferischen und ahrimanisierten Impulsierungen kann man auch im öffentlichen Leben beobachten, wo Menschen durch Titel, Orden, Abstammung, Aussehen oder auch durch ihre Talente hochstilisiert werden und damit die erweckten Sehnsüchte der «Verehrer» und «Fans» auf sich ziehen. Diese individuelle Aufgeblasenheit, hinter der die Banalität lauert und die nur so etwas wie eine künstliche Hülle darstellt, ist ein «luziferisches Produkt». Auf der anderen Seite wird durch ein statistisches und nicht individuelles Denken eine geistige Nivelierung erzeugt, die alle Originalität und individuelle Begabung einebnet. Die Gesellschaft wird dadurch seelisch gesteuert, und es entstehen Massenphänomene und ein Hordenbewusstsein, das in der Apokalypse als Gog und Magog bezeichnet wird.

Wird also das Seelenleben nicht vom Geiste her befähigt, verkommt es zum Brachland und wird zum Nährboden für alle möglichen Parasiten. Nur Fragmente der Persönlichkeit sind dann entwickelt, der Rest bleibt regressiv. So können wir durchaus einen intellektuell hochstehenden Professor oder Manager vor uns haben, der jedoch gefühlsmäßig pubertär geblieben ist. Die seelischen Hüllen von Denken, Fühlen und Wollen, die das Ich im Leben braucht, bleiben unausgebildet und sind unfähig, sich normal zu äußern. Es gibt aber kaum etwas Schlimmeres im Leben, als Kräfte zu besitzen, die man nicht gebrauchen oder richtig entwickeln kann. Diese ungenutzten Energien sind es oft, die sich in die falsche Richtung freisetzen. Ist zum Beispiel in dem Alter, in dem eine gesunde Autorität gefragt wäre, diese nicht vorhanden, kann sich später eine lebenslange pervertierte Autoritätssucht entwickeln. Findet man nicht das Entsprechende, so muss das Ich dies kompensatorisch woanders suchen. Die Persönlichkeit kann sich dadurch nicht wirkungsvoll abgrenzen und bleibt dem Äußeren verhaftet, das heißt, sie sucht sich in ihrer Minderwertigkeit künstliche «Ich-Erhaltungsmechanismen», also Ersatzstücke. Das können Ideologien sein, an die man sich klammert, Menschen, Wertgegenstände oder andere Arten von Ankern und Panzerungen. Da das nicht vollständig ausgebildete Ich aber verwundbar bleibt, neigt es in Situationen, die es infrage stellen, zu Aggressionen oder zum narzisstischen Rückzug. Innerlich kann sich ein Sprengstoff ansammeln, der von ihm nicht kontrolliert werden kann, zumal wenn die äußeren Grenzen und der Halt wegfallen oder zum Beispiel der Alkoholpegel hoch genug ist. Man sehe sich unter diesem Gesichtspunkt Jugendbanden, bestimmte militärische Entgleisungen, Massensportveranstaltungen und andere Zusammenrottungen an.[193]

In der Sprache der Psychologie ist es der in gewissen äußeren Systemen eingepanzerte «Noch-nicht-Mensch», der zu seiner Ich-Erhaltung ein geschlossenes Weltbild, Programme, Drill, Härte, überschaubare Weltbilder von gut und böse, Freund und Feind braucht, um seine Ich-Fragmente zusammenzuhalten. Dissonanzen, Schwebezustände und offene Situationen sind für ihn unerträglich. Man kann sich denken, dass ein solcher Typus der ideale Vertreter bestimmter «Systeme» wird und auch alle Teufeleien gewissenhaft durchführt, wie zu Beispiel die Lektüre von Biografien hochrangiger Nationalsozialisten oder einschlägiger Politiker zeigt. Dieses Gefühl, sich selbst fremd zu sein, das beunruhigt und letztlich bedroht, kann nun aus dem Inneren herausgesetzt und auf äußere Feindbilder projiziert und dort bekämpft werden. Die Angst, durch Fremde im eigenen Land überflutet zu werden, kann gedeutet werden als die «Angst vor dem Fremden im eigenen Inneren, das hinter einem brüchigen Damm gestaut ist.»[194]

Die Fragmentierung der Persönlichkeit und damit Schwächung des Ich erleben wir daran, dass Denken, Fühlen und Wollen immer weiter auseinanderbrechen, sich verselbständigen oder zumindest beziehungslos und teilweise konträr in derselben Person nebeneinander dahinvegetieren. Wiederum ist es die nicht in sich ruhende, charakterarme Persönlichkeit, die zum Einlasstor für das «Böse» oder Dämonische werden kann.

Ein typisches Beispiel dieses täglich geübten psychischen Spaltungsmechanismus ist das Rückzugsmanöver unserer Gefühle aus der emotionalen Betroffenheit und aus unseren Wahrnehmungen und Vorstellungen. In den Medien können wir die fürchterlichsten Dinge registrieren, ohne zu erschrecken oder zu verzweifeln. Das Gefühl wird dabei wie abgestellt, um dann im Alltagsbereich wieder als normales Selbst in der täglichen Sorge, Schuld und Angst zu funktionieren. So spaltet sich das Innere des Menschen immer mehr vom Äußeren ab, das oft seinen unkontrollierten, verselbständigten Gang geht. Heutzutage erwartet man auch kaum mehr die Lösung unserer Zeitprobleme aus politischem Verantwortungsgefühl, aus Visionen und moralischer Sensibilität, sondern von den «unfehlbaren Heilsbringern», und Wundermaschinen mit ihrer künstlichen Intelligenz. Auf diese Weise erleben wir das «Böse» nicht mehr unmittelbar, sondern anonym und maskiert als sogenannte «segenbringende» Wissenschaft und Technik. Diese ahrimanisierte Variante schafft sich auf der anderen Seite ein luziferisches Größen-Selbst, das im technischen Fortschritt eine Art Welterlösungsideal sieht, wodurch die finstere Seite der Destruktivität mit humanitären Begriffen kaschiert werden kann.

Kommen wir noch einmal auf unseren eigenen Seelenboden zurück und betrachten zwei Kräfte, die sich sowohl nach innen wie nach außen offenbaren. Die erste, der Neid, taucht von innen auf und wirkt so, dass wir uns auf Kosten anderer erheben wollen beziehungsweise nicht ertragen können, wenn der andere höher steht oder besser ist als wir. Die zweite, die Lüge, richtet sich auf die uns alle verbindende Wirklichkeit und Wahrheit. Sie wollen wir nicht zulassen, sondern verändern sie willkürlich, verdrehen und manipulieren sie nach unseren subjektiven Gesichtspunkten. Beide «Kröten» spielen in allen Varianten im persönlichen und öffentlichen Leben eine herausragende Rolle. Wir können uns ausmalen, was alles schon passiert ist und sich täglich fortsetzt, seitdem durch Kain der Neid in die Welt trat. Das Gleiche gilt auch für die Lüge, die uns im Paradies eingepflanzt wurde, als uns die «Augen aufgetan» wurden und wir statt der göttlichen nur eine den Sinnen zugängliche Welt erlebten, die wir dann nach unserem Gutdünken zu bearbeiten begannen.

Auch in der individuellen Entwicklung spielen beide Kräfte schon frühzeitig eine Rolle wie zum Beispiel der Neid in der Geschwister-Eifersucht. Wir ertragen es oft schwer, wenn andere uns in Glück, Erfolg, Besitz und Aussehen überlegen sind. Unsere luziferisch infizierte Seele möchte Überlegenheit oder zumindest Gleichheit mit dem anderen erlangen und kann nicht zulassen, dass dieser die Früchte genießt, die er sich nun einmal erarbeitet hat oder die ihm zugefallen sind. Aus der sich immer weiter verbreitenden Minderwertigkeit des Ich muss Neid – zum Beispiel Sozialneid – entstehen, weil das eigene Selbstwertgefühl gestört ist. Hier sollte man sich einmal ganz bewusst die Fragen beantworten: Weshalb bin ich so, wie ich bin, und nicht ein anderer? Und was bedeutet diese Verschiedenheit zu anderen Menschen, warum sind sie so, wie sie sind? Dann wird man allmählich das Neidgefühl transformieren können. Erst wirkliches Interesse für den anderen kann das Problem überwinden. Der Neid ist eine Eigenschaft, die mit dem stärksten Egoismus zusammenhängt, den man sich vorstellen kann, das heißt mit dem aufgeblähten luziferisierten Ich.

Es ist ein Charakteristikum der negativen Eigenschaften Neid und Lüge, dass sie sich so maskieren können, dass man ihre ursprüngliche Tendenz nicht mehr entdecken kann. Bekämpfen beziehungsweise unterdrücken wir nur äußerlich die in uns ruhenden neidischen Veranlagungen, die bei manchen Menschen als mitgebrachte Schwächen sehr stark sein können, treten sie durch die seelische Hintertür in einem anderen Gewand wieder ein. So wird beispielsweise aus unerlöstem Neid eine treffsichere Kritik- und Tadelsucht, das heißt man sieht beim anderen sofort die Schwachstellen und vermindert durch den Tadel dessen Wert. Dadurch wird man selbst besser, ohne etwas konkret dazu beigetragen zu haben. Man möge beobachten, wie schnell man die Schwächen des anderen entdeckt, nicht aber den Balken im eigenen Auge.

Lügenhaftigkeit ist eine seelische Schwäche, die das allgemeinverbindende Band der Wahrheit zerreisst. Auch das willkürliche und damit falsche Urteil gehört dazu. Dieses gestörte Verhalten zur Welt können wir «ahrimanisch» nennen. Auch dieses kann maskiert auftreten und äußert sich dann als Oberflächlichkeit und Nachsicht[195] der Wahrheit gegenüber. Man ist mit einfachen, voreiligen Meinungen und Vorurteilen zufriedengestellt und will sich nicht anstrengen und in die Tiefe dringen. Wie viele dieser Vorurteile mag es wohl über die Welt und die Mitmenschen geben, die lediglich ausgedacht sind und in denen man sich seelisch suhlt? Wiederum stoßen wir auf das pädagogische Problem, dass Menschheits-, Weltinteresse und Wahrheitsliebe von Jugend an gepflegt werden müssen, um den Wert des anderen und der Welt anzuerkennen.

Neid, Missgunst und Eifersucht sind meiner Wahrnehmung nach unter den Menschen weit verbreitet und gehören zu den Hauptgründen für die Schwierigkeiten im sozialen Miteinander. Sie hängen unter anderem mit einem falschen Gleichheitsempfinden zusammen. Gleich können wir nur vor dem Recht sein, aber nicht im Ökonomischen oder gar Geistigen. Und erst wenn man selbst etwas ist beziehungsweise werden durfte, kann man am anderen Freude und Interesse entwickeln.

Wir kommen zum Schluss noch zu einer Problematik, die ab der Pubertät archetypisch in aller Deutlichkeit nach außen tritt und lebenslang erhalten bleibt, wenn sie nicht von den höheren Kräften des Ich verwandelt wird. Es handelt sich zum einen um die auf sich selbst bezogene Kraft in der übersteigerten Selbstliebe, dem Haften am Selbstgenuss, was wir generell als «Erotik» bezeichnen können, und zum anderen um den sich nach außen richtenden Machthunger, das Streben nach Beherrschung des anderen. Auch diese Kräfte spielen im Mitmenschlichen eine gewaltige Rolle und müssen durchschaut werden.

Wir haben gesehen, dass es die alte Sphinx, das luziferische

Element in unserem Unterbewusstsein ist, das zu dominieren beginnt, wenn wir die übersteigerte Eigenliebe nicht verwandeln und sie als Liebe auf die Schönheit und Rätselhaftigkeit der Welt anwenden. Werden die Fragen und Rätsel dieser Welt in der Jugendzeit nicht grundlegend angesprochen, oder kommt der Jugendliche nur mit Erkenntnisskepsis oder gar Zynismus in Berührung und gibt es dazu auch noch Lehrer, die wehleidig und verdrießlich nur ihr eigenes niederes Ich schätzen, bekommen wir in den Jugendlichen die genauen Ebenbilder dieses selbstsüchtigen Verhaltens oder die Rebellen, die permanent gegen eine solche Erziehung opponieren. Ist dann, wie das in vielen Schulen offensichtlich der Fall ist, der Unterricht auch noch langweilig, appelliert er nicht an das jugendliche Gemüt und weckt somit auch kein Weltinteresse, so wendet sich die Seele auf das eigene Innere und sucht in sich, was sie von außen nicht erhält. In einer amerikanischen Tageszeitung erschien Ende der neunziger Jahre eine sechsteilige Serie über die Schulverhältnisse in den USA, wobei eine der Titelüberschriften lautete: «United in boredom» – vereinigt in der Langeweile. So entsteht zum Beispiel im übersteigerten Maße ab der Pubertätszeit die altersentsprechende «Erotik», das An-sich-selbst-Kleben, das genüssliche Selbstempfinden und wohlige Selbstwahrnehmen. Man kann auch den sich epidemisch verbreiteten Haschischgenuss, der diese Tendenzen steigert, einmal unter diesem Aspekt sehen. Dieses narzisstische Element der Selbstliebe, das in der Pubertät bei der Geburt der individuellen Seele naturgemäß auftaucht, aber durch die Erziehung gewandelt werden muss, ist in seiner Übersteigerung heute ein direktes Zivilisationsprodukt und findet in der Lust an sich selbst und in «sex, drugs and rock'n roll» seinen äußeren Ausdruck. «Und wenn die Kinder kein Interesse an der Welt haben, ja, an was sollen sie denn denken? An nichts anderes, als was in ihrem Körper, in ihrem Herzen, ihrem Magen, in ihrer Lunge vor sich geht, wenn in einer langweiligen Weise geredet wird vom Mathematischen, Geschichtlichen und so weiter. Durch die Ablenkung des Interesses an die Welt kann man das einzig und allein verhindern, und darauf kommt ungeheuer viel an. Im Grunde genommen ist bei dem Überwiegen der Erotik überhaupt bei dem zu viel Rücksicht nehmen auf die Erotik der Kinder in diesem Lebensalter, wenn sie noch in der Schule sind, dann immer die Schule daran Schuld.»[196]

Diese nie ganz überwundene pubertäre Tendenz der narzisstischen Fixierung auf sich selbst – das «Astralstadium» der Persönlichkeit – kann als seelische Reifestörung das ganze Leben über andauern. Die Seele bereichert sich zwar durch Selbstgenuss und Zuwendung von außen, das Ich hingegen durch Hingabe nach außen und Weltenliebe. Nicht nach innen, sondern auf die Welt gerichtet, zeigt sich nun, ab der Pubertät – im Tierreich übrigens wunderbar zu beobachten – der luziferische Machtkitzel, der Machttrieb. Es wird dann zum nicht nachlassenden Bedürfnis, sich zu erhöhen, andere niedrig zu halten, damit man selbst größer erscheint, anderen seinen Willen aufzudrücken und ihnen Angst zu machen – ein lüsterner Kitzel, der das andere Ich in seinem Wert nicht bestehen lässt, wie wir es auch schon beim Neid kennengelernt haben.

Ist die Erotik die übersteigerte Liebe zu sich selbst, so der Machttrieb die mangelnde Liebe nach außen. Dieses Liebesproblem hat auch C. G. Jung gesehen. «Wo die Liebe herrscht, da gibt es keinen Machtwillen, und wo die Macht den Vorrang hat, da fehlt die Liebe. Das eine ist der Schatten des anderen.»[197]

Die natürliche Signatur der Seelengeburt in der Pubertät, die sich nach außen durch gewisse Machtspiele Raum schaffen muss – man beobachte einmal die Jugendlichen in diesem Alter auf dem Schulhof oder in Gruppen mit ihren bestimmten Unterwerfungsritualen – und die sich in ihrem natürlichen Weltschmerz erst einmal selbst am nächsten ist, muss ab dem dritten Jahrsiebt durch geeignete pädagogische Methoden transformiert werden, sonst bleiben diese Tendenzen lebenslang bestehen. Wir haben schon auf die Gefahr aufmerksam gemacht, dass die Persönlichkeit dann auf der Astralstufe – also Tierstufe, was «Futterneid» und «Hackordnung» bedeutet – stehen bleibt und ihre Ichwerdung nicht erreicht. Wird diese Selbstliebe nicht verchristlicht, das heißt in soziale Liebe und Interesse am anderen verwandelt, muss sie letztlich in selbstzerstörerischer Eigenliebe und Egoismus steckenbleiben. Kann aber durch geeignete pädagogische Einflüsse das zu einseitig nach innen Gerichtete nach außen gewendet werden, wandelt sich Selbstliebe in Weltenliebe, und aus dem einseitig nach außen gewandten Machttrieb wird sich eine Fähigkeit nach innen bilden, die eine der Grundtugenden des Menschen darstellt: Beherrschung, Kontrolle und Macht über sich selbst. Goethe beschreibt diese Qualität des gereiften Bewusstseins: «Von der Gewalt, die alle Wesen bindet, befreit der Mensch sich, der sich überwindet.»

Es ist interessant, dass sich die moderne Psychoanalyse auf diese beiden «Astralkröten» Erotik beziehungsweise Sexualität (Freud) und Machttrieb (Adler) begründet. Diese Polarität in unserem Seelenleben geht bis in die altindische Kultur zurück. Dort sprach man von den drei weltlichen Zielen oder den irdischen «Fesselungen» Liebe und Lust (kama), Macht und Erfolg (artha) und die gesetzliche Ordnung und sittliche Tugend (dharma), die durch eine gute Erziehung und kulturelle Einflüsse die zwei antisozialen Triebe, den erotischen und aggressiven, veredeln sollen.

Um Missverständnisse zu vermeiden, möchte ich an dieser Stelle einfügen, dass wir die astralischen Tendenzen der Erotik und des Machtkitzels natürlich nicht von heute auf morgen «wegmetamorphosieren» können, sondern dass sie als latente, manchmal sogar offene Energien immer vorhanden sind, auch wenn sie sich manchmal hinter altruistischen Begriffen maskieren. Ihr Zusammenspiel in der eigenen Seele zu durchschauen, ist für die Erlösung des Schattens auch im partnerschaftlichen Zusammenleben ebenso wichtig wie schwierig. So ist in jeder Erotik und Sexualität auch immer etwas vom Machtstreben, von der Gefahr der Manipulation und dem Beherrschen-Wollen vorhanden, was sich bis zur sexuellen Abhängigkeit steigern kann. Das gesunde Ich kann diese Tendenz aber immer wieder ins Gleichgewicht bringen. Umgekehrt ist in jeder Machtausübung auch immer ein erotischer Kitzel enthalten, er kann sogar zum Ersatz für unterdrückte oder nicht ausgelebte Erotik werden. Dass aus mangelnder Liebe und gesunder Selbstliebe ein solcher Hang zur Machtausübung resultiert, ist auch als sogenanntes «Klingsorsyndrom» bekannt. Ich habe das bei manchen Institutsleitern und Managern studieren können. Man sollte bei übermäßigem Machtstreben immer auch auf diese nicht gelebte erotische Rückseite achten. Es kann natürlich auch aus einer mangelnden Selbstbehauptung die umgekehrte Tendenz zur übersteigerten Selbstliebe entstehen; eine einseitig ausgelebte Sexualität. In vielen Berufsgruppen und sozialen Zusammenhängen wird die übersteigerte Selbstliebe und gleichzeitig der Macht- und Manipulationswille beziehungsweise Vernichtungstrieb einem Konkurrenten gegenüber konsequent ausgelebt. Wir haben dieses Phänomen an anderer Stelle den Bruch in Sentimentalität und Brutalität genannt.

Fatal wird die Polarität von Macht und Erotik aber erst, wenn sich diese Kräfte «verknäulen» und somit zu einer Steigerung ihres Zerstörungspotenzials führen, dem Genuss an der Vernichtung des anderen. Denn es ist ja gerade das Signum der Erotik, dass sie, auch wenn sie sich zum größten Teil auf einen selbst richtet, doch letztlich mit Liebe und damit Leben zu tun hat. Wird diese Kraft nun zur «Liebe», zum Genuss an der Vernichtung, dann sind die beiden im Leben wirkenden Kräfte Eros und Thanatos (Liebe und Tod) eine schauerliche «Ehe» eingegangen. Der im Menschen wohnende «Todestrieb» hat sich in einen «Teufelstrieb verwandelt, einen Trieb zur Negation und Destruktion, zur Zerstörung der lebendigen Substanz».[198] Die Zerstörung braucht das erotisch-selbstische Genussecho. Nur an der Grausamkeit kann es sich berauschen.

Ich möchte, um diese Tatsache etwas zu erhärten, an zwei extremen Schicksalen demonstrieren, wohin die Vermischung von Macht und Erotik, die wir alltäglich auch im Kleinen beobachten können, führen kann, wenn sie ihre wahre Natur offenbart. Gemeint sind zwei Massenmörder denen man sogar offiziell eine «dämonische Besessenheit» bescheinigt hat und die merkwürdigerweise, als sie endlich gefasst wurden, keine Reue, sondern Erleichterung zeigten, von diesem Tötungsautomatismus befreit worden zu sein. Der eine, Jeffrey Dahmer, hatte in Milwaukee/USA 17 junge Männer auf bestialische Weise umgebracht, Kannibalismus begangen und ist 1992 zu lebenslanger Haft verurteilt worden. 1994 wurde er im Gefängnis auf ungeklärte Weise mit einer Eisenstange erschlagen.

Der andere war der «Todesengel von Rostow» (am Don), Andrej Tschikatilo, ein unauffälliger Biedermann, der insgesamt 53 Menschen gequält, gefoltert, verstümmelt und ermordet hat. Er wurde 1990 gefasst und später hingerichtet.

Ich habe mich nach dem Lesen ihrer Biografien[199] in beiden Ländern persönlich erkundigt, ob die veröffentlichten – teils unglaublichen – Tatsachen der Wahrheit entsprechen. Sie tun es!

Aus dem Leben und der Entwicklung beider Männer seien kurz einige Tatsachen herausgestellt, die mit der hier anstehenden Problematik zu tun haben. Dabei ist besonders die Fehlentwicklung von Jeffrey Dahmer, die wir aus erster Hand von seinem Vater geschildert bekommen haben, aufschlussreich.

Jeffrey wächst in einer schon von Anfang an gestörten Ehe auf. Seine Mutter hat während der Schwangerschaft viele Tabletten genommen. Schon früh fand bei dem Jungen ein seelisches Rückzugsmanöver statt, und es zeigte sich eine perverse Neigung, allerlei totes Tiermaterial und besonders Knochen zu sammeln und zu untersuchen. Die Faszination für das Unlebendige steigerte sich derart, dass er später sogar menschliche Leichen ausgrub. Menschen, die er in sein Haus lockte, schlug er erst bewusstlos, dann tötete und sezierte er sie. Der Vater berichtet, dass sich ab dem zwölften Lebensjahr eine eigenartige Form von Leere und Gefühllosigkeit zu entwickeln begann, einhergehend mit totalem Desinteresse für die Welt. Aus Mangel und Unmöglichkeit von Zuwendung und Zärtlichkeit, zeigte er zunehmend den Trieb, Lebendiges zu kontrollieren und zu beherrschen. Absolute Macht hat man aber nur über das Leblose – so machte er alles leblos, um der «Liebe» sicher zu sein und sich die Objekte, so wie er es wollte, buchstäblich einzuverleiben. Menschen wurden auf diese Weise zu reinen Sachen gemacht, also «entlebendigt», um gewiss zu sein, sie kontrollieren und behalten zu können. Es entwickelte sich auch der typische Weg eines jungen Menschen mit starken Minderwertigkeits- und Vereinsamungsgefühlen – bizarren Clownerien in der Schule, Drogen, Alkohol, Diebstahl, homosexuellen Experimenten, Exhibitionismus und Pornografie. Überall musste die entbehrte Zuneigung mit Gewalt erzwungen werden.

Was hätte man früher tun müssen, um diese einseitigen Neigungen durch pädagogische Einflüsse in eine gesunde Richtung zu lenken? Vielleicht hätte dann aus der «Begeisterung» für tote Tiere und Knochen ein begabter Anatom, Tierpräparator oder Orthopäde werden können. Aber der Tötungsautomatismus nahm seinen Lauf, indem sich durch ein Ereignis, das auch der Mörder von Rostow erlebt hat, das Töten, Quälen und Fließen von Blut mit sexuellen Erregungen koppelte. Beide Mörder hatten im normalen sexuellen Verhalten an Impotenz beziehungsweise Versagensangst gelitten. Die Verbindung vom Schneiden in lebendes Fleisch beziehungsweise Quälen mit gleichzeitiger Sexualerregung ist als schwarzmagische Technik bekannt. Vielleicht lassen sich unter diesem Aspekt auch gewisse Vorfälle im ehemaligen Jugoslawien oder in Somalia besser verstehen. Interessant ist unter anderem, die Aussage von Dahmers Vater, dass viele negative Charakterzüge seines Sohnes auch in ihm in seiner Jugendzeit latent vorhanden waren, er sie aber durch gute Erziehung sublimieren konnte. So war er in seiner Jugend ein Pyromane, wurde aber durch aufmerksame pädagogische Hilfe in die richtige Richtung gebracht. Er wurde Chemiker und konnte dort seinem pyromanischen Trieb kontrolliert nachgehen und ihn somit positiv einsetzen.

Es war also die fatale Verbindung von Sexualität und Tötung, die letzte Konsequenz von Erotik und Machtkitzel, die in beiden Biografien den Beginn eines zwanghaft-automatischen Tötungswillens hervorgerufen hat, um sich in einer pervertierten Art das zu holen, was man entbehrt hatte: Zuneigung und Liebe.

Ähnlich wird dies im Fall Andrej Tschikatilo geschildert. «Während er [Tschikatilo] bei einem Rendezvous mit einem Mädchen zusammensaß und mit ihr schmuste, machte sie ihm plötzlich klar, dass sie genug hätte, und sie versuchte, sich aus seinen Armen zu befreien. Doch er wollte sie nicht loslassen. Einen Augenblick lang genoss er das Gefühl der Spannung, während sie gegen ihn ankämpfte und dabei vergeblich versuchte, seine muskulösen Arme zu öffnen. Nach kurzer Zeit gab er auf und ließ sie los, aber mitten im Kampf hatte Tschikatilo gespürt, wie er in seine Hose ejakulierte. Es war nur ein einzelnes, unbedeutendes Ereignis, doch es reichte aus. In seinem Unterbewusstsein war die erste gefährliche Verbindung zwischen sexuellem Genuss und körperlicher Gewalt geknüpft.»[200]

Solche Tendenzen von zerstörerischen Automatismen im

menschlichen Seelenleben und in den Weltereignissen zu durchschauen und eine reale Vorstellung der «Technik des Bösen» zu bilden, gehört heute zur gesunden Entwicklung der Bewusstseinsseele. So tragisch auch manche Dinge für den einzelnen und für ganze Menschengruppen sind, so tragen sie doch dazu bei, nach den tieferen Ursachen dieser Tragödien zu fragen. Wie wir schon sahen, brauchen wir nicht mehr resigniert in der «Hölle der Antwortlosigkeit» stecken zu bleiben. Antworten, die nicht nur um einer möglichst einfachen, bequemen Lösung willen gefunden werden, geben die Zuversicht, auch in Zukunft schreckliche Ereignisse wenigstens besser verstehen zu können und so eine neue Art von «Ergebenheit» beziehungsweise Andacht für die Geschehnisse des Lebens wecken. Gibt es in der Zeit aller Wertverluste nicht auch den Weg, das Gute durch das Negative und Zerstörerische erst recht zu erkennen, weil wir Schmerz und Leid erfahren, und es dann in positive Taten umzusetzen?

Seelenarbeit

Das Leben, das sich nur erhalten will, verwirklicht sein biologisches Programm, nicht aber seine menschlichen Möglichkeiten. Es kommt auf die Steigerung des Selbst an. Ein Selbst kann aber nur so über sich hinauskommen, dass es einen Teil von sich preisgibt – opfert. Zur Selbststeigerung gehört das Selbstopfer. Dass jeder Mensch eine Würde besitzt, ist eine menschenfreundliche und darum nützliche gesellschaftliche Fiktion. Aber darüber hinaus gibt es noch eine Würde, die einem nicht zugesprochen wird, sondern die man sich erwirbt, mit Schweiß und Tränen.[201]

Rüdiger Safranski

Wir haben im Laufe der Kapitel gesehen, dass sich durch das Auseinanderklaffen zwischen unserer seelischen Innenwelt und den äußeren Zivilisationsgewohnheiten mit all ihren Disharmonien und ihrer Undurchschaubarkeit eine gemütsstarke, autonome und damit seelisch gesunde Persönlichkeit nur schwer bilden kann. Ein Grundzug in unserer schnellebigen Zeit ist zum Beispiel der, dass die Menschen extrem langsam denken, also das Bewusstsein mit den sich veränderten Tatsachen nicht mehr mithalten kann. Die innere Gespaltenheit wird somit zu einem alltäglichen Erlebnis. Durch den Bruch und die Beziehungslosigkeit zwischen innerer und äußerer Welt, der zu Gemütsverarmung beziehungsweise völligen Verkümmerung führen kann, richten sich erfahrungsgemäß die Gefühle mehr auf sich selbst. Dadurch entsteht Hunger nach Surrogaten wie künstlich gemachte Gefühle, Sehnsüchte und Bilder; was wir im alten Sinn als Befriedigung durch «Brot und Spiele» bezeichnet haben. Der Manipulation des Seelenlebens steht damit Tür und Tor offen. Die drei Seelenkräfte des Menschen Denken, Fühlen und Wollen finden nur schwer Anschluss aneinander und geraten in Verwirrnis und Orientierungslosigkeit.

Oft wird eigenes Fühlen mit objektivem Denken verwechselt, das im Fernsehen Geschaute wird, weil mit eigenen Augen gesehen, als absolute Autorität anerkannt, die Gedanken bleiben meist im Kopf stecken. Dies ist daran zu erkennen, dass trotz des vielen Wissens nur wenig davon umgesetzt wird. Willensimpulse werden häufig automatisch, ausschließlich von außen gesteuert und vom Erkenntnisleben abgekoppelt. So habe ich öfters erlebt, wie spirituelle Gedanken relativ leicht aufgenommen und aus dem Kopf reproduziert werden, man aber nicht in der Lage war, den Raum, in dem dies gesprochen wurde, zu säubern oder die Kaffeetassen abzuspülen. Die Mitte des Menschen, das Gemüt als Mittler zwischen Denken und Wollen, zwischen Ich und Welt beginnt zu bröckeln.

Da aber auch Fehlentwicklungen ihren Sinn haben und die Widersachermächte den Menschen zur inneren Stärke und zur Erkenntnis beziehungsweise Selbsterkenntnis aufrufen sollen, kommt heute alles auf den Erkenntniswillen des Einzelnen an, also inwieweit er fähig ist oder wird, sein Ich als das bestimmende Element – das heißt autonom – in das Weltganze einzugliedern. Dass dieser Prozess durch eine Vielzahl von politischen und gesellschaftlichen Verfehlungen gefährdet ist, wurde an verschiedenen Stellen gezeigt. Einzig und allein das Ich ist in der Lage, aus klarem Bewusstsein heraus die Welt und auch sich selbst zu verwandeln, Niederes in Höheres zu entwickeln und aus seinem passiven Zustand – also «Leiden» – in ein leidensüberwindendes Tun zu gelangen. Der eigentliche Stachel zu dieser Selbsttätigkeit ist seit alters her das «Böse», die Widersachermacht, der Widerstand, der heute auf allen Lebensgebieten zu finden ist und förmlich nach Reformen und Heilung schreit. Es kommt dabei aber nicht allein auf die schnellen Resultate an, sondern auf das strebende Sich-Bemühen, das auch Irrtum nicht ausschließt und sich nicht durch eigene Programme oder Dogmen lähmen darf. Je mehr umfassende Welt- und Menschenerkenntnis unsere Willensimpulse und unsere Taten durchleuchtet, desto mehr sind wir in Übereinstimmung mit dem Weltganzen. Friedrich W. J. von Schelling nannte dies das «Hellwerden des Willens», der zur Weltenliebe wird und den klaren Verstand nicht ausschließt.

Im Folgenden werden einige Gedanken ausgeführt, welche die Grundvoraussetzungen dafür bieten sollen, um an der eigenen Schattennatur zu arbeiten. Ich werde nur Selbsterlebtes und an anderen Beobachtetes darstellen oder Erkenntnisse referieren, die mir einleuchtend und nachvollziehbar erscheinen. Allgemeine moralische Appelle werde ich vermeiden. Dabei möge als Grundsatz gelten, wer zur Wahrheit gelangen will, seine Meinung nicht schonen darf, denn diese wird ja erst zur Wahrheit, wenn sie den ganzen Menschen «wahr» macht, und das heißt ihn zum Guten hinführt. Das Kriterium «Wahrheit» bewirkt die Verbesserung des Menschen, der an der «Sündenkrankheit» des Schattens, des «Bösen», der Sonderung leidet. Durch Selbsterkenntnis lernt er sich immer mehr nach sich selbst zu richten. Dieses «Selbst» ist ihm aber nicht vorgegeben, sondern aufgegeben! So hat diese Form der Selbst- beziehungsweise Welterkenntnis im sokratischen Sinn zwei wichtige Funktionen. Sie ist Medizin für die Seele und zugleich «mantisch», das heißt seherisch, zukunftsweisend.

Sie ist Medizin, indem sie als «Seelenmedizin» die unerlösten Kräfte, die Unstimmigkeiten, die Widersprüche, die seelischen Wunden lokalisiert und dafür eine Therapie entwickelt. Sie ist «mantisch», weil sie tiefer in die Seelengründe schauen und jene Schicksalssituationen erkennen kann, die sich die

Seele aufgrund ihrer Verfassung selbst bereitet hat oder noch bereiten wird. Auch sind Entwicklungen zu erkennen, die dem Einzelnen wie der Menschheit in Zukunft noch bevorstehen. Die individuelle, seelische Gesundheit wird dadurch auch zu einer politisch-gesellschaftlichen Tat.

So sei an dieser Stelle eine der wichtigsten Fragen in diesem Zusammenhang gestellt. Denn nur eine positive Antwort ist in der Lage, die Menschen dazu zu motivieren, an sich selbst etwas zu ändern, sich zu verbessern und damit wenigstens seelisch zu überleben: Sollen wir vor der Übermacht der Kultur- und Naturzerstörung, weltweiter Korruption, des Hasses, der Kriege kapitulieren, weil wir ja doch kaum etwas dagegen bewirken können? Oder gibt es einen Ansatz, der in uns selber liegt und die Dinge wenn auch erst in der Zukunft – zum Besseren wenden kann? Wer etwas von der Realität höherer Kräfte und Wesen weiß, dem ist sehr wohl bewusst, dass die Wirkungen des Geistes – im positiven wie im negativen Sinn – nicht quantitativer, sondern qualitativer Art sind. Man denke nur an die segensreichen Wirkungen eines Gandhi, Solschenizyn, Pestalozzi, Franz von Assisi, aber auch an die negativen eines Karl Marx, Hitler oder Stalin, um nur einige Beispiele zu nennen. Man muss zu der Überzeugung gelangen, dass die Sanierung des eigenen inneren Milieus, das heißt die Arbeit an sich selbst und somit die veränderten Gefühle und Gedanken auch das äußere Lebensklima günstig beeinflussen. Auch in den politischen und psychoanalytischen Betrachtungen der heutigen Zeit finden sich solche Ansätze. So etwa in Horst-Eberhard Richters Analyse zu Destruktion und Gewalt.[202] Es wird dort auch nach einer Form von Hoffnung gefragt, die vorhanden sein muss, um die Dinge in der Zukunft noch zu wenden. Richter beruft sich dabei auf zwei «bedeutende Aufklärer» des 18. beziehungsweise 19./20. Jahrhunderts, Kant und Freud, die auf ihre Art in krisenhaft-historischen Situationen innere Gegenspieler gegen die äußeren Zerstörungs- und Selbstvernichtungstriebe entdeckten.

So hat Immanuel Kant inmitten der Greuel der Französischen Revolution die These aufgestellt, dass zwar die Revolution scheitern und sogar furchtbares Elend anrichten könne, dass aber allein die «anteilnehmende Begeisterung» der ausländischen Zuschauer ein Vermögen ausdrücke, dass dem Menschengeschlecht auf Dauer ein Fortschreiten zum Besseren verheiße. Die «enthusiastische Teilnahme am Guten» führe zwangsläufig zu der Folgerung, dass im Menschengeschlecht eine ungebrochene Kraft zur positiven Veränderung vorliege, was man auch als «Glaube an den Menschen» verstehen kann.

1932 – kurz vor der Machtergreifung durch die Nationalsozialisten – wurde Freud von Albert Einstein gefragt, wie man den Widerstand gegen die Mächte des Hasses und der Verneinung stärken könne. Freud verwies auf die inneren positiven und lebenserhaltenden Antriebe, den «Eros», die Liebeskräfte, also die Fähigkeit zur menschlichen Bindung und Solidarität, als von innen kommende Selbstheilungskräfte und als Gegenspieler gegen die Verneinung («thanatos»). Dass es Menschen gegeben hat, die jene Kräfte auch in einer Diktatur entwickelt haben, ist sowohl im Dritten Reich als auch in der ehemaligen Sowjetunion bekannt. Diese inneren Fähigkeiten werden dann positive Keime für die Zukunft.

Auch Steiner hat sich immer wieder deutlich über die Pflege

des «inneren Menschen» geäußert. So wandte er sich mit aller Entschiedenheit gegen die dauernde Wichtigtuerei und äußerliche «Gschaftelhuberei» und verwies darauf, wie wichtig die Pflege des inneren Lebens ist. «Die Leute wissen es nicht und wollen es im Grunde auch gar nicht gern hören, aber es ist so: Wenn ein Mensch still in seinem Kämmerlein sitzt und mit dem wirklichen inneren Ernst, mit ganzer Hingabe seines Herzens zum Beispiel das Johannesevangelium oder etwas Anthroposophisches liest und es ganz durchlebt, so tut er damit mehr für das Heil der Welt und der Menschen als manche, die sich mit anthroposophischer Gschaftelhuberei vor sich und anderen wichtig machen.»[203]

Welche speziellen Fähigkeiten und Tugenden müssen wir aber heute entwickeln, um dem Zeitgeist zu entsprechen und die negativen Schatten von innen und außen zu erkennen und umzuwandeln? Wir müssen davon ausgehen, dass jeder von uns in vieler Beziehung un-heil geworden das heißt aus dem Gleichgewicht geraten ist. Begegnen wir uns im Alltag weiterhin mit der sich fast automatisch einstellenden Antipathie oder Sympathie oder mit abstrakten Vorstellungen beziehungsweise Vorurteilen – sogenannte «Vorstellungsgespenster» –, so werden wir unsere Erkenntnis nicht bereichern können und auch keine Chance zur Verwandlung erhalten.

Rechthabereien sind in jedem von uns ebenso an der Tagesordnung wie ein fatales Ungleichgewicht zugunsten des Sprechens anstatt des Hinhörens. Erst indem wir anfangen, uns mit erhöhtem Interesse vom anderen ein vollgesättigtes, farbiges Bild – nicht eine Skizze oder Karikatur – zu machen, dringen wir zum Menschenverständnis vor. Wie ein Gemälde, so hat auch ein Mensch viele «Farben», die hell und mal dunkel erscheinen: Temperament, Konstitution, Herkunft, Sehnsüchte, Verkümmerungen.

Eine große Hilfe ist es dabei, den anderen – und sich selbst natürlich auch – als eine Dualität anschauen zu lernen: als den, der man in Wirklichkeit ist und der verborgen bleibt. Gleichzeitig als den, den die Welt gemacht hat und der uns erst einmal als «Fassade» entgegentritt. Es ist gleichgültig, ob wir das den zentralen und peripheren, den inneren und äußeren Menschen oder Individualität und Persönlichkeit nennen. Erst einmal jedenfalls tritt uns dieser mit vielen Eigenschaften behaftete «Fassadenmensch» entgegen. Wir sahen weiter oben, dass heute sofort der «Vorurteilsdoppelgänger» reagiert und unsere Vorstellungen zu Verstellungen macht. Um sich ein vollständiges Bild vom anderen zu machen, braucht man zu der Überwindung von Sympathie und Antipathie noch die Faktoren Zeit und Geduld, um manche Dinge erst abschleifen zu lassen und auch den Schatten klarer zu sehen.

Es ist sinnvoll, will man die Färbung eines Menschen besser verstehen, sich klar zu machen, wann und wo er geboren wurde, in welchem Milieu und wodurch seine Sehnsüchte und Wunden wohl erzeugt worden sind, die den inneren Menschen verdecken. Diese gesunde «Urteilslosigkeit» ist der erste und wesentliche Schlüssel zum anderen.

Erst indem man beim Mitmenschen – und in sich – den äußeren von dem inneren Menschen unterscheiden lernt, den tätig sein wollenden Ich-Menschen und den gemachten, teils unbewussten äußeren, kann sich ein Sinn für die Individualität entwickeln. Die Schwierigkeit besteht hauptsächlich darin, dass man mit diesen beiden Menschen in Konflikt gerät, weil man sich zu sehr mit dem Gemachten identifiziert, mit dem «falschen Ich», weil man noch nicht gelernt hat, aus seinem wahren Ich zu erkennen und zu differenzieren. Wer möchte von uns nicht jenseits des Fassadenmenschen mit Geschlechtlichkeit, Titel, Beruf, Nationalität und dergleichen als der erkannt werden, der man wirklich ist?

Je weniger der äußere Mensch dem inneren entspricht und je weniger man in der Lage ist, den äußeren und damit auch dessen Schatten zu erkennen und zu bearbeiten, desto mehr können Scham, Minderwertigkeitsgefühle und Lebenslügen entstehen. Der Mensch bleibt leidend und verwundbar, weil er sich nicht aus selbsttätiger Kraft schaffen lernt und etwas Neues in sich bildet. Denn das allein gibt die Grundlage zu einem wirklichen Selbstbewusstsein. Hat man erst einmal seinen wahren Ich-Menschen von dem äußeren Schattenmenschen unterscheiden gelernt und auch erfahren, dass man sich nicht einfach hinnehmen braucht, sondern ändern, verwandeln und sogar erhöhen kann, so wird man auch kritikfähig. Dies ist das «Bad im Drachenblut», das einen gegen – zum Teil sogar berechtigte – Angriffe auf den eigenen Doppelgänger im Kern unverwundbarer macht, obwohl eine «Siegfriedstelle» meist bleibt.

Es ist möglich, berechtigte Kritik, die man von anderen anzuhören hat, von sich selbst losgelöst hinzunehmen und seinen seelischen Schlips, auf den man sich so leicht getreten fühlt, zu verkürzen, zumal dieser bei solchen Gelegenheiten gerne mit Verletzbarkeit und Beleidigtsein reagiert. Nimmt man sich zwar ernst, aber nicht zu wichtig, so lernt man auch, vom Leben und den Mitmenschen, etwas einzustecken. Denn es ist ja der höhere Sinn von Schicksalsschlägen, Konflikten, Leid, Krankheit und einer wahren Schicksalserkenntnis, dass sie Altes, Hemmendes, Unbrauchbarers und damit Widerständiges wegschmelzen sollen[204] und man somit in die Lage versetzt wird zu erkennen, wo Lähmendes wieder in Bewegung gebracht werden kann. Da kann ein anderer als Widerstand eine große Erkenntnishilfe sein, weil er das spiegelt, was mir noch unbewusst ist, mich aber immer wieder hindert. Wir gewinnen tatsächlich manchmal mehr von dem, was uns angetan wird, als von dem, worin uns ein Mensch fördert. Denn letzteres muss nicht unbedingt unsere innere Aktivität anregen.

Stößt jemand in eine vorhandene Wunde, so ist es gut, sich klarzumachen, dass er in den wenigsten Fällen der Verursacher ist, vielmehr nur aus Unwissen mich da verletzt, wo ich schon verwundet wurde. Nach meiner Erfahrung wäre die klare Unterscheidung der primären Verletzung, die einem schon früher zugefügt wurde, von der späteren Sekundärverletzung, die meist unbewusst geschieht, von großer Bedeutung. Sie würde viel Kummer ersparen, weil dann die Projektionen in den «unschuldigen» Verletzer aufhören würden. Bei dem «Opfer» wird dabei das Erleben eines von außen immer unabhängiger werdenden Selbst vorausgesetzt, das sich nicht vollständig mit dem Fehler oder der Wunde identifiziert, sondern an seine seelischen Selbst-Heilungskräfte glaubt. Bei dem «Täter» ist die Beachtung des richtigen Augenblicks, des Verständnisses und der Liebe von größter Wichtigkeit. Wer mit dem Schwert der Kritik verletzt, sollte gleichzeitig auch schon den Salbentopf zur Hand haben, das heißt den Willen zum Heilen. In jeder

Menschenbegegnung gibt es aber das unverzichtbare Gesetz, wenn Entwicklung gewollt wird, nicht von vornherein perfekt sein zu wollen. Es gilt vielmehr der alleinige Wille zur Selbsterkenntnis. Fehlt dieser, kann keine wesentliche Veränderung stattfinden. Es ist immer ein Zeichen, dass sich das eigentliche Selbst noch nicht vom «niederen» Selbst unterscheiden gelernt hat und die Eitelkeit es einem verbietet, Fehler zuzugeben.

Stellen wir uns dazu eine konkrete Situation vor: Zwei oder mehrere Menschen leben in einer wie auch immer gearteten Gemeinschaft, und es kommen nach der euphorischen Phase nun auch die Negativanteile ans Tageslicht beziehungsweise werden «nüchterner» wahrgenommen. Wie geht man jetzt miteinander um? Im gewöhnlichen Fall heißt ja «Liebe», wie wir schon sahen, den anderen um meiner selbst willen immer perfekt, ohne Fehler und Makel sehen zu wollen. Damit ist «Liebe» in erster Linie zunächst einmal «Selbstgenuss». Jeder dunkle Fleck bedeutet jetzt hingegen Auseinandersetzung und erfordert tieferes Verständnis.

Man weiß aber auch, dass man, um im Leben weiterzukommen, nicht davor zurückschrecken darf, dem anderen seine Schwächen zu spiegeln – auch wenn es manchmal mit einem selbst zu tun hat. Oft hat man deshalb vor diesem Schritt Angst, weil man fürchtet, durch die Kritik, also Verletzung, die «Liebe» des anderen zu verlieren. Perfektionswahn und Angst vor Liebesentzug reichen sich die Hand. Hilfreich ist es, wenn man sich erst einmal seine eigenen dunklen Anteile bewusst macht und gleichzeitig fragt, warum einen gerade diese Charakterzüge stören. Ist man sich dann noch klar darüber, dass man nicht für den Schatten des anderen verantwortlich ist, sondern dieser ihn nur selbst bearbeiten kann und man dabei lediglich eine Spiegelfunktion hat, die nicht persönlich zu nehmen ist, so kann eine Eigenschaft hilfreich sein, die mit dem Distanzieren und Heilen eng zu tun hat: Humor. Eine Partnerschaft ohne Humor ist dem Untergang geweiht. Wie aber läuft die typische humorlose Situation ab? Da der Schatten ja meist nicht bewusst ist und als Teil des eigenen Wesens existiert, erschrickt man, wenn das Negative plötzlich ans Tageslicht geholt wird. Man scheint an Wert zu verlieren – so sagt einem die Eitelkeit. Aus dem Bedürfnis, immer vollkommen erscheinen zu wollen, streitet man ab, zeigt sich betroffen, zieht sich zurück, fühlt sich unverstanden und geht meist zum Gegenangriff über. Dabei fordert man oft das am meisten, was man selbst am wenigsten besitzt.

Hat man nun keine gesunde Distanz zu seinen «sündigen» Anteilen und ein gewisses Minderwertigkeitsgefühl, so stellt sich Humor erst gar nicht ein. Dieser ist aber wie schon gesagt, ein Heilmittel gegen die verborgenen Alltagsheucheleien und Selbstüberschätzungen. Den menschlichen Schwächen wird die Peinlichkeit genommen, und Komik stößt uns sanft auf die Dinge, die wir ungern zugeben. Lachen löst uns und lässt uns Fesselungen abwerfen. Energien werden befreit, und wir können uns auf harmlose Art abreagieren. Humorlosigkeit bedeutet, dass wir zu wenig Verbindung zu dem allzu menschlichen Schatten haben und einen Schein von Perfektion wahren wollen, um unsere Wunden zu verdecken. Die Komik hat also die große Aufgabe, aller Schein-Heiligkeit und Selbstverstellung den Spiegel vorzuhalten.

Man muss wissen, dass fast jeder Mensch, dessen Schatten

aufgedeckt wird, mit Gegenvorwürfen, Be- oder Entschuldigungen oder Aggressionen reagiert – manchmal auch mit Beleidigtsein, obwohl man ja gar nicht «ihn», sondern nur einen Teil seines Wesens meint. Durch dieses Verhalten wird aber auch in uns selbst der negative Anteil wieder frei, und wir reagieren meist mit Entschuldigungen, Verteidigung und Gegenangriffen. Was für ein Wunder: Wenn ich einen schlafenden Hund wecke, so zeigt er mir seine Zähne und knurrt. Durch solche «Verstrickungen» entsteht eine «Dämonenfütterung», wenn, wie es so schön heißt, ein Wort das andere ergibt. Falsche Worte sind wie Bindfäden in einer gesättigten Zuckerlösung. Sie bilden einen Kristallisationspunkt für immer mehr Material, das sich an sie hängt, das dann durch die Welt vagabundiert und mit Gerüchten und Verdrehungen großen Schaden anrichten kann. Jeder tut noch sein negatives Schärflein hinzu, und es ist eigentlich gleichgültig, ob die Dinge wirklich stimmen – Hauptsache, man entledigt sich seiner eigenen Schatten. Bekämpfen kann man diese vagabundieren Kräfte nicht, da sie sich aus sich selbst heraus füttern. Man kann ihnen nur durch klare Gedanken, durch Überwindung der eigenen Angst vor Rufschädigungen, Tatsachensinn, Bekämpfen der eigenen Eitelkeit und Verletzlichkeit und manchmal auch durch Schweigen den Boden zu entziehen suchen. Das heißt, die Dämonen «auszuhungern». Es ist sicherlich schwer, eine unverdiente Ohrfeige zu bekommen, ohne zurückzuschlagen. Doch langfristig ist es der bessere Weg, da man durch Rachegedanken, die einen manchmal Wochen und Monate verfolgen und negative Gefühle hervorrufen, zum Einlasstor dämonischer Energien wird. Wir wissen, dass Hass mehr bindet denn Liebe.

Von den Untugenden, mit denen man am meisten in sich zu kämpfen hat, ist besonders die Eitelkeit hervorzuheben. Man macht sich in der Regel zu wenig klar, welche Masken die Eitelkeit besitzt und wie eng sie mit unserer Schattennatur zu tun hat, die immer überlegen und gut sein will. Auch eine gewisse Form von «Bescheidenheit» kann eitel sein. Die Eitelkeit ist ein luziferischer Charakterzug, der stets mehr auf Schein als auf Sein gibt. Sie ist letztlich eine Eigenschaft, die den eigenen Vorteil überbetont und damit das Gefühl der Überlegenheit suggeriert. Im Extrem wird der Eitle immer die Schuld auf andere abzuwälzen suchen. Damit ist die Eitelkeit mit einer «Entwertungstendenz» (Alfred Adler) dem anderen gegenüber verbunden, das heißt dem Charakterzug, den anderen im Wert sinken zu lassen, um sich selbst zu erhöhen. Wenn dieser Charakterzug hervortritt, kann man auch beobachten, dass solche Menschen die Anerkennung eines fremden Wertes wie eine persönliche Beleidigung empfinden und aus ihrem tief im inneren verankerten Schwächegefühl negativ reagieren.

Eitelkeit und gesundes Gemeinschaftsgefühl sind daher schwer zu vereinigen, und da die Eitelkeit oft mit krankhaftem Ehrgeiz verbunden ist, müssen noch Lebenslügen zum Selbstschutz aufgetischt werden. Die Welt wird dann danach beurteilt, ob man genügend wahrgenommen wird und entsprechende Vorteile davon hat. Tritt wegen eines starken Minderwertigkeitskomplexes vornehmlich die Eitelkeit als Selbstschutz auf, bekommt der Mensch etwas Kindisches und kann sich nur schwerlich innerlich entwickeln, weil er seine gesamte Energie aufbringen muss, das falsche Selbst zu pflegen und seine negativen Anteile auf die Außenwelt zu projizieren. Man kann dann zum Beispiel beobachten, dass solche Menschen aus Schwäche, ohne äußeren Grund zynisch, hochmütig und angriffslustig werden und nichts außer sich gelten lassen. Das führt zu einer permanenten Suche nach Sündenböcken.

Denn die eigentliche Bösartigkeit bei den Menschen entsteht dadurch, dass sie sich nicht eingestehen wollen, dass auch sie «Sünder» sind. Das Bewusstsein von der eigenen Schwäche ist der beste Schutz gegen das «Böse». Es ist manchmal tragisch und komisch zugleich, wie Menschen ihre eigenen Schwächen und Defizite auf die Umwelt projizieren. So sind Väter, die in ihrer Jugend besonders ausschweifend waren, ihren Kindern gegenüber oft besonders unnachgiebig und verdächtigen sie allerlei Verfehlungen. Ehemalige Kriminelle sind immer die unnachgiebigsten und misstrauischsten Polizisten. Da die Eitelkeit als luziferischer Stachel in jedem von uns sitzt, muss man sie sich immer wieder bewusst machen. Damit ist auch evident, dass Eitelkeit, Ehrgeiz und Unwahrhaftigkeit erfolgreiche Widersacher in der Entwicklung des Einzelnen und im Gemeinschaftsleben darstellen. Viele Schwierigkeiten unter den Menschen, auch wenn sie sich noch so sachlich maskieren, haben mit diesen drei Geschwistern zu tun.

Wir haben bereits dargestellt, dass es immer um zwei Menschen in uns und im anderen geht: den gegebenen und den noch zu entwickelnden. Nimmt man also Wissen und Erkenntnisse beziehungsweise Ideen auf, so sollten sie auch unseren inneren Menschen verändern. Jegliches Wissen von der Welt, selbst geistiges, ist aber im Zeitalter des in alle Lebensbereiche eindringenden Intellektualismus in der Gefahr, im Kopf steckenzubleiben. Mit anderen Worten: Es wird leicht zu einem intellektuellen beziehungsweise ästhetischen Bedürfnis, das sich die Seele als Etikett auf ihre Schattennatur klebt und dadurch meint, besser dazustehen. In einer Zeit der geistigen Bedürftigkeit, aber auch Urteilslosigkeit und Willensschwäche muss man auf diese Gefahr aufmerksam gemacht werden. Ein Fortschritt – er ist bekanntermaßen meist kleiner, als man denkt – wird nur erreicht, wenn man neben der intellektuellen Bereicherung sich auch immer innerlich im Auge behält und den Mut zu kleinen «moralischen» Verbesserungen entwickelt. An dieser Stelle möchte ich ein Beispiel nennen, das noch einmal deutlich den Unterschied zwischen der Sensation und dem inneren Weg aufzeigt. Es war Rudolf Steiner, der mich auf die Unbequemlichkeit und Mühe einer inneren Wandlung aufmerksam gemacht hat.

«Ich will Ihnen etwas sagen: wenn ich mir einen Magiermantel umhinge und als Übungen die verrücktesten Sachen von den Leuten verlangte – etwa um Mitternacht irgendwo auf einen Berg laufen, um irgendeinen Blödsinn vorzunehmen: glauben Sie mir, das würden sie alle tun! Da liefe mir alles nach! Aber in jahrelangem Bemühen vielleicht eine einzige Charakterschwäche, eine einzige schlechte Gewohnheit endlich überwinden, ablegen nicht wahr, das ist so uninteressant! Die Menschen glauben es einem nicht, dass solch eine einzige Änderung im eigenen Wesen wenn zum Beispiel ein eitler Mensch sich lediglich seine Eitelkeit eingesteht und sich ihrer schämt –, dass so etwas geistig viel weiterbringt, als das Anhören von hundert Vorträgen und meinet willen Auswendigkönnen von allen Zyklen; dass das sehr viel mehr bedeutet, als das Halten von eigenen Vorträgen.»[205]

Gerade dann, wenn man sich mit spirituellen Inhalten auseinanderzusetzen beginnt, also zu einem Suchenden wird und lernt, Persönliches nicht in Überpersönliches zu verwandeln, also einen starken Selbstsinn pflegt, entstehen leicht Illusionen über einen selbst, und zu der Eitelkeit kommt bald die Unwahrhaftigkeit. Daher muss man besonders wach sein, damit diese Kräfte aus der unterbewussten Schattennatur nicht das Seelenleben dominieren und sich als «Fortschritte» maskieren.

Wollen wir uns aber innerlich weiterentwickeln, so müssen wir ein Gesetz beachten, das essentiell mit unserem Willen zu tun hat, der bei vielen Menschen heute äußerst schwach ausgebildet ist und den wir daher besonders zu kultivieren haben. Es ist eine psychologische Tatsache, dass der gesunde Wille sich nur durch den stetigen Wechselverkehr mit der Welt und ihren vielfältigen Anforderungen bildet, also die Sinne und den Leib erfordert.

Wir müssen also lernen, uns dem Leben so zu stellen, wie es auf uns zukommt. Akzeptieren wir uns nur als von außen bestimmte und unveränderbare Wesen und wollen wir die Ereignisse immer anders als sie auf uns zukommen oder stellen wir uns mürrisch gegen die Tatsachen des Daseins, so blockieren wir unsere Willenskräfte und kommen in einen Gegensatz zur Welt. Erst, wenn wir dieses Verhältnis umdrehen lernen und uns nicht mehr so akzeptieren, wie wir sind, sondern die Ereignisse, die auf uns zukommen, als eine Herausforderung ansehen und mit ihnen den «Kampf aufnehmen» – erst dann wird unser Wille entwicklungsfähig, und wir bilden das richtige Ergebenheitsgefühl für von außen kommende Ereignisse und einen gesunden inneren Tatendrang. Denn von jeder Situation und von jedem Menschen lässt sich etwas lernen. Mir persönlich ist es öfter passiert, dass ich von einem mir unsympathischen Menschen das richtige «Stichwort» für meine Erkenntnisse und sogar mein Leben bekommen habe. Je unabhängiger wir also von äußerer Bestätigung werden und je intensiver wir innerseelische Aktivitäten pflegen, desto selbstsicherer werden wir im Leben und desto aufmerksamer! Es ist bedauerlich, dass die zarten Keime des Neuen im anderen Menschen von der Umwelt oft kaum wahrgenommen werden und man auf diese Weise automatisch auf den von gestern reduziert wird.

Der Leser wird sich fragen: Was muss ich denn als Erstes tun, um anzufangen, die Schattennatur, die sich in mein Leben mischt und mir Kummer, Leid und mannigfaltige Verstrickungen bringt, zu erkennen und zu verwandeln? Die Antwort liegt auf der Hand. Ich muss meinen durch unbewusste Meinungen, Empfindungen und Vorstellungen getrübten Blick zu reinigen versuchen, damit er das wahre Abbild einer Sache erkennen kann, nach dem ich dann urteile und handle. Wie will man die Welt erkennen, wenn man immer nur durch eine getrübte Brille blickt?

Es ist also für alle Ereignisse des Lebens zu erüben, dass man sich des Vorurteils enthalten lernt, der Antipathien und vorschnellen Sympathien, die alle erst einmal aus dem «Nichtwissen» stammen und die Wirklichkeit nur trüben. Dies ist eine moderne Form von «Meinungsaskese», die aber nicht urteilslos macht! Solche Schulungsansätze gehen auf altes Wissen zurück, das von Buddha im sechsten vorchristlichen Jahrhundert gelehrt wurde und das als «achtgliedriger Pfad» bezeichnet wird. Wer einen Pfad zu einem bestimmten, hier inneren Ziel gehen will, muss notgedrungen mit dem ersten Schritt, also mit der ersten Übung anfangen. Und was sind nun die seelischen unabdingbaren Voraussetzungen eines solchen Weges?

Sie basieren auf der Erkenntnis, dass es in der Sinnenwelt kein Leid, keinen Kummer und keinen Schatten gäbe, wenn wir als Menschen unbeschriebene Blätter wären und die Ereignisse der Welt rein erleben könnten. Wir haben aber «Erbschaften» in uns, die aus persönlichen Fehlern, Verfehlungen, Leidenschaften und der Erbsünde stammen und von denen wir erst einmal nichts wissen. Sie beeinflussen unser Dasein aus dem Unterbewussten. Aus diesem «Nicht-Wissen» stammen dann alle Verstrickungen, der «Durst nach Leben und Dasein», die Begierden und Leidenschaften. Wir können das auch unseren Schatten nennen, der uns unbewusst zu Taten und Gedanken antreibt und die Ereignisse durch unsere persönlichen Intentionen «unrein» macht – was weitere Probleme nach sich zieht. Dieses Sammelsurium von subjektiven Wünschen und Meinungen ist nach Buddha das «innere Denkorgan», mit dem wir in der Welt stehen. Es kann auch wie eine Entfremdung von der Welt und als ein persönliches aber unbewusstes Hineintragen von seelisch verdorbener Substanz erlebt werden. Hat man einmal erkannt, dass das meiste Elend aus dem «Nicht-Wissen» stammt, so kann man damit beginnen, von den unbewusst wirkenden Kräften immer unabhängiger und damit immer sachlicher zu werden und zu neuen Ufern aufzubrechen.

Denn um einen Fluss zu überqueren, ein neues Land zu betreten und dann weiterzuschreiten, muss man erst einmal das alte Marschgepäck ablegen. Das kann man, wenn man sich bemüht, ohne Vorinterpretation, unter Zurückhaltung von Lieblingsmeinungen und Sympathien oder Antipathien, die Dinge erst einmal so auf sich wirken zu lassen, wie sie erscheinen, also als ein genauer Spiegel der Außenwelt. Es sollte daraus die «richtige Meinung» beziehungsweise wirklichkeitsgetreue Vorstellung über die Dinge der Welt, die Vorgänge in ihr und natürlich auch die anderen Menschen entstehen. Wie schwer bereits dieser erste Schritt ist, kann der ermessen, der ihn einmal oder mehrmals versucht hat.

Man kann tatsächlich die Realität des «Vorurteildoppelgängers» in sich erleben, der gewaltig rumort, wenn er nicht mit eigenen Meinungen und Kommentaren zu Wort kommen darf. Es entsteht ein echtes Schmerzempfinden in der Seele. Denn alle Eitelkeit des «eigenen Senfs» muss schweigen. Dafür fangen – und das ist ein schöner Moment – die Tatsachen des Lebens an zu sprechen. Je mehr diese nur in ihrem Auftreten beobachtet und nicht beurteilt werden, desto mehr erlebt man, dass nach einer Weile die Dinge als solche ihr Urteil aussprechen – und das ist dann wahr und ungetrübt.

Es tut auch wohl, sich nicht durch allerlei Meinungen im Voraus zu blockieren und die Wirklichkeit dann immer wieder korrigieren zu müssen, was tatsächlich zu einer bestimmten Art von Nervosität führt. Die Schwäche, die man erst einmal durch die Meinungsenthaltung erlebt, verwandelt sich nach kurzer Zeit in ein Gefühl von Ruhe und Gelassenheit und in die Erkenntnis, in der Vergangenheit in zu vielen Konflikten des Lebens einen bedeutenden Anteil durch «Nicht-Wissen» beigetragen zu haben. So wird man bereit sein, sich den vielfältigen Aufgaben des Lebens immer wieder neu zu stellen und seinen Schatten weder zu verleugnen noch zu beschönigen.

Die negativen Kräfte in sich zu verwandeln, zu erlösen und sich dabei nicht aus dem Leben und seinen Konfliktpotentialen zurückzuziehen, um endlich «sündenfrei» zu werden – das hat Franz Werfel im *Spiegelmensch* «zerleben» genannt.

THAMAL
Ich bin nicht einer, den Gott auserkor –
Drum sperr ich ein, was schwach und schlecht mich lenkt.

ABT
Der Hofhund, den man an die Kette hängt,
Wird zahmer nicht, wird bissiger als zuvor.

THAMAL
Ich kann vom Schlechten mich nicht anders scheiden,
Als mich vernichten, um es zu vermeiden.

ABT
Auch so gemieden wird es fett und groß,
Und noch im Tode bist du es nicht los.

THAMAL
Kann es denn eine andre Rettung geben?

ABT
Nicht es vermeiden, Sohn, nein es z e r l e b e n !

Thamal
Du sprichst das Wort dem Leben, Du,
Den nie ich sah an einer Speise kauen,
Der nächtelang mit unbewegten Brauen
Auf seinen Schoß starrt, schon wie tot und zu?!

Abt
Auch der Erhabene, der die Welt erkannte,
Und sich hinan zu letzter Spaltung löste,
Er musste sehn, eh er sein Wesen wandte,
Vor dem Palast den Leichnam, der verweste.[206]

Wir leben in einer Zeit, in der die Lügen und Verbrechen, die an Menschen und an der Menschheit begangen worden sind, immer offenbarer werden. Das betrifft einzelne Staatsführer genauso wie die konträren Ideologien des Kommunismus und Nationalsozialismus. Was früher von vielen Intellektuellen als «Kinderkrankheiten» des Kommunismus bezeichnet wurde, dessen Ideen ja angeblich menschenfreundlich waren, zeigt erst durch neuere Untersuchungen, wie beispielsweise im *Schwarzbuch Kommunismus*, sein wahres Schreckensgesicht mit 80 Millionen Toten, die als «blutige Sternschnuppen» Opfer einer Ideologie am Himmel des Weltkommunismus wurden.[207] Und erst jetzt hat man damit begonnen, die Schreckenssysteme Hitlers und Stalins miteinander zu vergleichen, ohne der Verdächtigung ausgesetzt zu werden, das eine zugunsten des anderen zu verharmlosen.

Was für ein Geist steckte hinter dem Versuch einer lückenlosen Kontrolle nach innen, dem permanenten «Bürgerkrieg um die Seelen», bei dem der Kommunismus dem Nationalsozialismus in nichts nachstand?

Hat man auch die beiden «Mutterkrebse» weitgehend entfernt, so sind im Verhalten der Menschen untereinander die Folgen noch lange nicht beseitigt. Wir wollen zum Schluss deshalb noch einmal mit Nachdruck hervorheben, dass man versuchen muss, durch kontinuierliche Seelenpflege den immer mehr auszehrenden äußeren Kräften etwas von innen entgegenzustellen und somit zu lernen, Wesentliches von Unwesentlichem zu unterscheiden, auch wenn das immer schwieriger wird.

Die beiden Tendenzen in unseren Seelen haben wir als luziferische und ahrimanische Kräfte kennengelernt. Sie müssen durch die Anstrengung des Ich immer in ein gesundes Gleichgewicht gebracht werden. Auf dem seelischen Gebiet sieht das so aus, dass wir immer mehr verstehen müssen, dass vieles, was uns in der Welt und an anderen Menschen entrüstet, unser eigenes Innere ist, das wir nach außen projizieren. Man kann heute das übersteigerte Eigeninteresse, den Egoismus, das Verliebtsein in sich selbst, das innige «Hitzigwerden» bei sich und anderen gut beobachten. Gegen diese einseitig luziferische Tendenz sollte man als Ausgleich die Kräfte der inneren Distanz und Nüchternheit in sich aktivieren und mit «ahrimanischer Kaltblütigkeit» (Steiner) sein eigenes Inneres objektiv anschauen lernen, gewissermaßen mit «naturwissenschaftlicher Methode».

Umgekehrt wird man sich immer mehr bemühen müssen, in das seelenlose, vernüchterte Äußere subjektives Interesse, Aufmerksamkeit und Hingabe – nicht Fantasiegebilde! – einfließen zu lassen, um das Tote mit eigener Seelenkraft zu durchbluten. So wird auch die epidemisch um sich greifende Langeweile wirksam bekämpft, wenn man lernt, auch die belanglosesten Dinge interessant zu finden.

Das kann sich auf alle Lebensgebiete erstrecken, ob es Geschichte ist, Anatomie, Geldwesen, das Telefon oder was auch immer. Das verahriminisierte und technisierte Äußere muss wieder mit luziferischem Enthusiasmus beseelt werden. Erst dadurch wird die gefährliche Vereinseitigung und Verselbständigung aufgehoben. Vielleicht ergeht es uns dann so wie dem russischen Arzt und Schriftsteller Anton Tchechow, der auf die Bemerkung eines Kollegen, es gäbe ja nichts Interessantes mehr auf dieser Welt, über das es sich zu schreiben lohne, antwortete: «Geben Sie mir einen Aschenbecher, und ich werde Ihnen daraus eine spannende Geschichte schreiben.»[208]

Anhang

Anmerkungen

1 Danton zu Julie. In: Georg Büchner: *Werke und Briefe*, Gesamtausgabe: *Dantons Tod*, 2. Akt «Ein Zimmer», Wiesbaden 1958, S. 45.

2 Rudolf Steiner: 2. 11. 1910, *Anthroposophie – Psychosophie – Pneumatosophie,* GA 115.

3 Wolfram von Eschenbach: *Parzival und Titurel. Rittergedichte,* übersetzt und erläutert von Karl Simrock, Stuttgart 1883, S. 4: «Wem Zweifel an dem Herzen nagt, / Dem ist der Seele Ruh' versagt. / Geziert ist und zugleich entstellt, / Wo Unlautres sich gesellt / Zu des kühnen Mannes Preis / Wie bei der Elster Schwarz zu Weiß.»

4 *Die Welt*, 8.10.1994.

5 Manchmal können dieses radikalen Änderungen um das 19. Lebensjahr auftreten. Die Lebensalterforschung spricht vom «ersten Mondknoten», der Zeit, in der starke Ich-Impulse durchbrechen und der junge Mensch seine vorgeburtlichen Ideale in die Welt hineinfließen lassen möchte.

6 Die Tatmotivation ist aus den Biografien der sogenannten «Terroristen» weitgehend bekannt.

7 Mittelhochdeutsch «tiufel». Die Vorsilbe «tiu» bedeutet «zwei».

8 Johann Wolfgang von Goethe: *Sämtliche Werke nach Epochen seines Schaffens,* Münchner Ausgabe, Band 6/1, München 1986, S. 565: «Du bist dir nur des einen Triebs bewusst, / O lerne nie den andern

kennen! / Zwei Seelen wohnen, ach! in meiner Brust, / Die eine will sich von der andern trennen; / Die eine hält, in derber Liebeslust, / Sich an die Welt, mit klammernden Organen; / Die andre hebt gewaltsam sich vom Dust / Zu den Gefilden hoher Ahnen.»

9 Eine moderne Paraphrase und Weiterführung von Goethes berühmten Wort von den «Zwei Seelen» aus dem *Faust* findet sich in dem «Tractat vom Steppenwolf» bei Hermann Hesse (Hermann Hesse: *Der Steppenwolf*, Frankfurt/M. 1981, 16. Aufl., S. 46 ff). «Denn kein einziger Mensch [...] ist so angenehm einfach, dass sein Wesen sich als die Summe von nur zweien oder dreien Hauptelementen erklären ließe; [...] Harry besteht nicht aus zwei Wesen, sondern aus hundert, aus tausenden. Sein Leben schwingt (wie jedes Menschen Leben) nicht bloß zwischen zwei Polen, etwa dem Trieb und dem Geist, oder dem Heiligen und dem Wüstling, sondern es schwingt zwischen tausenden, zwischen unzählbaren Polpaaren.»

10 Agrippa von Nettesheim: *Die magischen Werke*, Dreieich 1988.

11 Robert Bly: *Die dunklen Seiten des menschlichen Wesens*, München 1993.

12 Friedrich Nietzsche: *Also sprach Zarathustra. Ein Buch für alle und keinen*, *Sämtliche Werke*, Band 6, Stuttgart 1964.

13 Rudolf Steiner: 2.11.1910, *Anthroposophie – Psychosophie – Pneumatosophie,* GA 115.

14 *Die Weisheit des Brahmanen*. Ein Lehrgedicht in Bruchstücken in der Übersetzung von Friedrich Rückert, 6 Bände, Leipzig 1836–39.

15 Ernst Bindel: *Die geistigen Grundlagen der Zahlen*, Stuttgart 1980; Willhelm Hoerner: *Zeit und Rhythmus*, Stuttgart 1978.

16 Georgi Arbatow: *Das System. Ein Leben im Zentrum der Sowjetpolitik*, Frankfurt/M. 1993.

17 Rudolf Steiner: 15.01.1917, *Zeitgeschichtliche Betrachtungen,* Band III, GA 173 c.

18 So nennt Goethe im zweiten Teil des *Faust*, 1. Akt, Finstere Galerie, den geheimnisvollen Grund der Dinge. Johann Wolfgang Goethe: *Sämtliche Werke nach Epochen seines Schaffens*, Münchner Ausgabe, Band 18/1, München 1997, S. 155.
«MEPH. Ungern entdeck' ich höheres Geheimnis. – / Göttinnen thronen hehr in Einsamkeit / Um sie kein Ort, noch weniger eine Zeit; / Von ihnen sprechen ist Verlegenheit. / Die Mütter sind es! / FAUST *(aufgeschreckt)* M ü t t e r ! / MEPH. Schauderts dich? / FAUST. Die Mütter! Mütter! – 's klingt so wunderlich. / MEPH. Das ist es auch. Göttinnen, ungekannt/ Euch Sterblichen, von uns nicht gern genannt. / Nach ihrer Wohnung magst ins Tiefste schürfen / Du selbst bist Schuld, dass ihrer wir bedürfen.» Siehe auch Anm. 158, Bd. 19, *Gespräche mit Eckermann*, 2. Teil, 10. Januar 1830, S. 348.

19 C. G. Jung: *Erinnerungen, Träume, Gedanken,* aufgezeichnet und herausgegeben von Daniela Jaffe, Olten 1971. Alle weiteren Zitate von Jung aus dem vorliegenden Werk.

20 Ebenda aus dem Kapitel «Sigmund Freud», S. 151 ff.

21 Ebenda.

22 *konkretistisch:* nur auf die materiellen Erscheinungen gerichtet.

23 Siehe Anm. 20.

24 Rudolf Steiner: *Das Schicksalsjahr 1923 in der Geschichte der Anthroposophischen Gesellschaft*, GA 259, Seite 650 ff. Ironische Zuordnung der drei Haupthindernisse bei der Wahrheitsfindung: die Dame *Naivität*, die Dame *Illusion* und der Frei-Herr vom *Unterscheidungsvermögen*.

25 Brüder Grimm: *Kinder- und Hausmärchen*, KHM 99, *Der Geist im Glas*, Göttingen 1856.

26 Erhard Fucke: *Das vergessene Gemüt*, Stuttgart 1995.

27 Sören Kierkegaard: *Gesammelte Werke*, aus dem Dänischen von Emanuel Hirsch, Gütersloh 1981 ff.

28 Rudolf Steiner: 14.8.1921, *Menschenwerden, Weltenseele und Weltengeist – Zweiter Teil,* GA 206.

29 Heinrich von Kleist, *Werke*, Kleine Schriften, S. 781, *Der Branntweinsäufer und die Berliner Glocken. Eine Anekdote*, München 1966.

30 Andrew Vachss / Claus Leggewie: *Andrew Vachss und Claus Leggewie im Gespräch «Über das Böse»,* aus dem Amerikanischen von Georg Schmidt, Frankfurt/M. 1994.

31 Rüdiger Safranski: *Das Böse oder das Drama der Freiheit*, München /Wien 1997.

32 E. T. A. Hoffmann: *Die Elixiere des Teufels*, Frankfurt 1986.

33 Von griechisch *monos = eins.*

34 Rudolf Steiner: 7.10.1917, *Die spirituellen Hintergründe der äußeren Welt,* GA 177.

35 Eckart Kleßmann: *E. T. A. Hoffmann. Eine Biografie*, Stuttgart 1988.

36 Siehe Anmerkung 32.

37 Ebenda.

38 Ebenda.

39 Vgl. Seite 17.

40 Robert L. Stevenson: *Dr. Jekyll und Mr. Hyde*, München 1992.

41 Ebenda.

42 Norbert Kohl: «Culture and Corruption. Ästhetisches Verhalten und moralisches Bewusstsein», in *Das Bildnis des Dorian Gray*, Frankfurt/M. 1985.

43 Mary Shelley: *Frankenstein oder der moderne Prometheus*, München 1994.

44 Ulla Berkéwicz: *Engel sind schwarz und weiß*, Frankfurt/M. 1994.

45 Jörg von Uthmann: *Doppelgänger, du bleicher Geselle. Zur Pathologie des deutsch-jüdischen Verhältnisses*, München 1984.

46 Stephan Wehowsky: *Schattengesellschaft. Kriminelle Mentalitäten in Europa,* Vorwort von Christian von Krockow, München 1994.

47 Christian Morgenstern: *Werke und Briefe*, Band 1: Lyrik 1887–1905, Stuttgarter Ausgabe, Stuttgart 1988. Das Gedicht trägt die Überschrift «Verwunderungen».

48 C. G. Jung in einem BBC-Interview mit John Freeman, 1959.

49 Rudolf Steiner: *Der Seelen Erwachen*, 4. Bild, *Vier Mysteriendramen,* GA 14.

50 C. G. Jung: *Gesammelte Werke*, Band 9/1: Die Archetypen und das kollektive Unbewusste, 8. Aufl., Düsseldorf 1992.

51 Friedrich Nietzsche: *Sämtliche Werke in 12 Bänden*, Band 6: *Also sprach Zarathustra. Ein Buch für alle und keinen*, 2. Teil, «Das Kind mit dem Spiegel», Stuttgart 1964.

52 Rudolf Steiner: *Die Prüfung der Seele*, 5. Bild, *Vier Mysteriendramen,* GA 14.

53 Rudolf Steiner: *Der Hüter der Schwelle*, 3. Bild, *Vier Mysteriendramen,* GA 14.

54 C. G. Jung: *Gesammelte Werke*, Band 13 (amerikanische Ausgabe), § 335: «Der philosophische Baum».

55 Conrad Ferdinand Meyer: *Gesammelte Gedichte*, Zürich o.J.

56 Johann Wolfgang von Goethe: *Sämtliche Werke nach Epochen seines Schaffens*, Münchner Ausgabe, Band 16: Aus meinem Leben. Dichtung und Wahrheit, 3. Teil, 11. Buch, München 1985, S. 532.

57 Ebenda, S. 532 f.

58 C. G. Jung: *Gesammelte Werke*, Band 17: Über die Entwicklung der Persönlichkeit, 6. Aufl., Düsseldorf 1988.

59 Edgar Allan Poe, *Gesammelte Erzählungen*, Hamburg 1962.

60 Ebenda.

61 Ebenda.

62 Ebenda.

63 Ebenda.

64 Ebenda.

65 Rudolf Steiner: 27.3.1913, *Welche Bedeutung hat die okkulte Entwicklung des Menschen für seine Hüllen und sein Selbst?,* GA 145.

66 Ebenda.

67 M. Vollenweider: *Erläuterungen zu E. A. Poes Erzählungen*, Hollfeld /Obfr., 1978.

68 Sebastian Haffner: *Germany: Jekyll & Hyde*, Berlin 1997.

69 Willy Hellpach: *Geopsyche. Die Menschenseele unter dem Einfluss von Wetter und Klima, Boden und Landschaft*, Stuttgart 1977.

70 *Chinesische Geister- und Liebesgeschichten*, in deutscher Auswahl von Martin Buber, Zürich 1992.

71 Elisabeth Wellendorf: *Man kann alles auch anders sehen*, Stuttgart 1997.

72 Axel Munthe: *Das Buch von San Michele*, München 1995.

73 Ronald K. Siegel: *Halluzinationen-Expedition in eine andere Wirklichkeit,* Frankfurt/M. 1995.

74 Rudolf Steiner: 16. 11.1917, *Individuelle Geistwesen und ihr Wirken in der Seele des Menschen,* GA 178.

75 Ivan Illich: *Die Enteignung der Gesundheit – Medical Nemesis,* Reinbek 1975.

76 Rudolf Steiner: 21.2.1912, *Wiederverkörperung und Karma,* GA 135.

77 Lynn Payer: *Medicine and Culture,* New York 1988.

78 Ebenda (deutsch: *Vereinigte Staaten: Der Virus in der Maschine*).

79 Ebenda (deutsch: *West-Deutschland: Die schleichenden Einflüsse des Romantizismus*).

80 George Ritzer: *Die McDonaldisierung der Gesellschaft*, Frankfurt / M. 1995.

81 Rudolf Steiner: 16.11.1917, *Individuelle Geistwesen und ihr Wirken in der Seele des Menschen,* GA 178.

82 Kyriacos C. Markides: *Der Magus von Strovolos – Die faszinierende Welt eines spirituellen Heilers,* München 1988.

83 Ebenda, S.40/41 und Johannes Mayer: *Philip Henry Lord Stanhope. Der Gegenspieler Kaspar Hausers*, Stuttgart 1988, S. 108 ff. und 593 ff.

84 *Das Neue Testament*, Der Brief des Paulus an die Römer 17-23, übersetzt von Emil Bock, Stuttgart 1983.

85 Rudolf Steiner: 11.11.1923, *Der Mensch als Zusammenklang des schaffenden, bildenden und gestaltenden Weltenworts,* GA 230.

86 Alfred Ribi: *Was tun mit unseren Komplexen? Über die Dämonen des modernen Menschen*, Kapitel «Das Böse», München 1989.

87 William Wink: *Unmasking the Powers – The invisible forces that detennine human existence*, Philadelphia 1988, übers. v. Verfasser.

88 Carsten Colpe und Wilhelm Schmidt-Biggemann (Hrsg.): *Das Böse. Eine historische Phänomenologie des Unerklärlichen*, Frankfurt/M. 1993.

89 Hartmut Heuermann: *Medienkultur und Mythen. Regressive Tendenzen im Fortschritt der Moderne*, Kapitel «Die Wiederkehr Satans», Reinbek 1994.

90 Uwe Wolff: *Der gefallene Engel. Von den Dämonen des Lebens*, Freiburg 1995; Allred Ribi: *Was tun mit unseren Komplexen? Über die Dämonen des modernen Menschen*, München 1989, W. Wink: *Unmasking the powers. The invisible forces that determine human existence*, Philadelphia 1988.

91 Tilmann Moser: *Dämonische Figuren – Die Wiederkehr des Dritten Reiches in der Psychotherapie*, Frankfurt/M. 1996.

92 Ebenda.

93 *Das Neue Testament*, Markusevangelium 7,15-23, übersetzt von Emil Bock, Stuttgart 1983.

94 Rudolf Steiner: 4.6.1908, *Das Hineinwirken geistiger Wesenheiten in den Menschen*, GA 102.

95 John R. MacArthur: *Die Schlacht der Lügen. Wie die USA den Golfkrieg verkauften*, München 1993.

96 Jung Chang: *Wilde Schwäne. Die Geschichte einer Familie*, München 1994.

97 Heinz Leymann: *Mobbing – Psychoterror am Arbeitsplatz und wie man sich dagegen wehren kann*, Reinbek 1993.

98 Antonios der Große: *Stern der Wüste*. Ausgewählt, übersetzt und vorgestellt von Hans Hanakam, Freiburg 1989.

99 Max Weber: *Gesamtausgabe*, Band 1, Teil 17: «Politik als Beruf», hrsg. v. Wolfgang Mommsen, Tübingen 1992.

100 Ulrich Bäumer: *Wir wollen nur deine Seele: Rockszene und Okkultismus. Daten – Fakten – Hintergründe*, Wuppertal 1990.

101 William Wink: *Unmasking the Powers. The invisible forces that determine human existence*, Philadelphia 1988, übersetzt vom Verfasser.

102 Eberhard Jäckel: *Hitlers Herrschaft. Vollzug einer Weltanschau-*

ung, Stuttgart 1988; ders.: *Hitlers Weltanschauung. Entwurf einer Herrschaft,* Stuttgart 1991; Ian Kershaw: *Hitler. 1889–1936,* Stuttgart 1998; John Toland: *Adolf Hitler,* Bergisch-Gladbach 1994; W. Filmer, H. Schwan: *Was von Hitler blieb. 50 Jahre nach der Machtergreifung,* Frankfurt/ M. 1983.

103 *Der Spiegel,* 5 / 1964.

104 *Der Spiegel,* 14 / 1995.

105 Ebenda.

106 Otto Strasser: *Hitler und ich,* Konstanz 1948, zit. nach M. Steinert: *Hitler,* München 1994.

107 August Kubizek: *Adolf Hitler – Mein Jugendfreund,* Graz 1953.

108 Ebenda.

109 J. Toland, a.a.O., Anmerkung 102.

110 Thomas Meyer: «Deutsche und Juden. Zwei Menschheitsvölker» in Ludwig Thieben: *Das Rätsel des Judentums,* Basel 1991.

111 Naira Gelaschwili: «Georgien. Ein Paradies in Trümmern», Berlin 1993. Aus: Felix von Schultz (Hrsg.): *Zeichen der Zeit,* Dornach 1996.

112 Antonios der Große, a.a.O., Anmerkung 98.

113 Ebenda.

114 lta Wegman: *An die Freunde. Aufsätze und Berichte aus den Jahren 1925–27,* Arlesheim 1986.

115 Karl Heyer: *Wesen und Wollen des Nationalsozialismus und das Schicksal des Deutschen Volkes,* Basel 1991; Joachim Köhler: *Wagners Hitler. Der Prophet und sein Vollstrecker,* München 1997; Guido Knopp: *Hitler. Eine Bilanz,* München 1997; ders.: *Hitlers Helfer,* München 1996; John Toland: *Adolf Hitler,* 2 Bände, Bergisch Gladbach 1994.

116 Rudolf Steiner: 27. 8.1920 zu Hegels 150. Geburtstag, *Geisteswis-*

senschaft als Erkenntnis der Gründungsimpulse sozialer Gestaltung, GA 199.

117 Rudolf Steiner: 20.9.1924, *Vorträge und Kurse über christlich-religiöses Wirken,* V, GA 346.

118 Rudolf Steiner: 25.1.1910, *Das Ereignis der Christus-Erscheinung in der ätherischen Welt,* GA 118.

119 John Toland: *Adolf Hitler, 1938–1945*, Band 2, Bergisch Gladbach 1994.

120 Rainer Maria Rilke: *Briefe*. Brief 29, vom 12.08.1904 an Franz Xaver Kappus, Wiesbaden 1950.

121 Rudolf Steiner: 05.04.1912, *Die geistigen Wesenheiten in den Himmelskörpern und Naturreichen,* GA 136.

122 Alexander Mitscherlich: *Die Unwirtlichkeit unserer Städte. Anstiftung zum Unfrieden*, Kapitel «Großstadt und Neurose», Frankfurt/M. 1970.

123 Zweckgerichtetes Verhalten höherer Tiere.

124 Rudolf Steiner: *Die Philosophie der Freiheit*, GA 4.

125 Rainer Maria Rilke: *Briefe*. Brief 9, vom 17.08.1901 an Emanuel von Bodman, Wiesbaden 1950.

126 *Die Welt*, 13.11.1997.

127 Rainer Maria Rilke: *Briefe*. Brief 24, vom 14.05.1904 an Franz Xaver Kappus, Wiesbaden 1950.

128 Robert Bly: «Der lange Sack, den wir hinter uns herschleppen», aus J. Abrams und C. Zweig (Hrsg.): *Die Schattenseite der Seele*, München 1997.

129 Rainer Maria Rilke: *Briefe*. Brief 31, vom 20.11.1904 an ein junges Mädchen (Emmy Hirschberg), Wiesbaden 1950.

130 Rainer Maria Rilke: *Briefe aus den Jahren 1907 bis 1914*, Brief 74, vom 24.01.1912 an Emil Freiherr von Gebsattel, Leipzig 1933.

131 *WahnsinnsFrauen, Elf biografische Porträts*, hrsg. von S. Duda und L. F. Pusch, Frankfurt/M. 1994.

132 «Zwischen ‹männlicher› und ‹weiblicher› Medizin», in: H.-E. Richter: *Die Chance des Gewissens. Erinnerungen und Assoziationen*, Hamburg 1986.

133 Rudolf Steiner: 4.1.1922, *Die gesunde Entwicklung des Menschenwesens,* GA 303.

134 Ebenda.

135 Rainer Maria Rilke: *Briefe*, Brief 24, vom 14.5.1904 an Franz Xaver Kappus, Wiesbaden 1950.

136 Bernd Lampe: *Parzival. Gralssuche und Schicksalserkenntnis,* Band 1, Dürnau 1987.

137 *Goethes Briefwechsel mit seiner Frau*. Hrsg. von H. G. Gräf, Erster Band: 1792–1807, Frankfurt/M. 1989.

138 Jeremiah Abrams (Hrsg.): *The Shadow in America,* Novato/CA 1994, übersetzt vom Verfasser.

139 Dietrich Schwanitz: «Humor Teutonicus?», In: *Der Spiegel,* 36/1997.

140 Ebenda.

141 Walter Schubart: *Europa und die Seele des Ostens*, Pfullingen 1979.

142 Ebenda, Kapitel «Angelsachsen».

143 «Die USA sind entweder der Mannschaftskapitän, oder sie sitzen schmollend auf der Bank, sie sind keine Team-Player». Spiegelgespräch mit P. Kennedy, in: *Der Spiegel,* 36/1997.

144 Heinrich Heine, *Deutschland. Ein Wintermärchen*, Caput 7, *Historisch-kritische Gesamtausgabe der Werke*, Band 4, S. 106, Düsseldorfer Ausgabe, Hamburg 1985.

145 Johann Wolfgang von Goethe, *Sämtliche Werke nach Epochen*

seines Schaffens, Münchner Ausgabe Band 19: Johann Peter Eckermann – Gespräche mit Goethe in den letzten Jahren seines Lebens, 2. Teil, 1. September 1829, S. 335, München 1986.

146 Sebastian Haffner, a.a.O., Anmerkung 68.

147 *Goethes Gespräche, Gesamtausgabe in 5 Bänden*, hrsg. v. Flodoard Freiherr von Biedermann, Band 2, Leipzig 1909–11, Gespräch vom 13.12.1813 mit dem Historiker Heinrich Luden. Ähnlich auch gegenüber dem Kanzler F. von Müller am 14.12.1808: «Deutschland ist nichts, aber jeder einzelne Deutsche ist viel.»

148 Christoph Lindenberg: *Rudolf Steiner. Eine Biographie*, Band 1, 1861–1914, Stuttgart 1997.

149 Walter Schubart, a.a.O., Anmerkung 145.

150 R. J. Lifton: «KZ-Ärzte und Doppelgängertum», in: J. Abrams und C. Zweig (Hrsg.): *Die Schattenseite der Seele*, München 1997.

151 Sebastian Haffner, a.a.O., Anmerkung 68.

152 Friedrich Nietzsche, Unzeitgemäße Betrachtungen, *Sämtliche Werke*, Band 2, Stattgart 1964, S. 3. Der vollständige Satz lautet: «Dieser Wahn [der Sieg 1871 sei auch ein Sieg deutscher Kultur über Frankreich gewesen] ist höchst verderblich: nicht etwa, weil er ein Wahn ist, denn es gibt die heilsamsten und segensreichsten Irrtümer – sondern, weil er imstande ist, unseren Sieg in eine völlige Niederlage zu verwandeln: in die Niederlage, ja Exstirpation des deutschen Geistes zugunsten des ‹deutschen Reiches›».

153 Walter Schubart, a.a.O., Anmerkung 141.

154 Johann Wolfgang von Goethe, a.a.O., Anmerkung 145, 3. Teil, 12. März 1828, Seite 617-22, München 1986.

155 Rudolf Steiner: 8.12.1918, *Die soziale Grundforderung unserer Zeit – In geänderter Zeitlage,* GA 186.

156 Heinrich Heine, *Buch der Lieder*, Die Heimkehr XX., *Historisch-kritische Gesamtausgabe der Werke*, Band 1/I, S. 231, Düsseldorfer Ausgabe, Hamburg 1975.

157 Walter Schubart, a.a.O.; Anmerkung 141, Kapitel: «Die Verhasstheit der Deutschen als Kulturfrage des Abendlandes».

158 Jörg von Uthmann, a.a.O, Anmerkung 45.

159 Ebenda.

160 Zitiert nach: Jörg von Uthmann: a.a.O., Anmerkung 45.

161 Sebastian Haffner: a.a.O., Anmerkung 68.

162 *Goethes Gespräche, Gesamtausgabe in 5 Bänden*, hrsg. v. Flodoard Freiherr von Biedermann, Band 2, Leipzig 1909–11, Gespräch mit dem Kanzler F. von Müller am 14.12.1808. Ähnlich in einem Brief (1808) von Wilhelm v. Humboldt an seine Gattin: «Er [Goethe] versichert darum, dass er sich nicht mehr um andere bekümmern, sondern nur seinen Gang gehen wolle, und treibt es so weit, dass er versichert, der beste Rat, der zu geben sei, sei, die Deutschen wie die Juden in alle Welt zu zerstreuen, nur auswärts seien sie noch erträglich.» In positiver Wendung (Goethes Tagebuch vom 15.03.1808): «Deutsche gehen nicht zugrunde, sowenig wie die Juden, weil es lauter Individuen sind.»

163 Hermann Rauschning: *Gespräche mit Hitler*, Zürich 1940. Bei den sogenannten «Protokollen der Weisen von Zion» handelt es sich um Fälschungen. *Der Spiegel*, 19/1998, S. 196 ff.

164 Walter Schubart a.a.O., Anmerkung 141.

165 Karl Marx: «Zur Judenfrage», zitert nach: Jörg von Uthmann: a.a.O., Anmerkung 45.

166 Ebenda.

167 Vgl. hierzu auch Philippe Burrin: *Hitler und die Juden. Die Ent-*

scheidung für den Völkermord, Frankfurt/M., S. 38 ff. und Jörg von Uthmann: a.a.O., Anmerkung 45.

168 Jakob Wassermann: *Mein Weg als Deutscher und Jude*, München 1921.

169 Rudolf Steiner: 2.5.1918, *Mitteleuropa zwischen Ost und West*, GA 174a.

170 Ebenda.

171 Antony Miall: *Die Engländer pauschal*, Frankfurt/M. 1997.

172 Walter Johannes Stein, zitiert nach Thomas Meyer: *D. N. Dunlop. Ein Zeit- und Lebensbild*, Basel 1996.

173 Rudolf Steiner: 30.8.1912, *Von der Initiation. Von Ewigkeit und Augenblick. Von Geisteslicht und Lebensdunkel*, GA 138.

174 P. J. Möbius: *Über das Pathologische bei Goethe*, München, Nachdruck der Erstausgabe von 1898; Frank Nager: *Der heilkundige Dichter – Goethe und die Medizin*, Zürich u. München 1990.

175 Johann Wolfgang von Goethe: a.a.O., Anmerkung 145, 2. Teil, 2. März 1831, Seite 424 f.

176 Ebenda: 3. Teil, 11. März 1828, Seite 611.

177 Ebenda: 2. Teil, 8 März 1831, Seite 428.

178 Ebenda: 2. Teil, 8. März 1831, Seite 427.

179 Im Wortverständnis der Zeit: *engelhaft*.

180 Johann Wolfgang von Goethe, *Sämtliche Werke nach Epochen seines Schaffens*, Münchner Ausgabe, Band 16: Aus meinem Leben. Dichtung und Wahrheit, 4. Teil, 20. Buch, S. 820, München 1985.

181 Ebenda, Seite 822.

182 Rudolf Steiner: 30.8.1912, *Von der Initiation. Von Ewigkeit und Augenblick. Von Geisteslicht und Lebensdunkel*, GA 138.

183 Goethes Brief an Schubarth vom 21.8.1819, zitiert nach Konrad Burdach: *Faust und Moses*. Sitzungsberichte der Königlich Preußischen Akademie der Wissenschaften, 1912.

184 Herman Grimm: *Goethevorlesungen*, Stuttgart/Berlin 1903.

185 Rudolf Steiner: 9.3.1911, *Antworten der Geisteswissenschaft auf die großen Fragen des Daseins,* GA 60.

186 Ebenda.

187 Ebenda.

188 Johann Wolfgang von Goethe: a.a.O., Anmerkung 145, 3.Teil, 17. März 1830, Seite 656.

189 M. Scott Peck: «Die Krankheit des Bösen», in: J. Abrams und C. Zweig (Hrsg.): *Die Schattenseite der Seele*, München 1997.

190 Hans Magnus Enzensberger: *Mittelmaß und Wahn*, Franfurt/M. 1988.

191 Friedrich Weinreb: *Kabbala im Traumleben des Menschen*, München 1994.

192 Rudolf Steiner: 2.5.1918, *Mitteleuropa zwischen Ost und West,* GA 174a.

193 Vgl. Wilhelm Heitmeyer: *Rechtsextremistische Orientierungen bei Jugendlichen. Empirische Ergebnisse und Erklärungsmuster einer Untersuchung zur politischen Sozialisation*, Weinheim 4. Aufl. 1992; Heitmeyer W. / Collmann, B. u.a. (Hrsg.): *Gewalt. Schattenseiten der Individualisierung bei Jugendlichen aus unterschiedlichen Milieus*, Weinheim 1996.

194 G. Eisenberg / R. Gronemeyer: *Jugend und Gewalt. Der neue Generationenkonflikt oder der Zerfall der zivilen Gesellschaft,* Reinbek 1993.

195 Rudolf Steiner: 12.9.1919, *Der innere Aspekt des sozialen Rätsels,* GA 193.

196 Rudolf Steiner: 21.6.1922, *Erziehung und Unterricht aus Menschenerkenntnis,* GA 302a.

197 Jeremiah Abrams (Hrsg.): *Die Schattenseite der Seele*, Kapitel «Schatten-Spiele Familie und Freunde», München 1997.

198 Günther Bittner: *Das Sterben denken um des Lebens willen*, Frankfurt/M. 1995.

199 Peter Conradi: *Der Todesengel von Rostow. Das psychologische Porträt des russischen Massenmörders*, Bergisch Gladbach 1993; R. J. Dvorchak / L. Holewa: *Wer ist Jeffrey Dahmer? Das schockierende Porträt des Milwaukee-Mörders*, Bergisch Gladbach 1992; Lionel Dahmer: *Mein Sohn ist ein Mörder.* Geschichte eines Vaters, Frankfurt/M. 1995.

200 Peter Conradi: a.a.O., Anmerkung 199.

201 Rüdiger Safranski: a.a.O., Anmerkung 31.

202 Horst-Eberhard Richter: *Wer nicht leiden will muss hassen. Zur Epidemie der Gewalt,* Hamburg 1993.

203 Adelheid Petersen: «Rudolf Steiner über Vortragstätigkeit und Zweigarbeit», in E. Beltle / K. Vierl (Hrsg.): *Erinnerungen an Rudolf Steiner*, Stuttgart 2. erw. Auflage 2001.

204 Elisabeth Wellendorf: a.a.O., Anmerkung 71.

205 Adelheid Petersen: «Dornach in den Jahren 1914/1915», a.a.O., Anmerkung 203.

206 Franz Werfel: *Gesammelte Werke*, Band 1, Die Dramen, *Spiegelmensch – Magische Trilogie.* 1. Teil. «Spiegel», Frankfurt/M. 1959.

207 Courtois, S. / Paczkowski, A. / Pannè, J. L. / Werth, N. u.a.: *Das Schwarzbuch des Kommunismus. Unterdrückung, Verbrechen und Terror*, München 1998.

208 Zenta Maurina: *Russische Schriftsteller: Cechov*, Memmingen 1968.

Literatur

Abrams, Jeremiah (Hrsg.): *The Shadow in America*, Novato 1994.

Abrams, J. / Zweig, C. (Hrsg.): *Die Schattenseite der Seele*, München 1997.

Alter, Peter: *Nationalismus*, Frankfurt/M. 1985.

Aly, Götz: *«Endlösung». Völkerverschiebung und der Mord an den europäischen Juden*, Frankfurt/M. 1995.

Arbatow, Georgi: *Das System. Ein Leben im Zentrum der Sowjetpolitik,* Frankfurt/M. 1993.

Baacke, D./Heitmeyer, W. u.a. (Hrsg.): *Die Bielefelder Rechsextremismus-Studie. Eine Langzeituntersuchung zur politischen Sozialisation männlicher Jugendlicher*, Weinheim 1993.

Bäumer, Ulrich: *Wir wollen nur deine Seele: Rockszene und Okkultismus. Daten – Fakten – Hintergründe*, Wuppertal 1990.

Battenberg, Friedrich: *Das europäische Zeitalter der Juden*, 2 Bände, Darmstadt 1990.

Berkéwicz, Ulla: *Engel sind schwarz und weiß*, Frankfurt/M. 1994.

Bittner, Günther: *Das Sterben denken um des Lebens willen*, Frankfurt /M. 1995.

Bly, Robert: «Der lange Sack, den wir hinter uns herschleppen», in: Abrams, J./Zweig, C. (Hrsg.): *Die Schattenseite der Seele*, München 1997.

—: *Die dunklen Seiten des menschlichen Wesens*, München 1993.

Bindel, Ernst: *Die geistigen Grundlagen der Zahlen*, Stuttgart 4. Aufl. 1980.

Burrin, Philippe: *Hitler und die Juden. Die Entscheidung für den Völkermord,* Frankfurt/M. 1993.

Chang, Jung: *Wilde Schwäne. Die Geschichte einer Familie*, München 1994.

Chinesische Geister- und Liebesgeschichten, in deutscher Auswahl von Martin Buber, Zürich 1992.

Colpe, C. / Schmidt-Biggemann, W. (Hrsg.): *Das Böse. Eine historische Phänomenologie des Unerklärlichen*, Frankfurt/M. 1993.

Conradi, Peter: *Der Todesengel von Rostow. Das psychologische Porträt des russischen Massenmörders*, Bergisch Gladbach 1993.

Courtois, S. / Paczkowski, A. / Pannè, J. L. / Werth, N. u.a.: *Das Schwarzbuch des Kommunismus. Unterdrückung, Verbrechen und Terror,* München 1998.

Dahmer, Lionel: *Mein Sohn ist ein Mörder. Geschichte eines Vaters,* Frankfurt/M. 1995.

Dvorchak, J. / Holewa, L.: *Wer ist Jeffrey Dahmer? Das schockierende Porträt des Miwaukee-Mörders*, Bergisch Gladbach 1992.

Duda, S. / Pusch, L. F. (Hrsg.): *Wahnsinns Frauen. Elf biografische Porträts,* Frankfurt/M. 1994.

Eisenberg, G. / Gronemeyer, R.: *Jugend und Gewalt. Der neue Generationenkonflikt oder Der Zerfall der zivilen Gesellschaft,* Reinbek 1993.

Elias, Norbert: *Studien über die Deutschen. Machtkämpfe und Habitusentwicklung im 19. und 20.Jahrhundert*, hrsg. v. Michael Schröter, Frankfurt/M. 4. Aufl. 1990.

Enzensberger, Hans M.: *Mittelmaß und Wahn. Gesammelte Zerstreuungen,* Frankfurt/M. 3.Aufl. 1989.

Filmer, W. / Schwan, H.: *Was von Hitler blieb. 50 Jahre nach der Machtergreifung,* Frankfurt/M. 1983.

Fischer, Fritz: *Hitler war kein Betriebsunfall*, München 2. Aufl. 1992.

Fromm, Erich: *Die Kunst des Liebens*, Frankfurt/M. 1980.

Fucke, Erhard: *Das vergessene Gemüt*, Stuttgart 1995.

Gelaschwili, Naira: «Georgien. Ein Paradies in Trümmern», in: Schultz, F. (Hrsg.): *Zeichen der Zeit*, Dornach 1996.

Grimm, Herman: *Goethevorlesungen*, Stuttgart/Berlin 1903.

Haffner, Sebastian: *Anmerkungen zu Hitler*, München 1978.

—: *Germany: Jekyll & Hyde*, Berlin 1997.

Heitmeyer, Wilhelm: *Rechtsextremistische Orientierungen bei Jugendlichen. Empirische Ergebnisse und Erklärungsmuster einer Untersuchung zur politischen Sozialisation*, Weinheim 4. Aufl. 1992.

Heitmeyer, W. / Collmann, B. u.a. (Hrsg.): *Gewalt. Schattenseiten der Individualisierung bei Jugendlichen aus unterschiedlichen Milieus*, Weinheim 1996.

Hellpach, Willy: *Geopsyche. Die Menschenseele unter dem Einfluss von Wetter und Klima, Boden und Landschaft*, Stuttgart 1977.

Hesse, Hermann: *Der Steppenwolf*, Frankfurt/M. 6. Aufl. 1981.

Heuermann, Hartmut: *Medienkultur und Mythen. Regressive Tendenzen im Fortschritt der Moderne*, Reinbek 1994.

Heyer, Karl: *Wesen und Wollen des Nationalsozialismus und das Schicksal des Deutschen Volkes*, Basel 1991.

Hillberg, Raul: *Die Vernichtung der europäischen Juden*, 3 Bände, Frankfurt/M. 3., durchgesehene und erweiterte Ausgabe 1993.

Hoerner, Willhelm: *Zeit und Rhythmus*, Stuttgart 1978.

Huntington, Samuel P.: *Kampf der Kulturen. Die Neugestaltung der Weltpolitik im 21. Jahrhundert*, München/Wien 7. Aufl. 1997.

Illich, Ivan: *Die Enteignung der Gesundheit – Medical Nemesis*, Reinbek 1975.

Jäckel, Eberhard: *Hitlers Herrschaft. Vollzug einer Weltanschauung,* Stuttgart 2. Aufl. 1988.

—: *Hitlers Weltanschauung. Entwurf einer Herrschaft*, Stuttgart 4. Aufl. 1991.

Jung, C. G.: *Erinnerungen, Träume, Gedanken*, aufgezeichnet und herausgegeben von Daniela Jaffé, Olten 1971.

—: *Gesammelte Werke*, Düsseldorf 8. Aufl. 1992.

Kershaw, Ian: *Hitler. 1889–1936*, Stuttgart 1998.

Kierkegaard, Sören: *Gesammelte Werke*, aus dem Dänischen von Emanuel Hirsch, Gütersloh 1981ff.

Kirn, Michael: *Der deutsche Staat in Europa. Aufgaben und Ziele des vereinigten Deutschland*, Stuttgart 1991.

Kleßmann, Eckart: *E. T. A. Hoffmann. Eine Biografie*, Stuttgart 1988.

Knopp, Guido: *Hitler. Eine Bilanz*, München 1997.

—: *Hitlers Helfer*, München 1996.

Köhler, Joachim: *Wagners Hitler. Der Prophet und sein Vollstrecker,* München 1997.

Kohl, Norbert: «Culture and Corruption. Ästhetisches Verhalten und moralisches Bewusstsein», in Wilde, Oscar: *Das Bildnis des Dorian Gray*, Frankfurt/M. 1985.

Koob, Olaf: *Die dunkle Nacht der Seele. Wege aus der Depression,* Stuttgart 1994.

—: *Drogensprechstunde. Ein pädagogisch-therapeutischer Ratgeber,* Stuttgart 2. Aufl. 1992.

—: *Erkennen und Heilen. Anthroposophische Gesichtspunkte zur seelisch-geistigen Hygiene*, Stuttgart 2. Aufl. 1988.

Kubizek, August: *Adolf Hitler – Mein Jugendfreund*, Graz 1953.

Lampe, Bernd: *Parzival. Gralssuche und Schicksalserkenntnis*, Band 1, Dürnau 1987.

Leymann, Heinz: *Mobbing – Psychoterror am Arbeitsplatz und wie man sich dagegen wehren kann*, Reinbek 1993.

Lindenberg, Christoph: *Rudolf Steiner. Eine Biographie*, Band 1, 1861–1914, Stuttgart 1997.

MacArthur, John R.: *Die Schlacht der Lügen. Wie die USA den Golfkrieg verkauften*, München 1993.

Markides, Kyriacos C.: *Der Magus von Strovolos – Die faszinierende Welt eines spirituellen Heilers*, München 1988.

Maurina, Zenta: *Russische Schriftsteller*, Memmingen 1968.

Mayer, Johannes: *Philip Henry Lord Stanhope. Der Gegenspieler Kaspar Hausers*, Stuttgart 1988.

Meyer, Conrad Ferdinand: *Gesammelte Gedichte*, Zürich o. J.

Miall, Antony: *Die Engländer – pauschal*, Frankfurt/M. 1997.

Mitscherlich, Alexander: *Die Unwirtlichkeit unserer Städte. Anstiftung zum Unfrieden*, Frankfurt/M. 1970.

Möbius, P. J.: *Über das Pathologische bei Goethe*, München, Nachdruck der Erstausgabe von 1898.

Morgenstern, Christian: *Werke und Briefe,* Stuttgarter Ausgabe, Stuttgart 1988 ff.

Munthe, Axel: *Das Buch von San Michele,* München 1995.

Nager Frank: *Der heilkundige Dichter. Goethe und die Medizin*, Zürich/München 1990.

Nietzsche, Friedrich: *Sämtliche Werke* in 12 Bänden, Stuttgart 1964 ff.

Nettesheim, Agrippa von: *Die magischen Werke*, Dreieich 1988.

Payer, Lynn: *Medicine and Culture*, New York 1988.

Petersen, Adelheid: «Rudolf Steiner über Vortragstätigkeit und Zweigarbeit», in Beltle, E. / Vierl, K. (Hrsg.): *Erinnerungen an Rudolf Steiner*, Stuttgart 2. erw. Aufl. 2001.

Poe, Edgar Allan: *Gesammelte Erzählungen*, Hamburg 1962.
Pomian, Krysztof: *Europa und seine Nationen*, Berlin 1990.
Rauschning, Hermann: *Gespräche mit Hitler*, Zürich 1940.
Ribi, Alfred: *Was tun mit unseren Komplexen? Über die Dämonen des modernen Menschen*, München 1989.
Richter, Horst-E.: *Die Chance des Gewissens. Erinnerungen und Assoziationen,* Hamburg 1986.
Rilke, Rainer Maria: *Briefe*, 3 Bände, Frankfurt/M. 1987.
Ritzel, George: *Die McDonaldisierung der Gesellschaft*, Frankfurt/M. 1995.
Ruge, Gerd: *Michail Gorbatschow*, Frankfurt/M. 2. Aufl. 1990.
Safranski, Rüdiger: *Das Böse oder das Drama der Freiheit*, München/ Wien 1997.
Schöne, Albrecht: *Götterzeichen – Liebeszeichen – Satanskult. Neue Einblicke in alte Goethe-Texte*, München 3. Aufl. 1993.
Schröder, Hans-Werner: *Der Mensch und das Böse. Ursprung, Wesen und Sinn der Widersachermächte*, Stuttgart 4. Aufl. 1993.
Schubart, Walter: *Europa und die Seele des Ostens*, Pfullingen 1979.
Schwanitz, Dietrich: «Humor Teutonicus?», in: *Der Spiegel*, Nr. 36/1997.
Scott Peck M.: «Die Krankheit des Bösen», in: Abrams, J. / Zweig, C. (Hrsg.): *Die Schattenseite der Seele*, München 1997.
Shelley, Mary: *Frankenstein oder der moderne Prometheus*, München 1994.
Siegel, Ronald K.: *Halluzinationen-Expedition in eine andere Wirklichkeit,* Frankfurt/M. 1995.
Smit, Jörgen: *Erkenntnisdrama der Gegenwart. Goethes Faust*, Dornach 1991.
Sofsky, Wolfgang: *Traktat über die Gewalt*. Frankfurt/M. 1996.

Sontag, Susan: *Krankheit als Metapher*, München 1978.

Stevenson, Robert L: *Dr. Jekyll und Mr. Hyde*, München 1992.

Steinert Marlies: *Hitler*, München 1994.

Thieben, Ludwig: *Das Rätsel des Judentums*, Basel 1991; Th.: Deutsche und Juden: Zwei Menschheitsvölker.

Toland, John: *Adolf Hitler*, Bergisch Gladbach 1994.

Trevor-Roper, Hugh: *The Last Days of Hitler*, London 7. Aufl. 1995.

Uthmann, Jörg von: *Doppelgänger, du bleicher Geselle. Zur Pathologie des deutsch-jüdischen Verhältnisses*, München 1984.

Vachss, A. / Leggewie, C.: *Andrew Vachss und Claus Leggewie im Gespräch «Über das Böse»*, aus dem Amerikanischen von Georg Schmidt, Frankfurt/M. 1994.

Vollenweider, M.: *Erläuterungen zu E. A. Poes Erzählungen*, Hollfeld/Obfr. 1978.

Wassermann, Jakob: *Mein Weg als Deutscher und Jude*, München 1921.

Wegman, Ita: *An die Freunde. Aufsätze und Berichte aus den Jahren 1925–27*, Arlesheim 1986.

Wehowsky, Stephan: *Schattengesellschaft. Kriminelle Mentalitäten in Europa*, Vorwort von Christian von Krockow, München 1994.

Weinreb, Friedrich: *Kabbala im Traumleben des Menschen*, München 1994.

Wellendorf, Elisabeth: *Man kann alles auch anders sehen*, Stuttgart 1997.

Werfel, Franz: *Gesammelte Werke*, Bd. 1, Die Dramen, Frankfurt 1959.

Wink, William: *Unmasking the Powers-The invisible forces that determine human existence*, Philadelphia 1988.

Wolff, Uwe: *Der gefallene Engel. Von den Dämonen des Lebens*, Freiburg 1995.

Wolfram von Eschenbach: *Parzival und Titurel.* Rittergedichte, übersetzt und erläutert von Karl Simrock, Stuttgart 6. Aufl. 1883.

Register

Personen

Abrams, Jeremiah 211
Adler, Alfred 309, 329
Agrippa von Nettesheim 15
Antonius 147 f.
Arbatow, Georgi 25, 241
Augustinus 44

Bäumer, Ulrich 136
Barnard, Christiaan 103
Berkéwicz, Ulla 58
Blaiberg, Philip 103
Blatty, William P. 121
Bly, Robert 186
Bock, Emil 117
Breuer, Josef 28
Brion, Friederike 80 f.
Büchner, Georg 7
Burdach, Konrad 275
Byron, George Gordon Lord 269

Carus, Carl Gustav 78
Chang, Jung 132
Cocteau, Jean 56

Dahmer, Jeffrey 311, 313
Darwin, Charles 31, 48, 223
Daskalos aus Zypern 114 ff., 118
David-Néel, Alexandra 16
Diels, Rudolf 256
Dostojewski, Fjodor M. 56, 241

Eckermann, Johann Peter 235, 268 ff., 280
Eco, Umberto 290
Einstein, Albert 321
Eisenhower, Dwight 151

Fichte, Johann Gottlieb 50
Franz von Assisi 320
Freud, Sigmund 28-32, 48, 309, 321

Gandhi, Mahatma 320
Gebsattel, Emil Freiherr von 194
Goethe, Johann Wolfgang von 14, 16, 48 ff., 77 f., 80, 145, 199, 210, 223, 229 f., 235-240, 250, 253, 265, 267-270, 272-280, 290, 294, 308
Goebbels, Joseph 256
Gorbatschow, Michail 24, 211
Greene, Graham 137
Grimm, Herman 275
Grimm, Jakob und Wilhelm 33
Grünewald, Matthias 147

Haeckel, Ernst 32, 48
Haffner, Sebastian 97, 234, 249
Hegel, Georg Wilhelm Friedrich 50
Heine, Heinrich 228
Hellpach, Willy 99
Herzl, Theodor 145
Hess, Moses 256
Hesse, Hermann 13
Heydrich, Reinhard 255
Heyer, Karl 150
Hitler, Adolf 97, 132, 137, 139-145, 151, 243, 251, 255 f., 271, 320, 337
Hölderlin, Friedrich 290
Hoffmann, E.T.A. 45, 52 f.
Hume, David 48
Hurrelmann, Klaus 190

Ilia II. 146
Illich, Ivan 110

Johanna von Orleans 144
Jung, Carl Gustav 28-31, 64 f., 69, 76, 83, 125, 189, 216, 307

Kafka, Franz 56, 58
Kant, Immanuel 222, 321
Kierkegaard, Sören 35
Kleist, Heinrich von 40 f.
Kohl, Nobert 57
Kubizek, August 142 f.

La Mettrie, Julien Offray de 48
Lampe, Bernd 207
Leggewie, Claus 44
Leibniz, Gottfried W. 47
Lenin, Wladimir I. 25
Lindenberg, Christoph 231
Locke, John 48

Mann, Thomas 58, 248, 267
Mao Tse-tung 132 ff., 271

Marx, Karl 31, 48, 218, 255, 320
Maupassant, Guy de 16, 105
Maupin, Audry 12
Mephistopheles 13 f., 48, 167, 269, 293
Meyer, Conrad Ferdinand 79
Mitscherlich, Alexander 160 ff.
Morgenstern, Christian 61
Moser, Tilmann 123
Munthe, Axel 105

Napoleon 250, 268 f.
Nietzsche, Friedrich 72, 267, 290

Pappenheim, Bertha 195
Paracelsus 59
Pasternak, Boris 241
Paulus 117
Payer, Lynn 112
Pestalozzi, Heinrich 320
Platon 44
Poe, Edgar Allan 16, 50, 85, 87, 92
Polanski, Roman 17

Raffael 269
Rauschning, Hermann 251
Reagan, Ronald 211
Rey, Florence 12
Ribi, Alfred 120
Richter, Horst-Eberhard 320 f.
Rilke, Rainer Maria 153, 170, 182, 193 f., 206

Sachsen-Weimar-Eisenach, Großherzog Carl August von 268, 270
Safranski, Rüdiger 315
Schelling, Friedrich Wilhelm 319
Schewardnadse, Eduard 146
Schionatulander 206
Schramm, Percy Ernst 139
Schubart, Walter 245
Schwanitz, Dietrich 219
Shelley, Mary 57
Sigune 206
Solschenizyn, Alexander 320
Solowjew, Wladimir 175, 241, 243
Stalin, Josef W. 26, 132, 241, 243, 271, 320, 337
Stein, Walter Johannes 262
Steiner, Rudolf 9, 14, 16, 26, 38, 50, 71, 73, 77, 81, 92 f., 95, 105, 107, 111, 114, 126, 130, 147, 149 f., 156, 164, 199 f.,

223, 228, 241, 243, 259, 265, 274, 279, 289 f., 290, 298, 321, 331, 338
Stevenson, Robert L. 15, 54
Stoker, Bram 57
Strasser, Otto 141

Toland, John 144
Tolstoi, Leo N. 241
Tschechow, Anton P. 38
Tschikatilo, Andreij 311, 313

Uthmann, Jörg von 58, 248

Vachss, Andrew 44

Wagner, Richard 142f., 255, 267
Wagner, Winifred 143 f.
Wassermann, Jakob 257
Wegman, Ita 149
Wehowsky, Stephan 58
Werfel, Franz 336
Wilde, Oscar 57
Wilson, Woodrow 25
Wink, William 121, 137
Wolfram von Eschenbach 12, 206
Woo, John 58

Mythos / Frühgeschichte

Ahriman passim
Athena 27
Buddha 333 f.
Christus 128 f., 147, 150 f., 239, 243, 252 ff.
Gäa 26
Hera 209
Jahwe 30, 252, 276
Luzifer passim
Moses 274-278
Shiva 94 f.
Teiresias 209
Uranos 26
Zarathustra 24, 72
Zeus 27, 209

Sachverzeichnis

Afrika 119, 223
Ägypten 38, 49, 278
Aggressivität 41, 95, 190, 309
– im Berufsleben 39
Alkohol 95, 179, 301, 312
Allergie 290
Alltagsbewusstsein 63, 101
Alltagspsychologie 168, 283, 297
Alpdruck 288
Altertum 123
Altruismus 36, 40, 96, 309
American way of life 225
Amerika 54, 68, 105, 108 f., 112 ff., 131, 151, 158, 171, 214, 216 f., 220 ff., 225, 228, 244, 260 ff., 306
Amfortaswunde 280
Amok 12 f.
Amokfahrt 13
Anatomie 139, 339
Anden 108
Angelsachsen 220-223, 225, 231
Angst 25, 30, 35, 38, 56, 71, 113, 132, 134 f., 177, 228, 268, 289, 302, 307, 326, 328
– vor dem Fremden 301 f.
– vor Liebesentzug 326
Anthropologie 99
Anthroposophie 14, 253, 278, 322
Antimetaphysiker 31
antimetaphysischer Mensch 48
Antipathie 67, 119, 135, 162, 167, 215, 247, 252, 322 f., 333, 335
Apokalypse 300
Architektur 133, 144
Arsen 59
Arteriosklerose 173
Asien 15, 109, 217, 261
Atemnot 288
Atemunregelmäßigkeiten 289
autonome Teilpersönlichkeit 63, 69
Autoritätssucht 110, 300
Autoskopie 104

Banalität des Bösen 274
Bauchklugheit 38, 40 f., 117, 179, 199
Bayreuth 143
Beckmesserei 232
Beruf 34, 39, 76 ff., 134, 144, 191, 240, 310, 324
Besserwisserei 71

Besessenheit 96, 114, 116, 121, 125, 128 f., 139, 194, 271, 310
Bad im Drachenblut 324
Beziehungsproblematik 157
Bielefeld 190
Black Sabbath 136
Blindheit 144, 206, 209
– moralische 96
Blut-und-Boden-Mythos 257
Blutbad 12
Blutgerinnung 101
Blutimpuls 262
Blutkreislauf 288
Blutleere 293
– seelische 294
Blutsystem 57
Bolschewismus 262
Borderline-Gesellschaft 124
Brot und Spiele 317
Brustbeklemmung 288
Brutalität 233, 310
Buddhismus 49
Büchse der Pandora 50
Bürokratie 110 f., 233
Bulimie 205

Cali 112
Chaos 243, 259, 278
Chakren 115
Charaktereinbrüche 41
Charisma 78, 145
Chauvinismus 214, 259
China 101, 133
Christentum 147, 213
Christusimpuls 277
Chronos 26
complete personality change 103
co-dependency 68, 158

Dämonenfütterung 328
Dämonenspuk 71, 130
Davidstern 256
DDR 59
Defekt 283
– moralischer 15
Demokratie 168, 219, 222
Demokratieverständnis 221
Depression 42, 69, 101, 174, 268, 279
Desillusionierung 57
Destrukivitat 124, 179, 285, 297, 303
Deutsches Reich 234, 249
Deutschland 14, 50, 112, 139, 144, 150 f., 168, 217 f., 221, 224, 229, 231 f., 234 f., 247, 249, 257, 262 f., 275 f.

Deutschtum 230 f.
Diagnostik, qualitative 27
Dogmatismus 29, 31, 71 f., 78, 82
Doppelgeschlechtlichkeit 191, 193
Doppelzüngigkeit 24
Drittes Reich 58 f., 69, 124, 140, 143, 149, 151, 250 f., 253, 268, 321
Drogen 33, 43, 95, 104, 136, 181, 205, 285, 287, 293, 299, 312
– synthetische 54
Duckmäusertum 208

EEG 106
Ehe 24, 34, 71, 80, 155, 168, 170 ff., 205, 292, 310 f.
Ehebruch 128
Ehepaar 12, 82, 157
Ehepartner 169, 171 f.
Ehrgeiz 54, 71, 127, 179, 181, 290, 329 f.
Eifersucht 176 f., 190, 297, 303, 305
Einfallslosigkeit, sexuelle 190
Eingeschlechtlichkeit 188, 191 f., 200
Eitelkeit 15, 71, 126 f., 175, 207, 296, 326-332, 335
EKG 106
Ekstase 33, 143
Elektrizität 57, 105 f.
Elektrosmog 106
Elektrostimulation 106
Elementarerlebnisse 15
Engel 18, 27, 34, 49, 57 f., 126, 148, 194, 213, 228, 259
England 87, 90, 97, 112, 132, 217 ff., 222, 224, 231, 234 f., 259
ennui 57
Enthemmung 42
Entscheidungsfreiheit 18, 43
Entwicklungsstillstand 38
Epilepsie 101
Erdenelektrizität 108
Erdmagnetismus 108, 112
Erinnerungsmumie 37, 104
Eros 310, 321
Eroterik 75
Erotik 163, 166, 203, 205, 305-310, 313
erotischer Reiz 160
Erster Weltkrieg 26, 144, 242, 252
Erwartungskäfig 204
Erzengel 148, 213, 228, 259
Esoterik 14, 34, 148

Ethnologie 99
Eton 89
Europa 109, 112, 137, 139, 149 f., 192, 216, 220, 226, 230, 235 f., 240, 243, 252 ff., 260, 267
Evolution 127, 173, 187, 191
Exhibitionismus 312

Fanatismus 219, 235
Faschismus 279
Fassadenmensch 323 f.
Feindbild 68, 72, 211, 255, 301
Feriengewohnheiten 235
Fieber 73, 104, 142, 208, 287
Flüsterwitz 151
Folter 180, 311
Fortpflanzung 192
Fragmentierung des Ich 298, 302
Frankreich 112, 218, 231, 234
Frauenbewegung 195, 200
Furcht 33 ff., 113, 134, 148
Fußreflextherapie 291

Geburt 13, 51 f., 107, 110, 193, 237, 306
Gefühlskälte 189
Gehirnverletzungen 42
Geist-Parasit 234, 297
Geldwesen 339
Geistheilung 34
Gentleman-Ideal 225
Geografie 99, 101, 105, 113 f., 216 f., 219, 257, 262
Geopsyche 99
Georgien 146
Gerechtigkeitswahn 70
Gerüchte 17, 328
Geschichtsraum, griechisch-lateinischer 287
Geschlechtertrennung 26, 191, 196, 200, 206, 208
Geschlechtlichkeit 191, 196, 198, 200, 324
Geschlechtsorgane 115
Geschlechtstrieb 164
Geschwister-Eifersucht 303
Gewaltenteilung 226
Gewohnheitsleib 66, 68
Gleichschaltung, seelische 107, 161
Globalisierung, wirtschaftliche 213
Goetheanum 223
Götterdämmerung 33
Gog 300
Goldrausch 109
Golfkrieg 131

Großbritannien 221
Gruppenzwang 135

Hakenkreuz 150, 256
Halbwahrheiten 32, 130, 257
Halluzinationen 43, 104
Haschisch 306
Hasskampagne 158
Hass-Liebe 82
Heilerschatten 77
Heiliges Römisches Reich 249
Hermaphroditen 187
Herrschsucht 91
Hirnnerven 23
Hirnsklerose 42
Hitlerismus 132
Hölle der Antwortlosigkeit 314
Hollywood 109
Homöopathie 113
Hüllenverkrüppelung 298
Humor 40, 53, 82, 171, 217 ff., 221, 235, 263, 327
– englischer 218
Humorlosigkeit 219, 235
Hybris 120
Hypochondrie 174, 208, 240
Hysterie 41, 144, 174, 195, 199, 208, 290

Ich-Aufspaltung 57
Ich-Erhaltungsmechanismen 301
Ideale 57, 70, 76, 81, 175, 200, 202-205, 228, 301
– christliche 254
– pervertierte 36
Idealismus 70, 134, 261
– falscher 178
Ideologie 38, 42, 127, 135, 221 f., 232, 299, 301, 337
Ikonografie, christliche 51
Immunität 51
Impfdiktatur 113
Indianer 78, 101
Industrialisierung 226
Infektionskrankheiten 131
Institutsgespenster 134
Intellektualität 43, 227, 241, 293
– abstrakte 297
– mephistophelisch inspirierte 293
Intoleranz 70, 135, 190, 232
Introspektion 193
Isolation 57, 92, 96, 162, 165, 173, 220, 224, 256
– seelische 96, 165
Italien 53, 218, 223, 226, 234, 242, 258 f.

Jahwe-Prinzip 252
Janusgesicht 15
Jekyll-und-Hyde-Mentalität 234
Juden, Judentum 137, 145, 215, 233, 245, 247, 249 f., 253-257
Jugendideale 77
Jugendzeit 76 ff., 156, 306, 313
Jugoslawien 313

Kain- und Abelnatur 50, 92, 95 f., 303
Kain-und-Abel-Mythos 85, 93 ff.
Kalifornien 109
Kalter Krieg 211
Kannibalismus 311
Kapitalismus 25
Kapstadt 103
KGB 133
Kindesmissbrauch 180
Kindheitserfahrungen 68, 71, 88, 206
Klima 70 f., 99, 130, 133 ff., 216, 276, 320
Klimazonen 103
Klingsorsyndrom 309
Körperschema 104
Körperverletzung 44
Kokain 54
Kolumbien 112
Kommerz 51
Kommunismus 25, 69, 243, 279, 337 f.
Konservatismus 42, 224, 226
Konsumgesellschaft 162
Konzentrationslager 58, 233 f., 297
Korruption 11, 320
KPdSU 24
Krankheiten 27, 32, 39, 41 f., 51, 59, 67, 101, 104, 111, 116, 118, 121, 125, 131, 173, 215, 217, 225, 227, 268, 319, 325 337
– hysterische 195, 290
– Monotonie als 195
– psychosomatische 190, 197
– seelische 101, 114, 119, 195
Krankheitssymptomatik 63
Krebserkrankung 67
– geistige 120
Kritiksucht 232
Kultur 244 f., 247, 249, 259, 265, 287, 298 f., 320
– altindische 309
– amerikanische 108 f., 113 f., 216, 221 f., 228, 261
– asiatische 192, 260

– chinesische 132 f., 227
– europäische 112, 192, 216, 226
– griechische 291
– indische 227
– persische 24
– prometheische 227
– russische 56, 227, 241, 243 f., 262, 339
– slawische 241, 243
Kulturschizophrenie 11
KZ-Ärzte 233

Las Vegas 109
Lebererkrankung 116
Libido 16, 30
Liebesheirat 157, 161
Liebeswahn 176
Linz 141
Lügendämon 132
Lunge 23, 307
Lungenentzündung 23
Lustprinzip 55, 91

Machtergreifung 149, 321
Machttrieb 307 ff.
Männerbewegung 200
Männerbünde 201
Märchen 33 ff., 42, 101, 123, 191, 204, 240, 295
Magersucht 205
Magnetfeldtherapie 107
Magnetismus 108, 112
– tierischer 105
Magog 300
Malkuth 257
Mammon 51, 107
Manie 174, 273
Maoismus 132 f.
Massachusetts 112
Massenepidemien, seelische 131
Massenhysterien 174
Massenmörder 310
Materialismus 32, 48, 50, 109, 113, 119, 127, 150, 203, 225, 243, 293 f.
– westlicher 262
McDonaldisierung 113
Meditation 16, 181
Medizin 14, 27, 41, 77, 101, 105 f., 110-113, 126, 131, 173, 197, 205, 258, 268, 293, 319
– psychopathologische 104
– transzendentale 55
– weibliche 200
Menschenrechte 231
Menstruation 188
Metallsalben 118
Milwaukee 311

Minderwertigkeitsgefühle 71, 214, 248, 301, 304, 312, 324, 327, 329
Mitteleuropa 139, 149 f., 220, 226, 240, 243, 252 f., 260
Mobbing 134
Mondeinflüsse 34
Mondenzyklus 188
Monogamie 172
Monotheismus 252
moral insanity 181
Mord 7, 44, 91, 95 f., 128, 311
Mordpläne 128
Mordtrieb 91
Moskau 241
Multiple Sklerose 42
Mumifizierung, kulturelle 37 f., 42, 51, 106 f.
Musik 24, 123, 133, 136, 217, 228 f., 233
Mutterrolle 165
Mysteriendramen 73
Mystik 241 f., 261, 263, 289, 293
Mythen 33, 42, 85, 123, 153, 292
Mythologie 191, 287
– griechische 26, 207
Nationalismus 25, 149, 213, 249, 256
Nationalsozialismus 25, 58, 140, 149 f., 229, 232, 248, 251, 256, 262, 279, 301, 321, 337 f.
Naturmedizin 113
Naturzerstörung 310, 320
Neid 127 f., 133 f., 178, 254 f., 297, 303 ff., 307 f.
Nervenimpuls 43, 262
Nervenphantom 105
Nervensystem 37 f., 42, 104, 106, 288, 291
Neurose 42, 125, 194 f.
Nevada 109
Nibelungen 275
Nibelungenkräfte 255
Niere 23
Nihilismus 56, 234
Nörgelsucht 169, 190, 204
Nordamerika 112
Normierungssucht 232
Northampton 112
Norwegen 218
Notstand 25
NS-Elite 149
Numinosum 30
Numerologie, spirituelle 23

Ökologie 99, 225
Ökonomie 25 f., 48, 99, 225, 305
Österreich 141
Österreicher 215
Okkultismus 29, 136
Okkupation des Willens 51
Oktoberrevolution 25
Organverpflanzung 103
Osteoporose 173
Osteuropa 220
Oxford 89

Pädagogik 181, 199, 287, 294, 296, 305, 308, 312 f.
Palästina 256
Paniksituation 89, 287
Paradoxie des Ich 31, 157, 219
Paralyse, syphilitische 105
Parapsychologie 29, 87
Paris 12
Parlamentarismus 226
Partnerschaft 38, 76, 166, 170, 177, 189, 288, 309, 327
Parzivalnatur 34
Pasewalk (Pommern) 144 f.
Pedanterie 205
Perestroika 211
Persönlichkeitsveränderung 42, 63 f., 69, 103, 116, 233, 286, 298, 300 302, 308, 317
Perversionen 121, 179 f., 311
Petersburg 56
Pharaonenschlaf 38
Philosophie 29, 35, 47, 123 132, 164, 174, 222, 229, 231, 239 ff., 286 f.
– antike 44
– griechische 296
Phobien 116
Physiognomie 63, 217
Physiologie 291
– okkulte 118
Planetendämon 15
political correctness 213
politische Systeme 14 f., 25, 36, 38, 109, 132, 173, 226, 232
Polygamie 172
Pornografie 312
Privatisierung der Hölle 34
Prophylaxe individuelle 181
– kulturelle 181
Protokolle der Weisen von Zion 251
Psychiatrie 54, 115, 121, 140

Psychoanalyse 28, 31, 87, 160, 173, 179, 195, 308, 320
Psychologie 11, 69, 76, 101, 123, 125, 140, 157, 162, 168, 181, 189, 283, 297 f., 301
– amerikanische 109, 158
– okkulte 92
– spirituelle 14, 63
Psychopathologie 104
Psychopharmaka 115
Psychosen 104, 114
Psychosexualität 28
Psychoterror 134
Psychotherapie 66, 77, 124
Pubertät 200, 207 f., 299 f., 305-308
– wiederholte 77
Putzsucht 207

Rassenhygiene, national-sozialitische 248
Rastenburg (Ostpreußen) 140
Reifestörung, seelische 158, 307
Reinkarnation 34, 274
Religion 12, 29, 35, 56, 107, 117, 123, 242, 262 f.
– materialistische 32
Religionswissenschaft 123
Rhythmen 23
– kosmische 101
Rom 90
Romanentum 223
Rotes Meer 277
Rumpelstilzchen 19
Russland 56, 232, 242, 244, 261 f.

Sachsen-Weimar-Eisenach 250
San Francisco 54
Sanguinik 258, 263
Satanskult 123
Satyr 207
Saulusnatur 117
Scham 255, 324
– seelische 208
Scheidung 71, 157, 171
Schicksalsschläge 59, 67, 82, 117, 325
Schilddrüsenvergrößerung 289
Schizophrenie 11, 104
Schlafentzug 15
Schlaganfall 42
Schlankheitswahn 205
Slawentum 227
Schocksituation 39
Schöpfungsgeschichte, mosaische 26

Schwärmerei 181, 242 f.
– okkulte 178
Schwarze Magie 95, 123, 180, 274, 331
Schweden 218
Schweiz 202, 215, 218
Seelenmedizin 319
Sekten 36, 173, 184, 299
Selbstbestimmungsrecht der Völker 25
Selbsterhaltungstrieb 36 f.
Selbstliebe 41, 88, 155, 160, 178, 290, 305 f., 308 ff.
Selbstsucht 55, 59, 72, 96, 221, 306
Selbstverliebtheit 81
Sephirot-Baum 257
Serientäter 64
Sexualgötzen 30
Sexualität 28 ff., 179, 297, 308 f., 313
– einseitig ausgelebte 310
Sexualkraft 192
Sexualtheorie 28 f.
Silicon Valley 109
Sinnentleerung 57, 257
Sinnesorgane 23
Sklerotisierung 67, 108, 294, 299
Sonnengeflecht 115, 119
– vegetatives 38, 118
Somalia 313
Sowjetunion 59, 247, 321
Sozialneid 304
Sozialismus 25, 218, 256
– jüdischer 256
Spätmittelalter 151, 290
Sphinx 291 ff., 299, 305
Spiritualität 28, 31, 52, 109, 112, 117, 150, 197, 203, 231, 253, 261 f., 265, 277, 280, 295, 318, 332
Stalin 26, 241, 243, 271, 320, 337
Stalinismus 132
Stereotypien 162
Stoffwechsel 27, 39, 217
Stoffwechselorgane 37, 116
Stresssituationen 171
Suchtforschung 179
Sündenbockempfindung 214
Sündenfall 200, 206
Sympathie 67, 156, 160, 162, 167, 322 f.
– vorschnelle 333
Syphilis 42

Teilpsychen 125
Temperament 68, 166, 258, 262, 323
Thanatos 310
Tiefenpsychologie 50, 63
Tod 13, 18, 27, 34, 42, 49, 51, 56, 87, 91, 94, 97, 107, 110 f., 113, 115, 126, 132, 140, 202, 206, 225, 227, 250, 268, 286, 295, 310 f., 336
Todesengel von Rostow 311
Todeskampf 91
Todeskräfte 42
Todesprozess 295
Todesstrafe 13
Todestrieb 250, 310
Tötungsinstinkt 69
Trancezustand 119
Transplantation 103
Traumbilder 103
Trennung der Geschlechter 26, 191, 196, 200, 206, 208
Trennungsgrund 189 f.
Tuberkulose 125
Tyrannei, seelische 41, 135

UdSSR 25, 218
Ukraine 140, 244
Umweltprobleme 225
Unterbewusstsein 28, 32 f., 35, 47, 51, 63, 191, 279, 288, 291 f., 306, 313, 332, 334
– organisches 38
Unterhaltungsindustrie 222
Urangst 233
Urteilslosigkeit 43, 213, 323, 331, 333
– gesunde 323
USA 25, 108 ff., 112 f., 218, 220, 222, 306, 311

Verbeamtung 51, 111
Verbrechen 54, 84, 87, 215, 285, 337
– organisiertes 43
Verbrecher 57, 64, 96, 120, 179 f.
Verdauungssystem 39
Vererbungskräfte, negative 51
Vererbungsmerkmale 68
verflixtes siebte Jahr 24
Verfolgungswahn 70
Vergewaltigung 44, 135
Versagensangst 312
Vertrauenssubstanz 159
Viktorianisches Zeitalter 54
Visualisierungserlebnisse 16
Völkerpsychologie 214, 218, 258

Volkscharakter 213, 215, 218, 259
Volksgeist 134, 213, 216 f., 228, 230, 233, 258, 260, 262
Volkspädagogik 294
Volksseele 213, 262
Vorurteilsdoppelgänger 66, 167, 294, 323
Vorstellungsgespenster 17, 322

Wahnsinn 84, 114, 145
– des Alltags 33
Walpurgisnacht 140
Weimar 236 f., 250
Weltbild 48, 179, 301
– duales 24
– monadisches 47
Weltbürger 215
Weltkrieg 26, 97, 143 f., 242, 252
Weltphilistertum 51
Weltpolizistentum 221
Wetterwirkung 99, 101, 103
Winniza (Ukraine) 140

Yin und Yang 14

Zahlengesetze 23
Zeitgeist 33, 47, 165, 286, 322
Zeitverschiebung 15
Zionismus 249, 251, 256
Zivilisationsgewohnheiten 317
Zürich 216
Zweigeschlechtlichkeit 187, 193
Zweiter Weltkrieg 26, 97, 143
Zwitter 21, 187
Zynismus 56, 151, 217, 234, 294, 306, 330